Chaussures

Un répertoire des modèles
de l'Antiquité à nos jours

Éditions
de La Martinière

John Peacock
Traduit de l'anglais par Christine Chareyre

À Zoë Thomas Webb

Édition originale publiée en 2005 sous le titre *Shoes – The Complete Sourcebook,* par Thames & Hudson Ltd, Londres

© 2005, Thames & Hudson, Londres

Pour l'édition française
© 2005, Éditions de La Martinière, Paris
Connectez-vous : **www.lamartiniere.fr**

Tous droits réservés. Toute représentation intégrale ou partielle de l'ouvrage, par quelque procédé que ce soit, est strictement interdite sans l'autorisation écrite de l'éditeur.

Traduction de l'anglais : Christine Chareyre
Secrétariat de rédaction et mise en pages : Julie Houis

ISBN : 2-7324-3340-3
Dépôt légal : septembre 2005
Imprimé et relié en Chine par Midas Printing

Sommaire

6 **Introduction**

9 **De 2500 av. J.-C. à 1100 apr. J.-C.**
Égypte antique, Mésopotamie, Grèce antique, civilisation étrusque, Rome antique et Empire byzantin : sandales, souliers, bottes et mules pour hommes et femmes
25 DESCRIPTIFS DES MODÈLES

33 **De 100 à 1699**
Anglo-Saxons, Celtes britanniques, Gaulois, Germains, Normands et Européens : souliers, sandales, brodequins, sabots, patins, pantoufles, chopines, mules, « sur-mules », bottines, poulaines, bottes cavalières pour hommes et femmes
49 DESCRIPTIFS DES MODÈLES

57 **De 1700 à 1899**
Souliers, sandales, bottes, pantoufles, souliers du soir, chaussures habillées, jambières, patins, chaussures militaires, bottes cavalières, chaussures de marche et de sport pour hommes et femmes
73 DESCRIPTIFS DES MODÈLES

81 **De 1900 à 1939**
Souliers, sandales, bottes, pantoufles, souliers d'intérieur, chaussures du soir, chaussons de danse, sandales de plage, bottes cavalières, chaussures de sport pour hommes et femmes
97 DESCRIPTIFS DES MODÈLES

105 **De 1940 à 1969**
Chaussures, sandales et bottes pour hommes et femmes ; avec semelles de crêpe, de caoutchouc et à plate-forme, talons compensés et talons aiguilles
121 DESCRIPTIFS DES MODÈLES

129 **De 1970 à 2005**
Souliers, sandales et bottes pour hommes et femmes, avec talons hauts et bas, fins et épais, de style Louis XV ; en fausses peaux d'animaux, en plastique transparent et en similicuir
145 DESCRIPTIFS DES MODÈLES

153 **Planches retraçant l'évolution de la chaussure**
163 **Biographies abrégées des stylistes et fabricants**
168 **Sources bibliographiques**

Introduction

Cet ouvrage retrace l'évolution de la chaussure depuis les temps les plus reculés jusqu'à aujourd'hui. Il rend compte de la diversité des types et des styles – des souliers et sandales aux bottes et pantoufles –, en présentant les modèles les plus représentatifs de chaque époque, les plus intéressants pour le styliste, comme pour l'étudiant et le public non averti auxquels s'adresse cet ouvrage.
La majorité des souliers répertoriés au fil des pages étaient l'apanage des classes privilégiées, soucieuses d'élégance. Néanmoins, le caractère insolite de certains modèles a guidé leur choix, tandis que des chaussures et bottes militaires, de sport ou de travail ont été sélectionnées pour leur valeur informative.

L'ouvrage comporte six sections, correspondant à différentes périodes historiques. Chacune rassemble des planches de dessins en couleurs, suivies de descriptifs détaillés de chaque modèle illustré.

La première section couvre les années 2500 av. J.-C. à 1100 apr. J.-C. Dans l'Égypte antique, jusqu'en 600 av. J-C., les sandales se portaient à l'extérieur, pour protéger les pieds de la chaleur du sol. Rois et reines, prêtres et aristocrates chaussaient de simples modèles en fibre naturelle, maintenus par d'étroites lanières ; certains arboraient un long bout pointu et relevé, d'autres des motifs peints, parfois rehaussés d'or. En Mésopotamie, de 1000 av. J.-C. à 200 apr. J.-C., des bottines en cuir souple, à hauteur de cheville et à bout pointu, s'ajoutèrent aux sandales identiques à celles des Égyptiens. Les Grecs s'illustrèrent par des modèles associant qualité et élégance – souliers, sandales et bottes –, pendant l'âge d'or de leur civilisation, de 480 à 400 av. J.-C. De 800 à 200 av. J.-C., hommes et femmes étrusques adoptèrent les styles grecs, notamment la longue botte, appelée endromide, en peau non tannée agrémentée d'une doublure de fourrure et de lanières de cuir enserrant la jambe. Les modèles romains des années 753 av. J.-C. à 323 apr. J.-C. étaient influencés par les Grecs, même si ces derniers subirent l'invasion des Romains en 146 av. J.-C. Bien que la Grèce demeurât le foyer de la civilisation jusqu'à la fin de l'Antiquité, sous l'Empire byzantin, entre 400 av. J.-C. et 1100 apr. J.-C., rois, nobles et membres des classes aisées portaient des chaussures fabriquées avec des matériaux rares, agrémentées de riches broderies et de pierres précieuses.

La deuxième section de l'ouvrage est consacrée aux styles occidentaux, de l'an 100 à 1699. Les roturiers de l'Europe du Nord chaussaient des souliers et bottes pratiques, fabriqués avec des peaux non tannées. L'influence romaine apparut avec évidence durant l'occupation de l'Europe du Nord par les légions, jusqu'à leur retrait, au Ve siècle. Elle resta perceptible jusqu'au XIe siècle, lorsque s'imposèrent les styles orientaux introduits par les croisés. Le siècle suivant fit la part belle aux souliers fabriqués avec des étoffes

luxueuses, souvent décorés de broderies, et se prolongeant par de longs bouts pointus.
Au XIIIe siècle, ces derniers s'allongèrent considérablement puis, entre 1300 et 1350,
la partie dépassant l'extrémité du pied atteignit 5 à 30 cm. La pointe extravagante fut
rembourrée de mousse, de foin ou de laine, et baleinée. Ces souliers d'origine polonaise
prirent le nom de poulaines en France. À la fin du XVe siècle, la mode des pointes
relevées se trouva supplantée par celle des mules et pantoufles à bout rond, en velours
vermillon, rouge, violet, ou en satin, souvent orné de ravissantes broderies et perles.
La vogue du large bout aux angles arrondis atteignit son apogée au milieu du XVIe siècle,
une loi somptuaire imposant alors une largeur maximale de 15 cm. Les longs vêtements
en étoffes précieuses exigeaient le port de semelles protectrices ou de patins
en bois pour l'extérieur. Ainsi naquit la chopine, composée d'une mule reposant sur
un socle pouvant atteindre 30 cm de haut. Chopine et patin furent à l'origine des
talons modernes. Intégré entre la semelle de cuir et la tige, le talon compensé en liège
constitua la première forme de talon, la partie la plus épaisse s'encastrant sous
le talon du pied. Au cours des années qui suivirent, le talon vénitien, de hauteur
moyenne, en bois peint en rouge, devint la marque distinctive de l'aristocratie.

La troisième section embrasse les années 1700 à 1899. C'est au XVIIIe siècle que
la chaussure masculine prit sa forme moderne, le talon bas et large étant apparu dans
les années 1730. Marron ou noire au milieu du siècle, couleurs classiques toujours
d'actualité, la chaussure portait une boucle dissimulant une attache. Les femmes du
XVIIIe siècle privilégièrent les mules en maroquin fin, soie, velours, brocart et damas,
le plus souvent brodées. Patins et autres protections perdurèrent, les semelles épaisses
en cuir ou en bois articulées étant parfois recouvertes de tissu assorti au reste de
la chaussure. De cette période date le talon féminin dénommé Louis XV. Au XIXe siècle,
la botte, souvent noire, figurait en bonne place dans la garde-robe masculine. Lourde
ou légère, haute ou basse, simple ou élaborée, cette chaussure polyvalente avait
un talon en cuir de hauteur moyenne. Au début du siècle, les souliers fins, sans talon,
maintenus par de longs rubans autour de la cheville, connurent la faveur des femmes de
haut rang ; s'y ajoutèrent des sandales d'inspiration grecque et des bottines en chevreau
de couleur claire. En 1858, à Abingdon, dans le Massachusetts, Lyman Blake inventa
une machine qui permettait de coudre la semelle à la tige. L'emploi du fil plutôt que des
pointes et des chevilles facilitait désormais la fabrication des chaussures.

Les trois dernières sections du livre sont consacrées au XXe siècle et aux premières
années du XXIe. Le XXe siècle salua la naissance du styliste, qui se démarquait du fabricant
traditionnel. De grands noms comme Roger Vivier, Pietro Yanturni, André Perugia
et Salvatore Ferragamo conçurent et fabriquèrent des chaussures à l'intention d'une
élite aisée. À l'aide de machines à coudre révolutionnaires, les fabricants américains

produisirent à la chaîne nombre de leurs créations, rendant accessibles à un large public les styles en vogue. La diversité des modèles et des couleurs ne cessa de croître avec la demande.

Au fil du siècle, les styles de chaussures pour femmes apparaissaient et disparaissaient tour à tour. Les bottes des années 1900 furent réinterprétées à loisir : dans les années 1960, elles atteignent la hauteur du genou et s'ajustent à la jambe ; durant la décennie suivante, elles recouvrent les cuisses et reposent sur des semelles à plate-forme de 10 cm de haut ; dans les années 1990, elles dépassent le genou, jouent avec le plastique transparent, rappellent les années 1950 par leurs bouts allongés et les talons aiguilles en métal de 10 cm de haut. Les années 1950 réhabilitent les chaussures à bout pointu et à brides, juchées sur des talons aiguilles ; tandis que dans les années 1970, les semelles à plate-forme et les bouts ronds des années 1930 et 1940 atteignent des proportions démesurées. À la fin des années 1990 et au début du XXIe siècle, les créations des stylistes rivalisent de fantaisie et d'exubérance. Vivienne Westwood ose les chaussures à plate-forme de 30 cm de haut, avec des talons épais, en peau de serpent laquée de couleurs vives. À la même époque, Jimmy Choo pare de perles et de plumes ses souliers raffinés, ultra-féminins, en veau velours couleur pistache. Manolo Blahnik séduit avec ses hauts talons d'une extrême finesse et ses délicates brides à la cheville.

La chaussure pour hommes, quant à elle, évolua peu au cours du XXe siècle. Le modèle en cuir à lacets de 1900, avec son bout rehaussé de perforations, ne diffère guère des styles classiques actuels. Certains changements se produisent néanmoins. Les souliers sans fermeture, de type mocassin, apparaissent dans les années 1940. Dix ans après, les Teddy Boys adoptent les semelles en crêpe avec talon intégré, tandis que d'autres s'approprient les modèles à bout pointu, qui singent leurs équivalents contemporains pour femmes, ou la mode du XIVe siècle. Les années 1960 mettent en vogue les *boots* chelsea, objet culte des Beatles, avec leurs côtés élastiqués, leur talon cubain et leur pointe effilée évoquant le début du XXe siècle. Depuis les années 1970, les chaussures de sport lacées, avec semelle en caoutchouc sculptée – *trainers, sneakers* –, ont autant la faveur des hommes que des femmes.

À la fin du livre, plusieurs planches de dessins retracent l'évolution de la chaussure de l'Antiquité jusqu'à nos jours, offrant une vue d'ensemble des principaux changements intervenus. Elles sont suivies de brèves biographies des principaux stylistes et fabricants. Enfin, une bibliographie recense les ouvrages sur lesquels s'est appuyée cette étude, ainsi que quelques autres, intéressants à consulter.

Égypte antique, vers 2500-1085 av. J.-C.

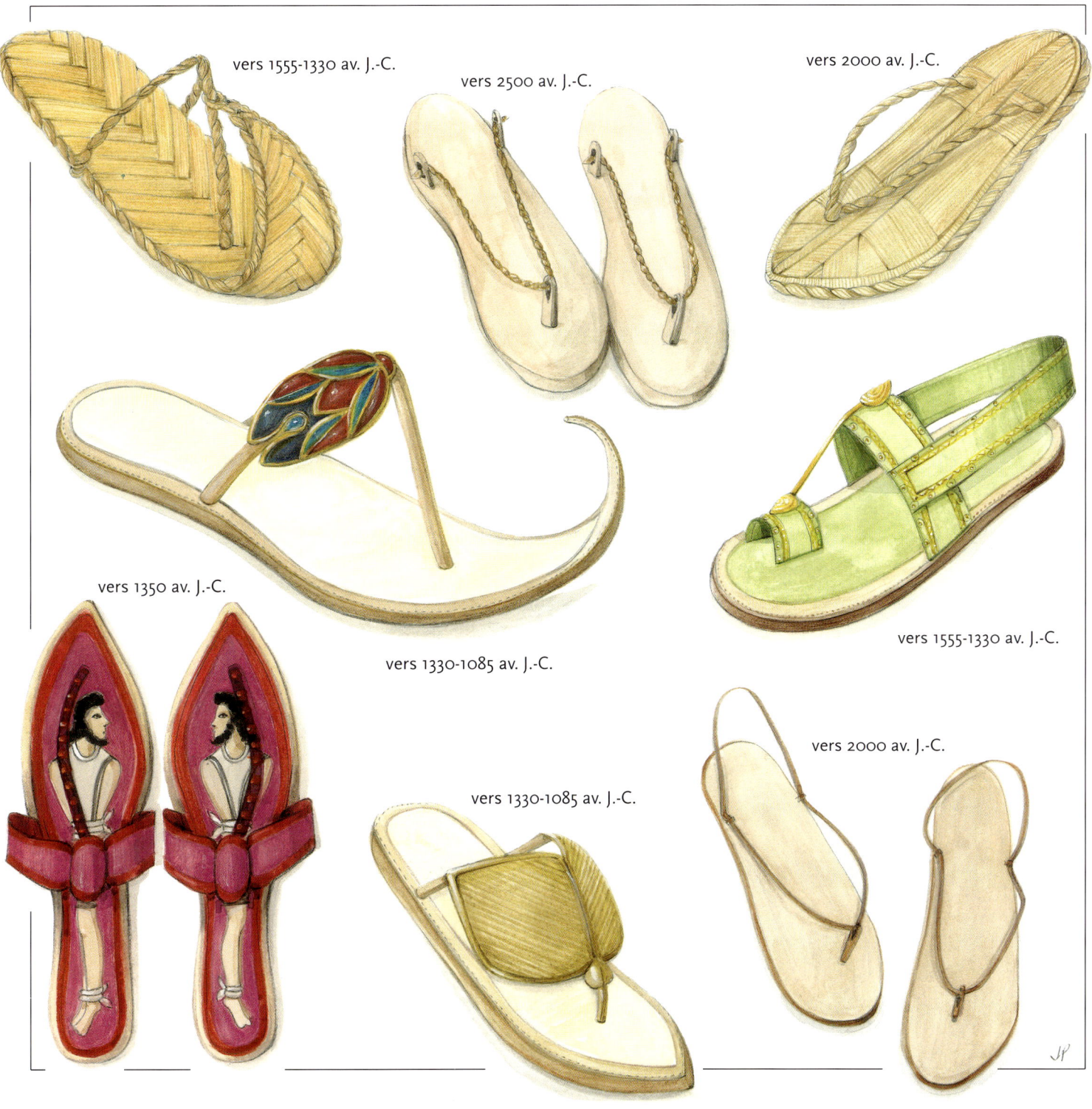

Égypte antique, vers 1555-600 av. J.-C.

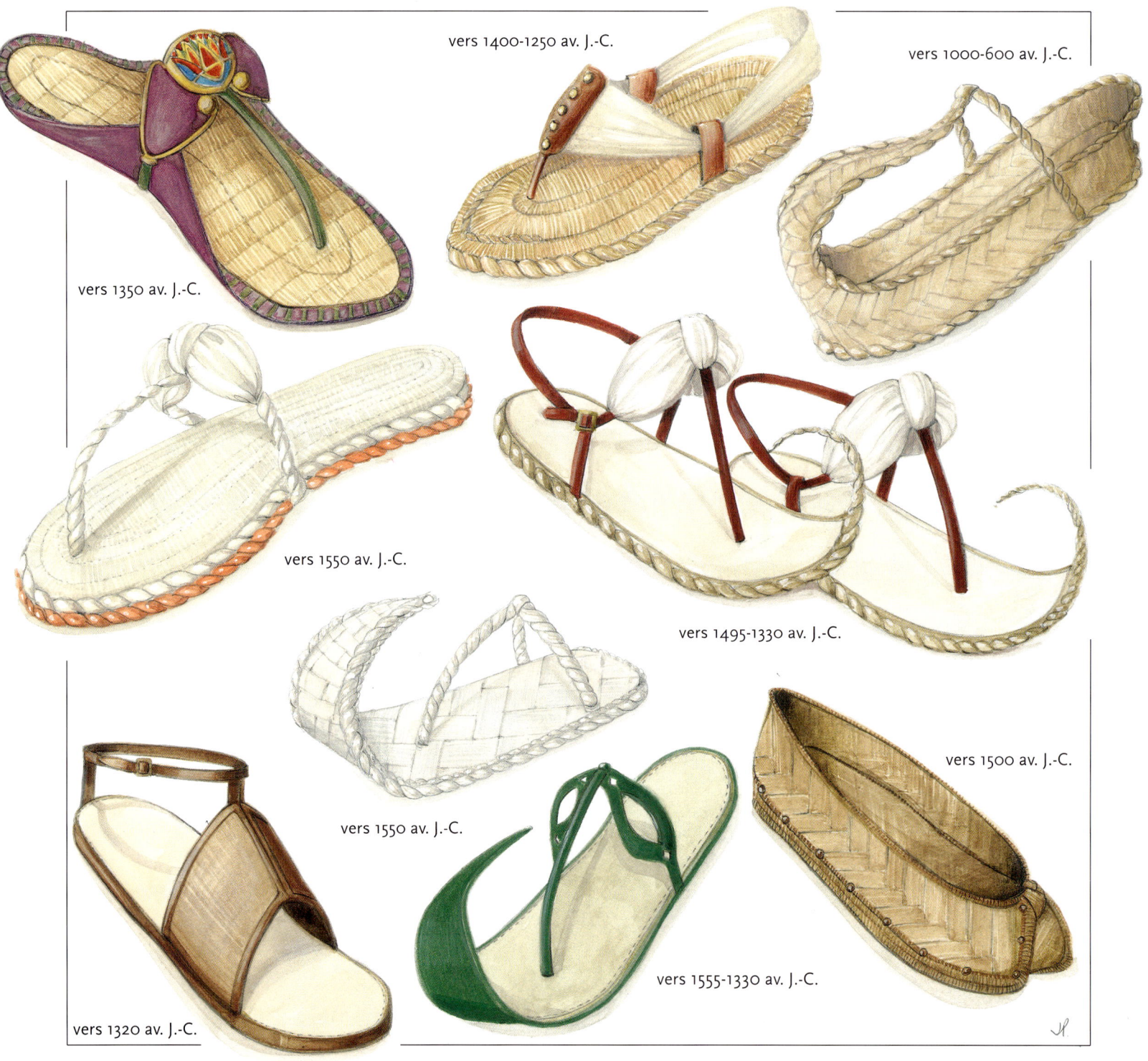

vers 1350 av. J.-C.

vers 1400-1250 av. J.-C.

vers 1000-600 av. J.-C.

vers 1550 av. J.-C.

vers 1495-1330 av. J.-C.

vers 1320 av. J.-C.

vers 1550 av. J.-C.

vers 1555-1330 av. J.-C.

vers 1500 av. J.-C.

Mésopotamie, vers 1000 av. J.-C.-200 apr. J.-C.

Assyrienne, vers 1000 av. J.-C.

Persane, vers 100 apr. J.-C.

Assyrienne, vers 900 av. J.-C.

Babylonienne, vers 500 av. J.-C.-100 apr. J.-C.

Babylonienne, vers 500 av. J.-C.

Babylonienne, vers 900 av. J.-C.-100 apr. J.-C.

Babylonienne, vers 900 av. J.-C.

Persane, vers 200 apr. J.-C.

Mésopotamie, vers 1000 av. J.-C.-200 apr. J.-C.

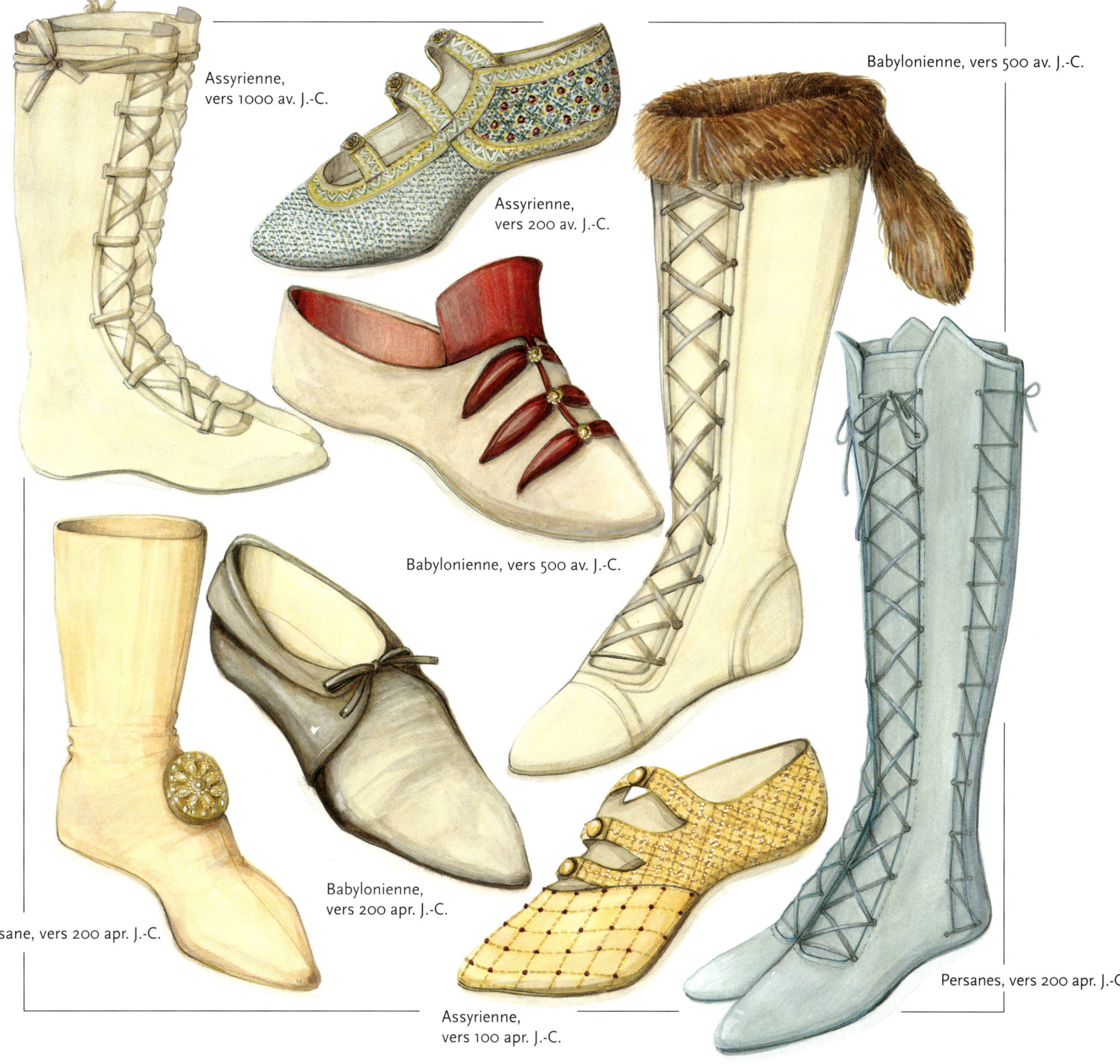

Grèce antique, 480-400 av. J.-C.

Grèce antique, 480-400 av. J.-C.

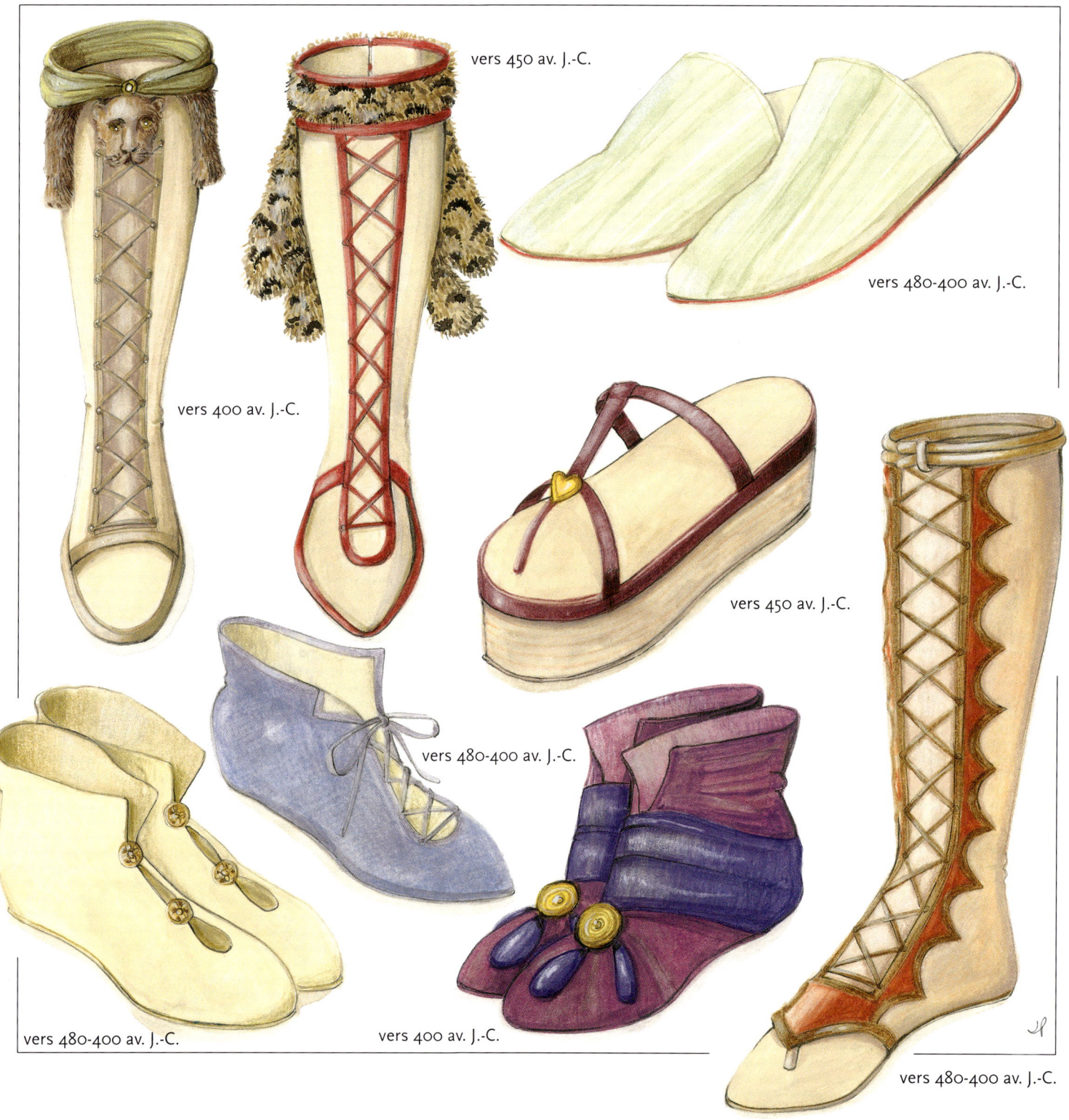

Grèce antique, 480-400 av. J.-C.

Grèce antique, 480-400 av. J.-C.

Grèce antique, 480-400 av. J.-C.

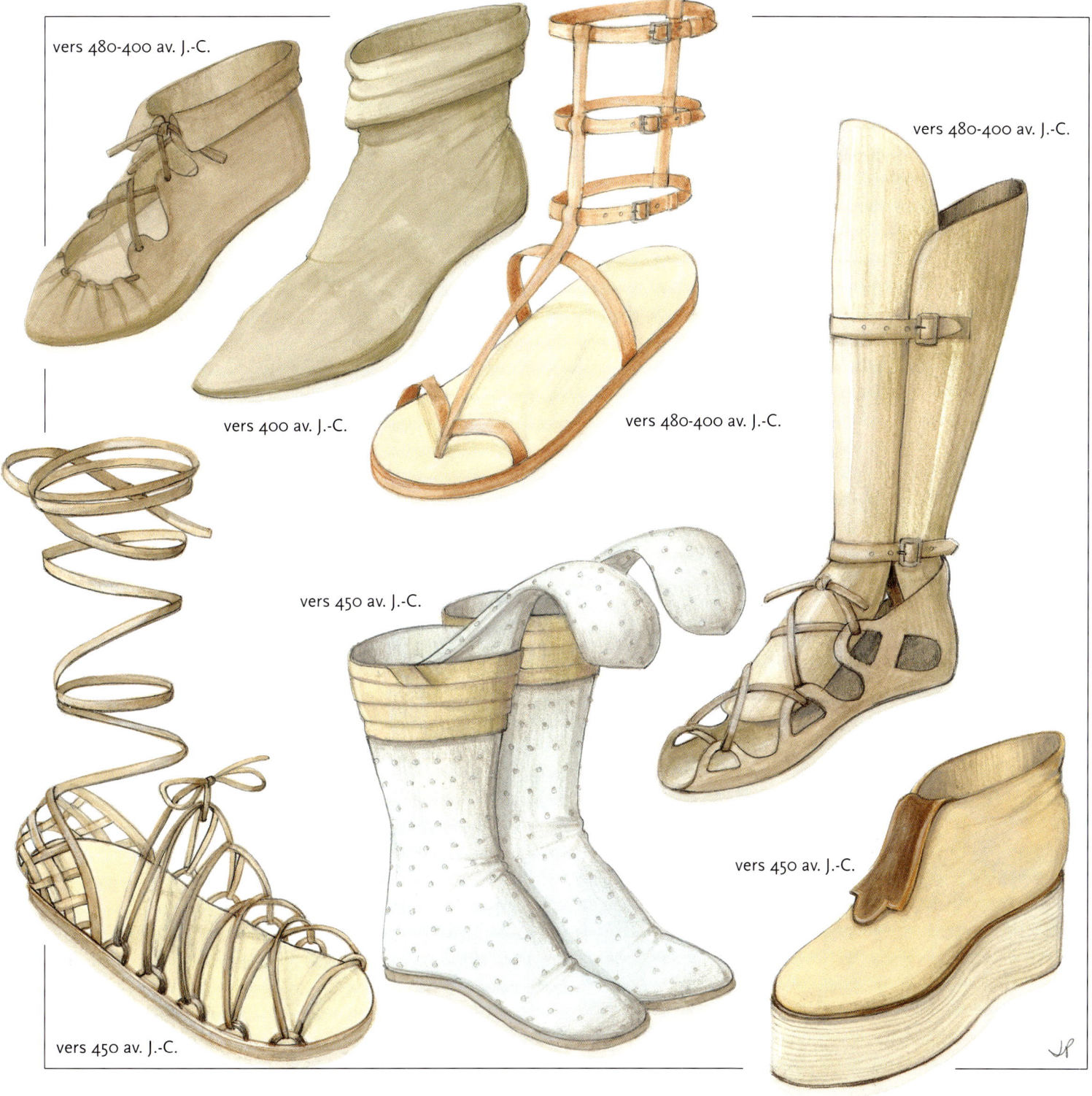

vers 480-400 av. J.-C.

vers 400 av. J.-C.

vers 480-400 av. J.-C.

vers 480-400 av. J.-C.

vers 450 av. J.-C.

vers 450 av. J.-C.

vers 450 av. J.-C.

Civilisation étrusque, vers 800-200 av. J.-C.

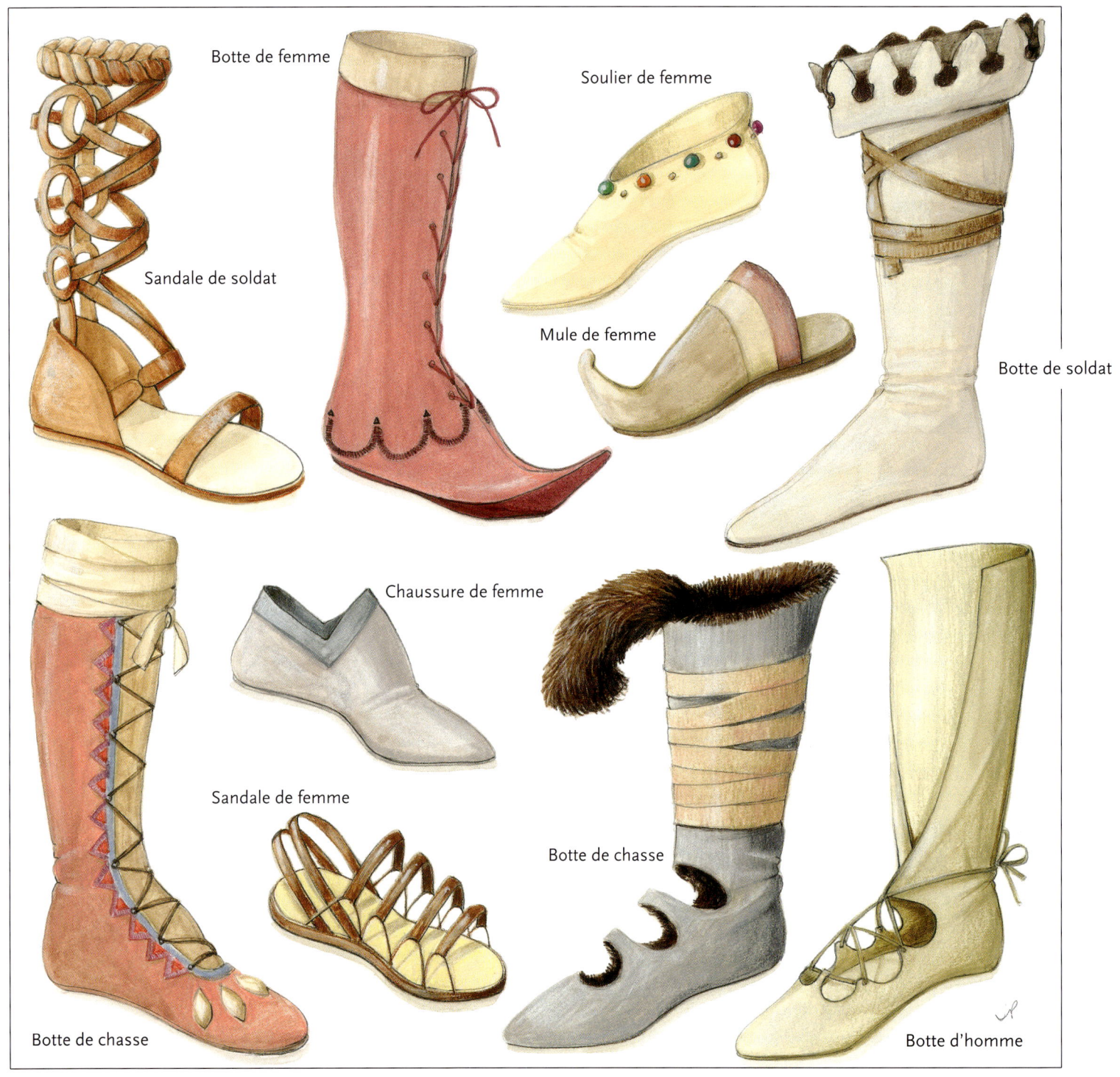

Rome antique, 31 av. J.-C.-323 apr. J.-C.

vers 200-300 apr. J.-C.
vers 100 apr. J.-C.
vers 100-323 apr. J.-C.
vers 100-200 apr. J.-C.
vers 200-300 apr. J.-C.
vers 31 av. J.-C.-100 apr. J.-C.
vers 200 apr. J.-C.
vers 100 apr. J.-C.
vers 31 av. J.-C.-323 apr. J.-C.

Rome antique, 31 av. J.-C.-323 apr. J.-C.

vers 300 apr. J.-C.

vers 100 apr. J.-C.

vers 200 apr. J.-C.

vers 100-200 apr. J.-C.

vers 100-300 apr. J.-C.

vers 100-300 apr. J.-C.

vers 100 apr. J.-C.

vers 100 apr. J.-C.

vers 300 apr. J.-C.

Rome antique, 31 av. J.-C.-323 apr. J.-C.

vers 100 apr. J.-C.

vers 100 apr. J.-C.

vers 31 av. J.-C.-200 apr. J.-C.

vers 200 apr. J.-C.

vers 31 av. J.-C.-323 apr. J.-C.

vers 100-300 apr. J.-C.

vers 150 apr. J.-C.

vers 150 apr. J.-C.

vers 31 av. J.-C.-323 apr. J.-C.

Rome antique, 31 av. J.-C.-323 apr. J.-C.

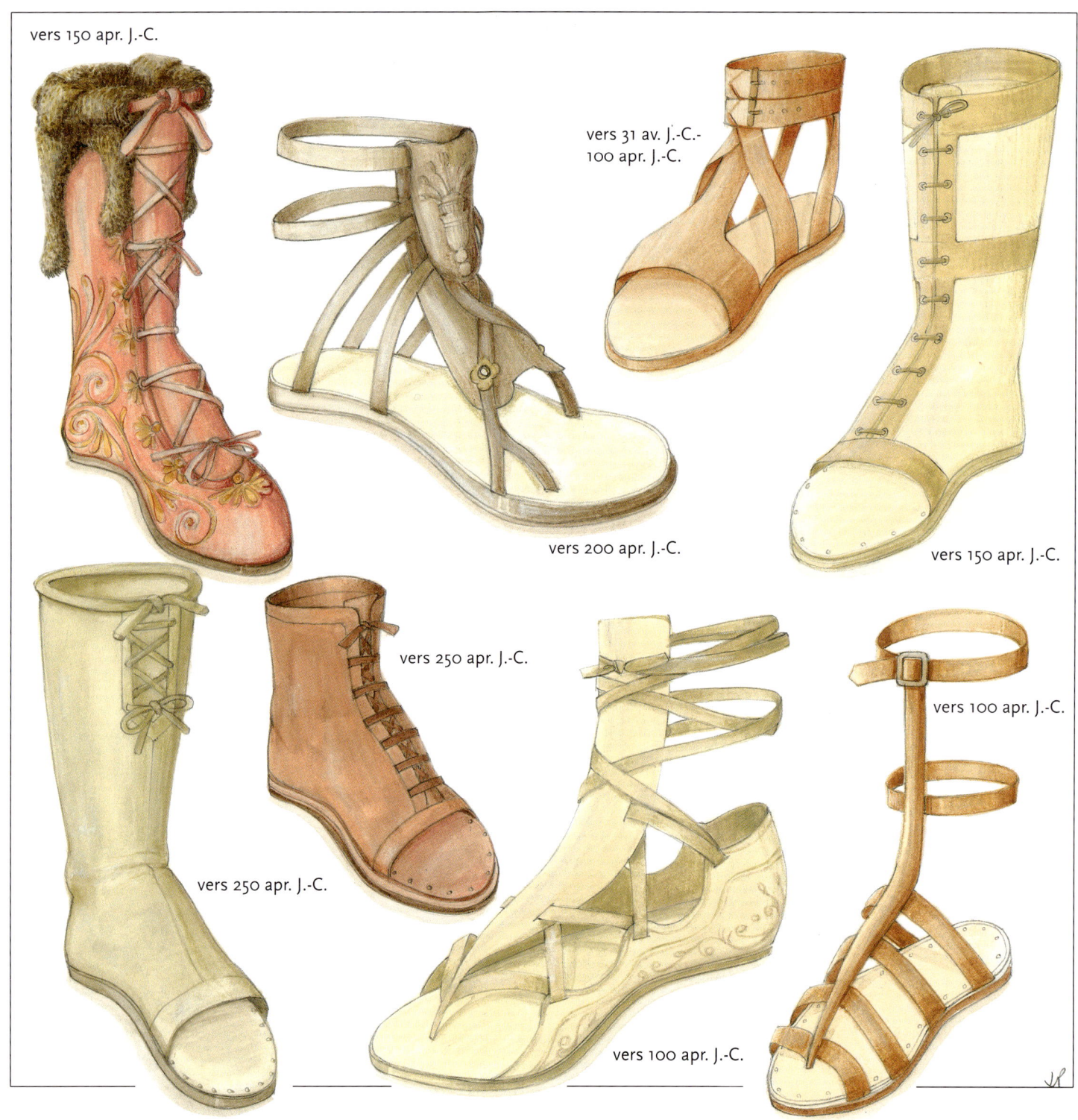

Empire byzantin, 400-1100

vers 400-500

vers 400-500

vers 400-500

vers 400

vers 550

vers 550

vers 450

Empire byzantin, 400-1100

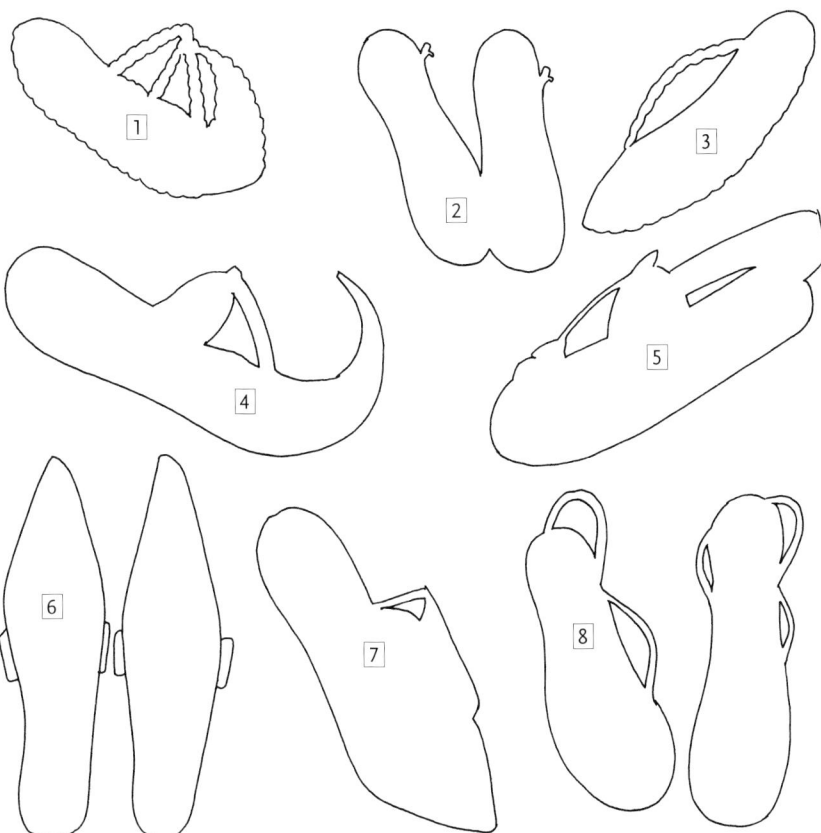

Égypte antique, vers 2500-1085 av. J.-C.

[1] **Sandale**, v. 1555-1300 av. J.-C. Semelle en fibre végétale tressée, bout recourbé attaché à une lanière tressée passant entre les orteils, bride assortie sur le cou-de-pied. [2] **Paire de sandales d'ouvrier**, v. 2500 av. J.-C. Semelle en bois, lanière en fibre végétale fixée à une cheville en bois. [3] **Sandale**, v. 2000 av. J.-C. Semelle en fibre végétale tressée, bout pointu, lanière en fibre de palmier tressée passant entre les orteils, fixée de part et d'autre du talon. [4] **Sandale royale**, v. 1330-1085 av. J.-C. Semelle épaisse en peau de bœuf, de vache ou de buffle, cousue avec du fil ciré à la tige en agneau ou chèvre, fine doublure en lin blanc, bout recourbé, lanière en cuir passant entre les orteils, bride assortie sur le cou-de-pied sous une large barrette à décorations peintes, rehaussées de détails en or repoussé. [5] **Sandale royale**, v. 1555-1330 av. J.-C. Semelle épaisse en peau de bœuf, vache ou buffle, cousue avec du fil ciré à la tige en cuir fin, doublure en chevreau teint, lanières ornées d'or repoussé autour de l'orteil, du talon et du cou-de-pied, barrette en or reliant les lanières du cou-de-pied et de l'orteil. [6] **Paire de sandales**, v. 1350 av. J.-C. Semelle épaisse en peau de bœuf, cousue avec du fil ciré à la fine première semelle en chevreau teint, bout pointu, doublure en lin ornée d'un personnage figurant un prisonnier ou un ennemi, lanière en cuir bicolore entre les orteils, reliée à une large bride sur le cou-de-pied. [7] **Sandale royale**, v. 1330-1085 av. J.-C. Semelle épaisse en peau de bœuf ou de vache, cousue avec du fil ciré à la première semelle en peau de chèvre, doublure en lin blanc, bout pointu, large bride en cuir rehaussé d'or, en forme d'ailes, sur le cou-de-pied, lanière en cuir entre les orteils. [8] **Paire de sandales pour l'extérieur**, v. 2000 av. J.-C. Semelle épaisse en peau de bœuf, vache ou buffle, cousue avec du fil ciré à la fine première semelle, petite cheville en cuir entre les orteils, lanière de part et d'autre du cou-de-pied et derrière le talon.

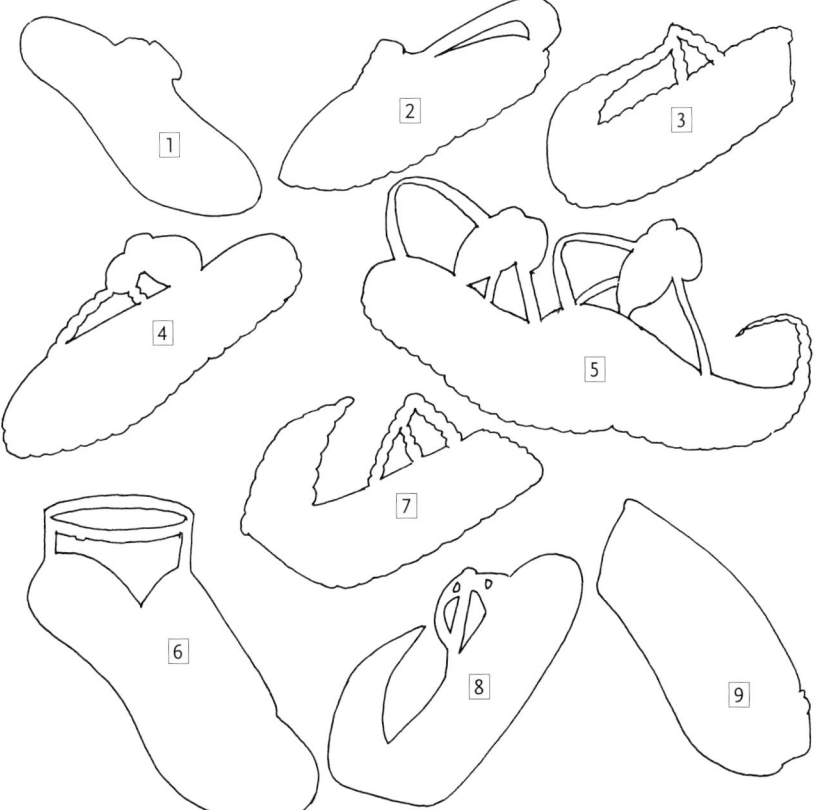

Égypte antique, vers 1555-600 av. J.-C.

[1] **Sandale royale**, v. 1350 av. J.-C. Semelle fine en chevreau teint de couleur vive, bout pointu et côtés incurvés, bride assortie en forme de feuille sur le cou-de-pied, ornée d'une plaque peinte et dorée figurant une fleur de lotus, première semelle en fibre de palmier tressée et cousue, lanière en chevreau teint entre les orteils, attachée à la bride sur le cou-de-pied. [2] **Sandale d'extérieur**, v. 1400-1250 av. J.-C. Semelle en fibre végétale tressée, bout pointu, petite lanière en cuir entre les orteils, attachée sous une barrette en cuir ornée de clous en or, large lanière en lin blanc autour du pied, maintenue par des attaches latérales en cuir. [3] **Chaussure d'extérieur**, v. 1000-600 av. J.-C. Fibre végétale tressée en forme de bateau, côtés et arrière fermés, longue pointe recourbée, attachée à une bride sur le cou-de-pied. [4] **Sandale**, v. 1550 av. J.-C. Semelle double en fibre végétale blanchie, partie inférieure teinte en rouge, lanière tressée entre les orteils, attachée à une bride assortie, rehaussée de lin, sur le cou-de-pied. [5] **Paire de sandales royales**, v. 1330-1495, av. J.-C. Semelle en fibre végétale, doublure en lin blanchi, longue pointe recourbée, lanière en cuir teint entre les orteils, lanière à boucle assortie à l'arrière du talon, fixations latérales en lin, comme la lanière sur le cou-de-pied. [6] **Sandale de soldat**, v. 1320 av. J.-C. Semelle épaisse en cuir de bœuf, vache ou buffle, cousue avec du fil ciré à la fine première semelle, large bride en cuir sur le cou-de-pied, lanière à boucle en cuir attachée à l'arrière du talon, sans lanière pour les orteils. [7] **Sandale de prêtre**, v. 1550 av. J.-C. Semelle en fibre végétale tressée blanchie, bout recourbé, découpe carrée à l'arrière du talon, lanière tressée entre les orteils, bride assortie sur le cou-de-pied. [8] **Sandale royale**, v. 1555-1330 av. J.-C. Semelle d'usure en cuir teint, cousue avec du fil ciré à la première semelle en chevreau, longue pointe recourbée, lanière entre les orteils attachée à une large bride avec des découpes sur le cou-de-pied. [9] **Chaussure d'extérieur**, v. 1500 av. J.-C. Fibre végétale tressée, bout découpé et semelle assemblés en une seule pièce, côtés et arrière fermés, avant-pied découvert.

Mésopotamie, vers 1000 av. J.-C.-200 apr. J.-C.

[1] **Sandale de reine persane**, v. 100 apr. J.-C. Semelle à plate-forme et talon compensé recouverts de cuir doré, doublure en lin, anneaux en or de part et d'autre du talon retenant ensemble trois brides de couleur contrastée sur le cou-de-pied, bordure et lanières assorties, reliées à celles du gros orteil. [2] **Sandale de roi assyrien**, v. 1000 av. J.-C. Semelle épaisse en cuir teint, doublure fine en chevreau, lanière plate en cuir fixée d'un côté de la semelle, couvrant le cou-de-pied en biais et coulissant dans des anneaux en or fixés de part et d'autre du talon, petites lanières assorties sur le gros orteil. [3] **Sandale assyrienne**, v. 900 av. J.-C. Semelle épaisse en cuir, doublure en lin, anneaux métalliques de part et d'autre du talon composé de deux lanières, maintenant des brides en cuir qui s'entrecroisent sur le cou-de-pied, double lanière sur le gros orteil. [4] **Chaussure de roi babylonien**, v. 500 av. J.-C. Semelle à plate-forme épaisse en cuir teint, doublure fine en chevreau, arrière montant au-dessus de la cheville, doublé de chevreau teint de couleur vive, lanières assorties ornées de broderies et de pierres sur le devant ouvert. [5] **Sandale de soldat babylonien**, v. 500 av. J.-C.-100 apr. J.-C. Semelle épaisse en peau de bœuf, cousue à la fine première semelle en cuir, lanière en cuir de couleur vive entre les orteils, attachée à une bride sur le cou-de-pied, réglage coulissant métallique en forme de cœur. [6] **Sandale babylonienne**, v. 900 av. J.-C.-100 apr. J.-C. Semelle à plate-forme recouverte de cuir doré, lanière assortie sur le gros orteil, arrière fermé, triple bride sur le cou-de-pied, ornée de perles et d'un fermoir rehaussé de pierres précieuses. [7] **Soulier de roi babylonien**, v. 900 av. J.-C. Semelle fine en cuir, bout pointu, doublure en lin, chevreau teint bicolore, coupé et cousu sous forme de bandes, bords gansés. [8] **Chaussure persane**, v. 200 apr. J.-C. Semelle fine en cuir, bout pointu, doublure en lin, tige en cuir teint, lanière centrale avec des brides sur le cou-de-pied et de longs rubans assortis autour de la cheville.

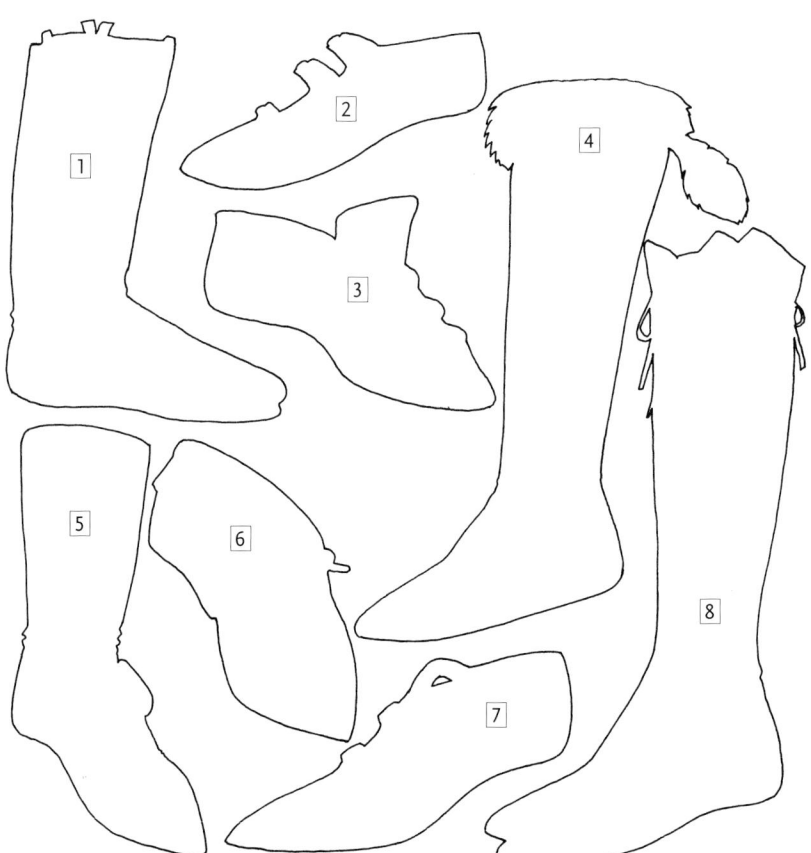

Mésopotamie, vers 1000 av. J.-C.-200 apr. J.-C.

[1] **Paire de bottes de chasse assyriennes**, v. 1000 av. J.-C. Semelle fine, sans talon, tige en cuir de couleur claire à hauteur de mollet, devant ouvert avec une large languette sur toute la longueur, lacet plat en cuir, à extrémités nouées autour du mollet. [2] **Chaussure de roi assyrien**, v. 200 av. J.-C. Semelle fine en cuir, sans talon, doublure en lin, bout pointu, empeigne décolletée en chevreau teint, brodée avec de la soie de couleur et du fil d'or, incrustée de pierres précieuses et semi-précieuses, trois brides assorties sur le cou-de-pied, rehaussées de boutons en or. [3] **Chaussure babylonienne**, v. 500 av. J.-C. Semelle fine en cuir, sans talon, bout pointu, côtés et arrière fermés, doublure en chevreau teint, languette haute assortie, comme les découpes de part et d'autre de l'ouverture de l'avant-pied, boutons décoratifs en pierres. [4] **Botte babylonienne**, v. 500 av. J.-C. Semelle fine en cuir, sans talon, bout pointu, tige en cuir de couleur claire à hauteur de genou, devant ouvert garni d'une languette sur toute la longueur, détails surpiqués, laçage du cou-de-pied jusqu'au revers, agrémenté d'une queue en fourrure. [5] **Botte de noble persan**, v. 200 apr. J.-C. Semelle fine en cuir, sans talon, bout pointu, cuir fin jusqu'à mi-mollet, avec une couture centrale, gros ornement en pierres sur le cou-de-pied. [6] **Chaussure babylonienne**, v. 200 apr. J.-C. Semelle fine en cuir, sans talon, bout pointu, doublure fine en cuir, tige en cuir souple, fermeture devant, sur le cou-de-pied, par un lacet plat caché sous le revers, sur les côtés et à l'arrière. [7] **Chaussure de reine assyrienne**, v. 100 apr. J.-C. Semelle fine en cuir, bout pointu, tige en peau de chèvre de couleur claire, brodée de soie de couleur et de fil d'or, trois brides sur le cou-de-pied, attachées par des boutons en pierre. [8] **Paire de bottes persanes**, v. 200 apr. J.-C. Semelle fine en cuir, sans talon, bout pointu, tige en peau de chèvre de couleur claire à hauteur de genou, ajustée à la jambe par un lacet en cuir, bord supérieur fantaisie, côtés ouverts, devant ouvert avec une languette sur toute la longueur.

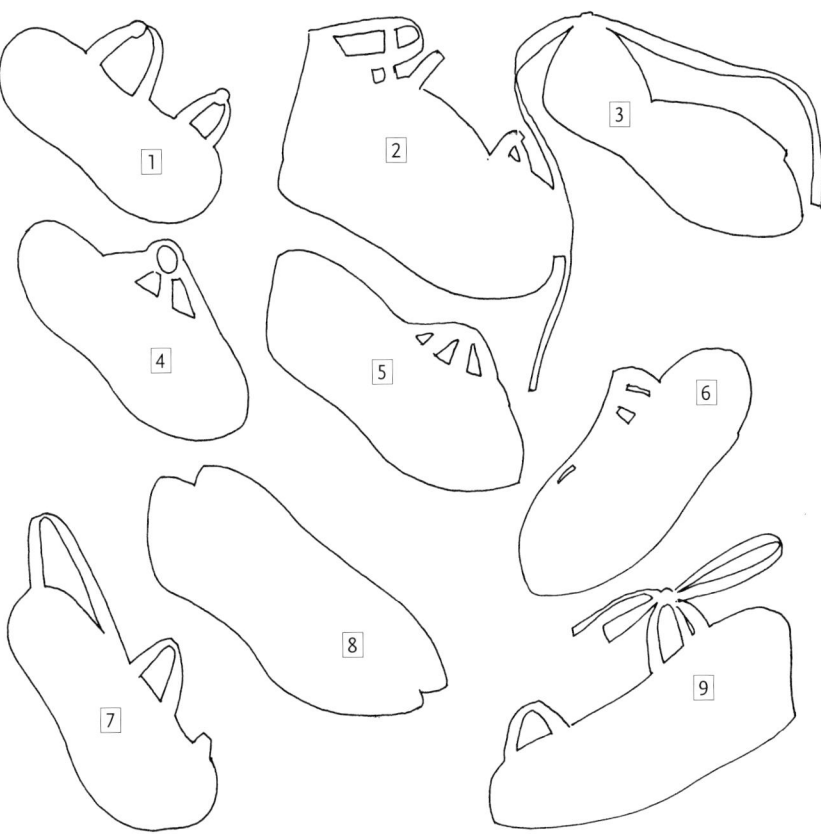

Grèce antique, 480-400 av. J.-C.

[1] **Sandale de femme**, v. 400 av. J.-C. Semelle épaisse en cuir, doublure en chevreau de couleur claire, brides en cuir plates sur le cou-de-pied et les orteils, boutons décoratifs. [2] **Sandale de femme**, v. 450 av. J.-C. Semelle en cuir de plusieurs épaisseurs, avant-pied épousant la forme des orteils, doublure en chevreau, lanière entre les orteils attachée à la bride sur le cou-de-pied, arrière fermé, lanières à boucles autour de la cheville. [3] **Chaussure de femme**, v. 480-400 av. J.-C. Semelle fine en cuir, doublure en chèvre, bout ouvert, lanière entre les orteils, réglage coulissant en métal, côtés découverts, longue lanière autour de la cheville, fixée à l'arrière. [4] **Sandale de femme**, v. 450 av. J.-C. Semelle épaisse en cuir, doublure en chevreau de couleur claire, lanières en cuir de couleur fixées sur les côtés et coulissant par un anneau métallique sur le cou-de-pied. [5] **Chaussure de femme**, v. 480-400 av. J.-C. Semelle épaisse en cuir, doublure en chevreau de couleur claire, lanières en cuir plates croisées sur le cou-de-pied, arrière du talon assorti, garniture en toile à l'arrière et sur les côtés. [6] **Sandale de femme**, v. 450-400 av. J.-C. Semelle en cuir de plusieurs épaisseurs, doublure en chevreau de couleur claire, lanières en toile de couleur sur les orteils et le cou-de-pied, plaque décorative sur l'avant-pied. [7] **Sandale de femme**, v. 450 av. J.-C. Semelle épaisse recouverte de peau de chèvre teinte, lanières assorties sur le cou-de-pied, les orteils et derrière le talon. [8] **Paire de souliers de femme**, v. 400 av. J.-C. Semelle fine, bout pointu, tige en chevreau de couleur claire, motifs brodés et peints. [9] **Sandale de femme**, v. 450 av. J.-C. Semelle à plate-forme en liège et cuir recouverte de peau de chèvre teinte, talon compensé assorti, doublure en toile, bride en toile sur les orteils et autour de la cheville, fermeture par un nœud sur le cou-de-pied.

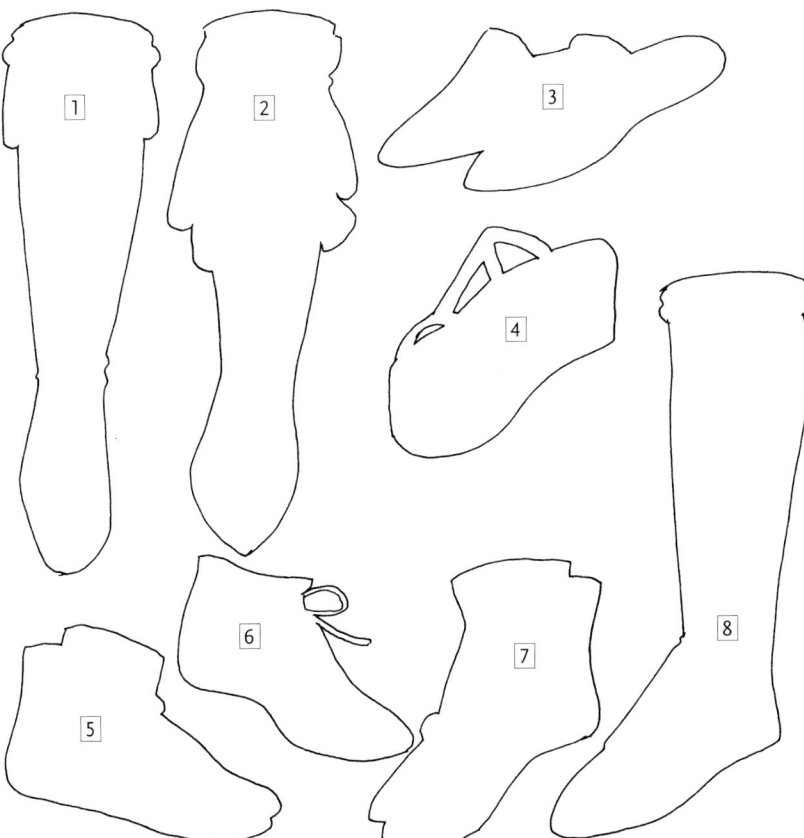

Grèce antique, 480-400 av. J.-C.

[1] **Botte de femme**, v. 400 av. J.-C. Semelle épaisse en cuir, doublure en chevreau, bout ouvert, lacet en cuir croisé du bas jusqu'à la tête d'animal, bord supérieur rehaussé de tissu fin et de fourrure. [2] **Botte de femme**, v. 450 av. J.-C. Semelle épaisse teinte de couleur vive, bordures et détails assortis, tige en cuir de couleur claire, bout pointu, devant ouvert, lacet en cuir croisé du bas jusqu'au revers orné de fourrure de léopard, fourrure assortie pendant de chaque côté. [3] **Paire de mules de femme**, v. 480-400 av. J.-C. Semelle fine en cuir rouge, tige en tissu fin, bout pointu, doublure en chevreau. [4] **Sandale de femme**, v. 450 av. J.-C. Semelle à plate-forme en cuir et liège, doublure en chevreau, garniture en cuir teint, lanière assortie entre les orteils avec un réglage coulissant en forme de cœur, brides plates sur le cou-de-pied et les orteils, reliées par une lanière assortie. [5] **Paire de bottines de femme**, v. 480-400 av. J.-C. Semelle fine en cuir, sans talon, bout rond, tige en peau de chèvre de couleur claire à hauteur de cheville, devant ouvert, deux boutons en métal gravé sur l'avant-pied et au niveau de la cheville. [6] **Bottine de femme**, v. 480-400 av. J.-C. Semelle fine en cuir, sans talon, bout pointu, tige en peau de chèvre de couleur vive à hauteur de cheville, devant ouvert, lacet croisé. [7] **Paire de bottines de femme**, v. 400 av. J.-C. Semelle fine en cuir, sans talon, bout pointu, tige en peau de chèvre teinte de couleur vive à hauteur de cheville, découpes décoratives sur les orteils, larges bandeaux assortis autour du cou-de-pied et du talon, plaque d'or gravé sur le cou-de-pied. [8] **Botte de femme**, v. 480-400 av. J.-C. Semelle fine en cuir, sans talon, bout ouvert, lanière entre les orteils, devant ouvert, lacet en cuir doré croisé du cou-de-pied jusqu'au genou, ganses et bordures assorties, applications en cuir festonnées de couleur contrastée.

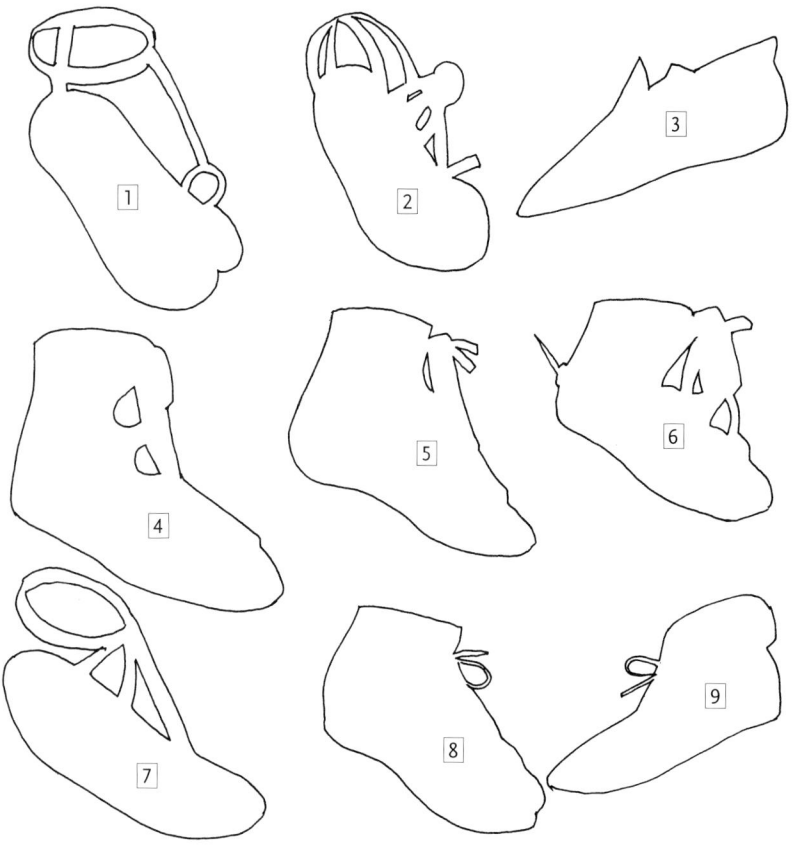

Grèce antique, 480-400 av. J.-C.

[1] **Sandale d'homme**, v. 480 av. J.-C. Semelle épaisse en cuir, avant-pied épousant la forme des orteils, doublure en chevreau, lanière en cuir entre les orteils, reliée à un anneau en métal au milieu du cou-de-pied, lanière en cuir réglable reliée à une lanière à boucle autour de la cheville, elle-même retenue par une attache derrière le talon. [2] **Sandale d'homme**, v. 480 av. J.-C. Semelle épaisse en cuir, doublure en chevreau, lanières en cuir plates entre les orteils, trois brides sur le cou-de-pied avec une attache sur le dessus, deux lanières derrière le talon entrecroisant les brides sur les côtés. [3] **Soulier d'homme**, v. 400 av. J.-C. Semelle fine en cuir, sans talon, bout pointu, tige en peau de chèvre fine teinte, fente centrale en haut de l'empeigne, côtés et arrière fermés. [4] **Sandale d'homme**, v. 400 av. J.-C. Semelle en cuir de plusieurs épaisseurs, bout ouvert, doublure en peau de chèvre, tige en cuir à hauteur de cheville, panneaux latéraux découpés, lanière centrale réglable sur le cou-de-pied, retournée sur le revers au niveau de la cheville. [5] **Sandale de soldat**, v. 450 av. J.-C. Semelle en cuir de plusieurs épaisseurs, cloutée en dessous, bout rond, doublure en peau de chèvre, tige en cuir épais à hauteur de cheville, fines lanières en cuir plates croisées et nouées sous une lanière centrale, réglable sur le cou-de-pied. [6] **Sandale de soldat**, v. 450 av. J.-C. Semelle épaisse en cuir, bout rond, doublure en peau de chèvre, tige en cuir teint à hauteur de cheville, brides en cuir plates attachées aux bords festonnés, fermeture sous une lanière centrale, réglable sur le cou-de-pied, arrière en cuir épais, rehaussé de clous et d'une longue pointe en métal. [7] **Sandale d'homme**, v. 480-400 av. J.-C. Semelle en cuir de plusieurs épaisseurs, doublure en tissu, lanière réglable entre les orteils, reliée à des lanières sur le cou-de-pied et autour de la cheville. [8] **Chaussure d'homme**, v. 450 av. J.-C. Semelle en cuir de plusieurs épaisseurs, avant-pied épousant la forme des orteils, bout ouvert, tige en cuir épais à hauteur de cheville, lacets en cuir plats s'entrecroisant entre les bords festonnés. [9] **Chaussure d'homme**, v. 400 av. J.-C. Semelle fine en cuir, sans talon, bout pointu, tige en cuir à hauteur de cheville, ouverture sur le devant, lacet en cuir croisé du cou-de-pied jusqu'au revers.

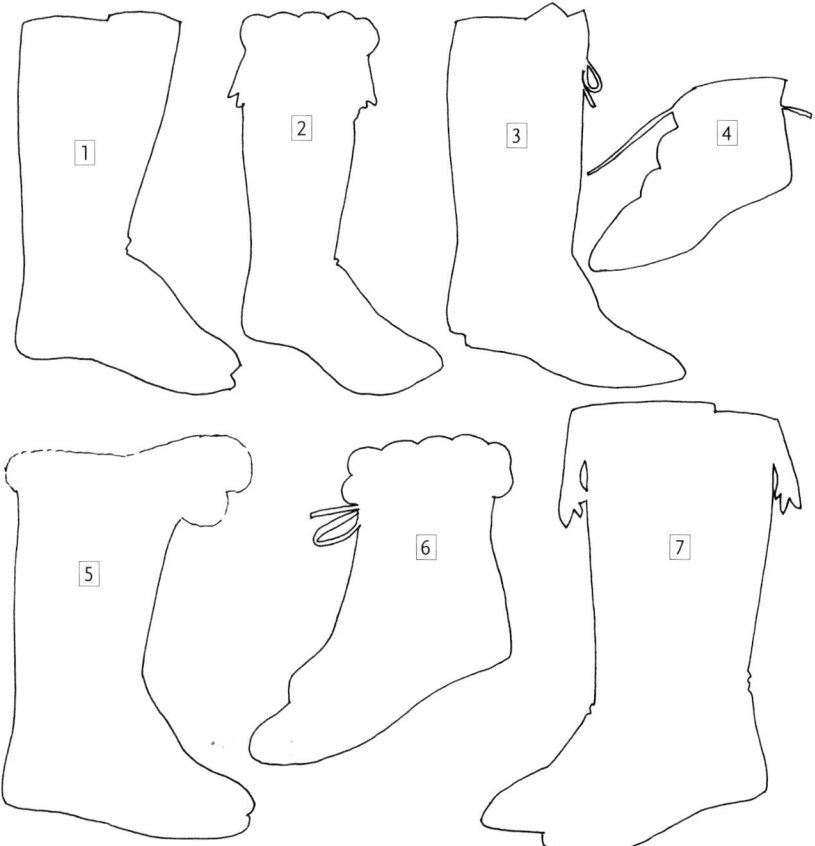

Grèce antique, 480-400 av. J.-C.

[1] **Paire de bottes de cavalier**, v. 480-400 av. J.-C. Semelle fine en cuir, sans talon, bout pointu, tige en chèvre de couleur claire à hauteur de genou, devant ouvert du bord supérieur rembourré, avec un fermoir, jusqu'à la cheville, lacet en cuir croisé entre les bords festonnés. [2] **Botte de chasse d'homme**, v. 400 av. J.-C. Semelle double en cuir, bout carré, tige en cuir à hauteur de genou, devant ouvert, lacet en cuir croisé du bas du cou-de-pied jusqu'au bracelet rembourré en tissu, garniture en cuir en forme de feuillage. [3] **Paire de bottes de cavalier**, v. 480-400 av. J.-C. Semelle fine en cuir, sans talon, bout pointu, tige en chèvre de couleur teinte à hauteur de genou, devant ouvert jusqu'au bas du cou-de-pied, laçage en cuir croisé sur une languette longue en cuir, bordure appliquée de couleur contrastée et décoration peinte. [4] **Bottillon d'homme**, v. 450 av. J.-C. Semelle épaisse en cuir, bout pointu, tige en chèvre teinte, devant ouvert, laçage croisé entre les bords festonnés, du bas du cou-de-pied jusqu'à la cheville. [5] **Paire de bottes de chasse d'homme**, v. 450 av. J.-C. Semelle épaisse en cuir, bout rond, tige en peau épaisse à hauteur de genou, doublure en fourrure, garniture assortie retombant sur le devant, lanières décoratives en cuir autour et au-dessus de la cheville. [6] **Chaussure d'homme**, v. 450 av. J.-C. Semelle épaisse en cuir, bout rond, doublure en chevreau, bout ouvert avec une lanière entre les orteils, réglage en métal en forme de cœur, tige en cuir fin de couleur claire à hauteur de cheville, motifs fleuris brodés sur les côtés, devant ouvert avec des bords festonnés en cuir de couleur contrastée, laçage assorti croisé du haut des orteils jusqu'à la bordure décorative rembourrée au niveau de la cheville. [7] **Paire de bottes de cavalier**, v. 480-400 av. J.-C. Semelle en cuir rouge, sans talon, bout pointu, tige en chevreau de couleur claire à hauteur de genou, motifs brodés sur l'avant-pied et les côtés, devant ouvert avec une bordure en cuir de couleur contrastée, bandes assorties appliquées autour de la jambe, laçage en cuir fin sur une languette longue, du bas du cou-de-pied jusqu'au revers en cuir en forme de feuillage, de couleur contrastée.

Grèce antique, 480-400 av. J.-C.

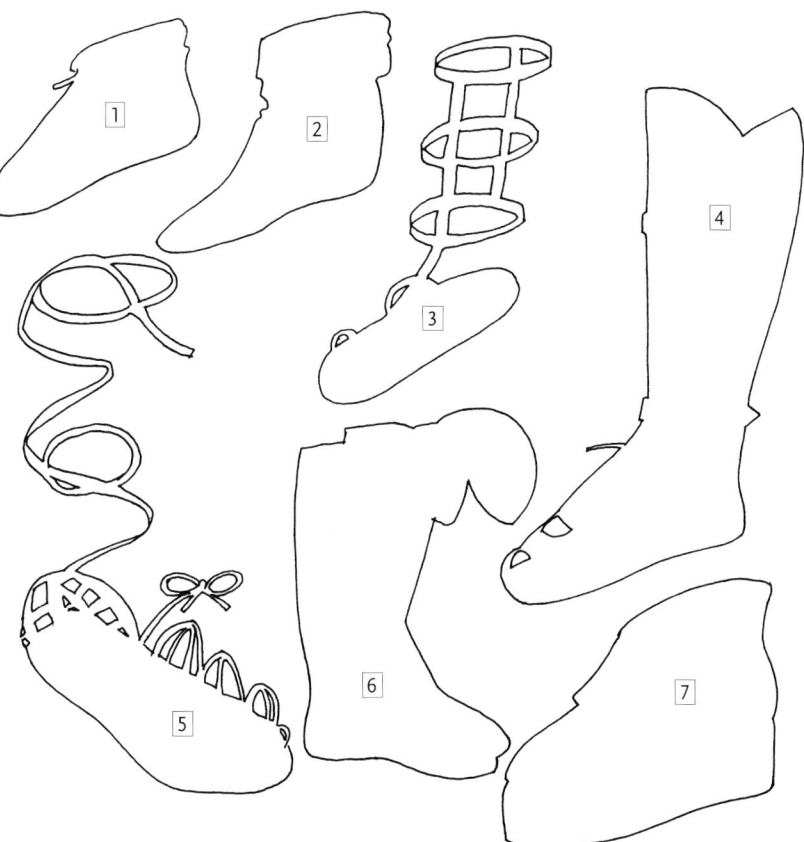

1 **Chaussure de paysan**, v. 480-400 av. J.-C. Semelle en cuir, sans talon, bout rond, tige en peau à hauteur de cheville, avant-pied ouvert, laçage en cuir croisé entre les bords festonnés, du cou-de-pied décolleté jusqu'au revers au niveau de la cheville. 2 **Chaussure d'acteur**, v. 400 av. J.-C. Semelle fine en cuir, sans talon, bout pointu, tige en cuir souple, revers au niveau de la cheville. 3 **Sandale de soldat**, v. 480-400 av. J.-C. Semelle épaisse en cuir, bout rond, doublure en chevreau, lanière en cuir entre les orteils, reliant le bout, le cou-de-pied et les lanières à boucle autour de la jambe. 4 **Chaussure et guêtre de soldat**, v. 480-400 av. J.-C. Semelle en cuir, sans talon, côtés coupés dans une seule pièce, épousant la forme du pied, avant-pied ouvert avec des bords festonnés, laçage en cuir croisé du bout ouvert jusqu'au niveau de la cheville, guêtre en peau épaisse, en deux pièces, à hauteur de genou, avant-pied couvrant le cou-de-pied de la chaussure, panneau arrière sous le genou s'encastrant à l'arrière de la chaussure, deux lanières à boucle. 5 **Sandale d'homme**, v. 450 av. J.-C. Semelle épaisse en cuir, doublure en chevreau, bout rond, lanières en cuir croisées sur le bout et le cou-de-pied, coulissant par des anneaux en cuir fixés aux bords de la semelle, arrière tressé et longue lanière entourant la jambe. 6 **Paire de chaussures de chasse d'homme**, v. 450 av. J.-C. Semelle épaisse en cuir, sans talon, bout rond, tige en veau de couleur claire à hauteur de mi-mollet, perforations décoratives, ornement en forme de feuille se prolongeant vers l'avant, bandelettes en cuir au-dessous. 7 **Chaussure d'acteur**, v. 450 av. J.-C. Semelle épaisse à plate-forme en cuir et liège, tige en cuir souple de couleur claire à hauteur de cheville, languette en cuir de couleur contrastée sur le cou-de-pied.

Civilisation étrusque, vers 800-200 av. J.-C.

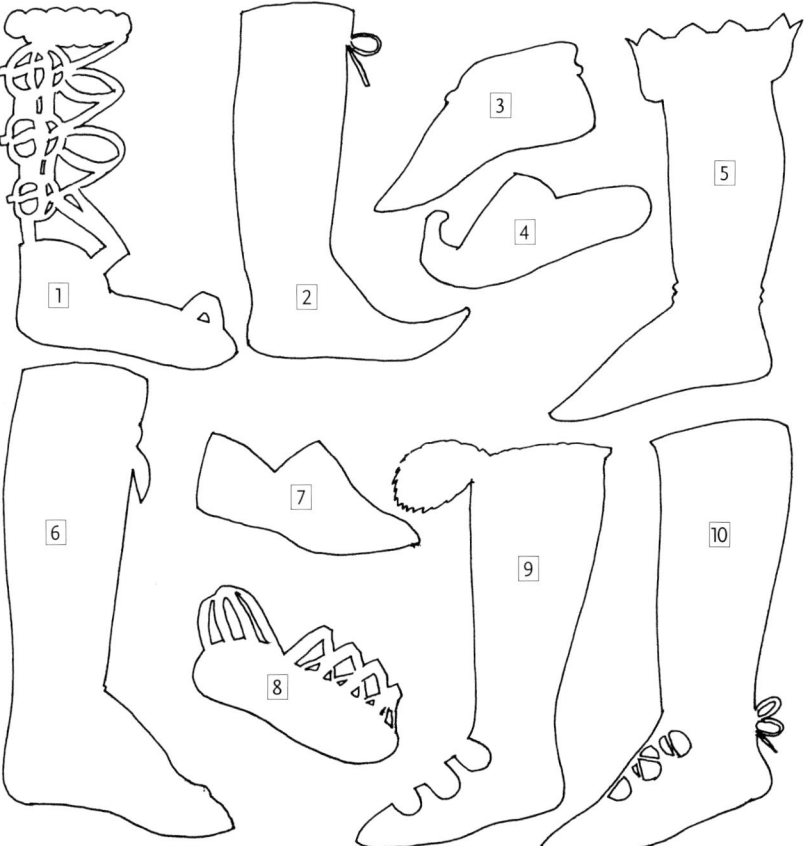

1 **Sandale de soldat**. Semelle épaisse en cuir, bout rond, doublure en chevreau, larges brides en cuir sur les orteils et le cou-de-pied, arrière plein, lacet en cuir croisé sur le devant de la jambe, coulissant par des anneaux recouverts de cuir, du cou-de-pied jusqu'au bord supérieur décoratif en cuir, au niveau du genou. 2 **Botte de femme**. Bout relevé dévoilant une semelle fine en cuir, sans talon, de couleur vive, tige en cuir souple de couleur contrastée à hauteur de genou, motif brodé de l'arrière du talon jusqu'au-dessus du cou-de-pied, de part et d'autre, laçage fin en cuir du cou-de-pied jusqu'à la large garniture en cuir de couleur claire. 3 **Soulier de femme**. Semelle fine en cuir, sans talon, bout pointu, tige en cuir souple de couleur claire, décorée sur le bord supérieur de pierres semi-précieuses de couleur. 4 **Mule de femme**. Semelle épaisse en bois, doublure en cuir, tige en cuir épais à long bout recourbé, cou-de-pied décoré de deux bandes en cuir de couleur. 5 **Botte de soldat**. Semelle fine en cuir, sans talon, tige en veau à hauteur de genou, lanière en cuir autour du haut de la jambe, sous un large revers à bord crénelé, doublé de couleur contrastée. 6 **Botte de chasse**. Semelle fine en cuir, sans talon, tige en cuir teint à hauteur de genou, entailles décoratives sur le bout rond, bordure de couleur contrastée et décorations brodées sur les bords du devant ouvert, laçage fin en cuir, bandelettes de cuir autour du genou. 7 **Chaussure de femme**. Semelle fine en cuir, sans talon, bout pointu, tige en veau de couleur claire, large bordure en cuir de couleur contrastée sur le bord supérieur. 8 **Sandale de femme**. Semelle épaisse en cuir, bout rond, doublure en chevreau, quatre brides en cuir sur le cou-de-pied, fixées par des lanières aux côtés de la semelle, deux brides en cuir autour du talon. 9 **Botte de chasse**. Semelle en peau, sans talon, bout pointu, tige en peau de couleur claire et doublée de fourrure, à hauteur de genou, ornement en fourrure assorti en haut, trois découpes sur le cou-de-pied, bandelette en cuir autour du mollet. 10 **Botte d'homme**. Semelle en cuir, sans talon, bout pointu, tige en cuir à hauteur de genou, avant-pied ouvert à bords festonnés, lacet fin en cuir sur le cou-de-pied et autour de la cheville, partie supérieure de la botte couvrant seulement l'arrière de la jambe.

Rome antique, 31 av. J.-C.-323 apr. J.-C.

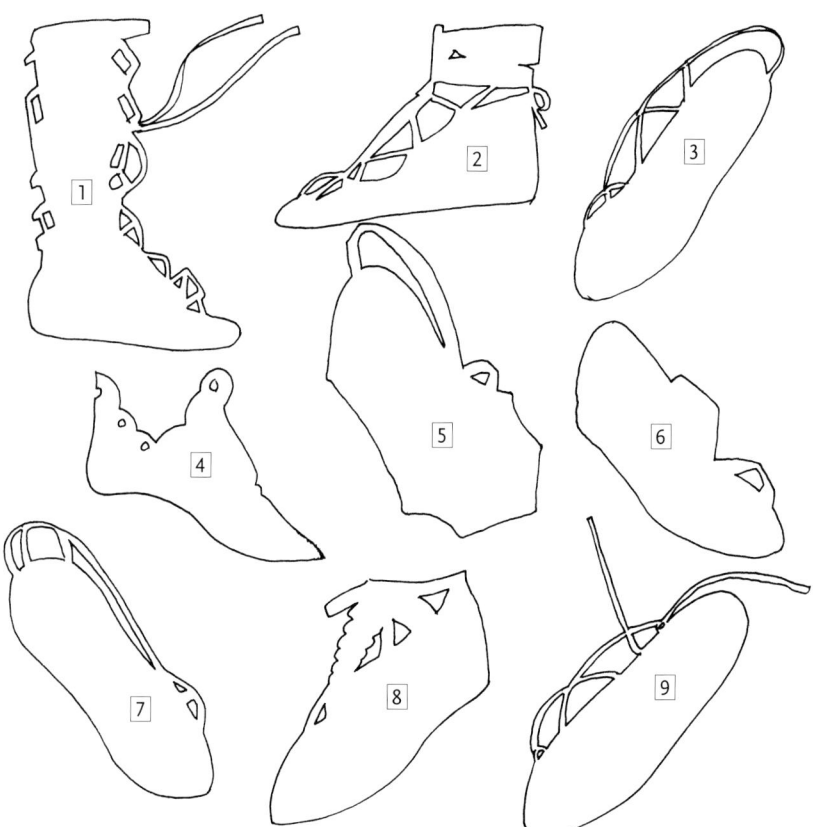

1 **Botte de femme**, v. 200-300 apr. J.-C. Semelle épaisse en cuir, doublure en chevreau, tige composée de lanières plates en cuir tressées, à hauteur de mi-mollet, devant ouvert, lanières en cuir formant laçage du bout ouvert jusqu'à la bandelette en cuir à mi-mollet. 2 **Chaussure de femme**, v. 100 apr. J.-C. Semelle fine en cuir, doublure en chevreau, tige en cuir fin, arrière fermé orné de motifs brodés, languette sur l'avant-pied ouvert, lacets en cuir à partir des orteils, coulissant par des anneaux attachés aux bords festonnés et noués derrière le talon, bandelettes en cuir autour de la cheville. 3 **Sandale de femme**, v. 100-323 apr. J.-C. Semelle fine en cuir, doublure en chevreau, brides fines en cuir partant des orteils et du bord de la semelle, s'entrecroisant sur le cou-de-pied et maintenues derrière le talon par deux attaches en cuir. 4 **Chaussure de femme**, v. 31 av. J.-C.-100 apr. J.-C. Semelle fine en cuir, sans talon, bout pointu, tige en tissu à hauteur de cheville, côtés festonnés ouverts, décorés de perforations. 5 **Sandale de femme**, v. 100-200 apr. J.-C. Semelle alternant des épaisseurs de cuir et de liège, découpée à l'avant et sur les côtés, semelle intérieure doublée de chevreau, bride en cuir entre les orteils, réglage en métal en forme de cœur, lanière en cuir autour du talon, fixée à l'avant de la semelle. 6 **Chaussure de femme**, v. 200-300 apr. J.-C. Semelle épaisse en fibre végétale tressée, lanières assorties entre les orteils, trois brides sur le cou-de-pied, arrière du talon fermé. 7 **Sandale de femme**, v. 200 apr. J.-C. Semelle épaisse en cuir, doublure en toile, brides en cuir s'entrecroisant sur les orteils, lanières assorties sur les côtés et derrière le talon. 8 **Chaussure de femme**, v. 100 apr. J.-C. Semelle épaisse en cuir, bout et côtés ouverts, brides sur le cou-de-pied, les côtés et autour de la cheville, languette en cuir doré, en forme de feuille, sur le cou-de-pied, arrière du talon fermé. 9 **Sandale de femme**, v. 31 av. J.-C.-323 apr. J.-C. Semelle épaisse en peau, non doublée, lanière en cuir croisée sur les orteils et le cou-de-pied, coulissant par des anneaux et se nouant à l'arrière.

Rome antique, 31 av. J.-C.-323 apr. J.-C.

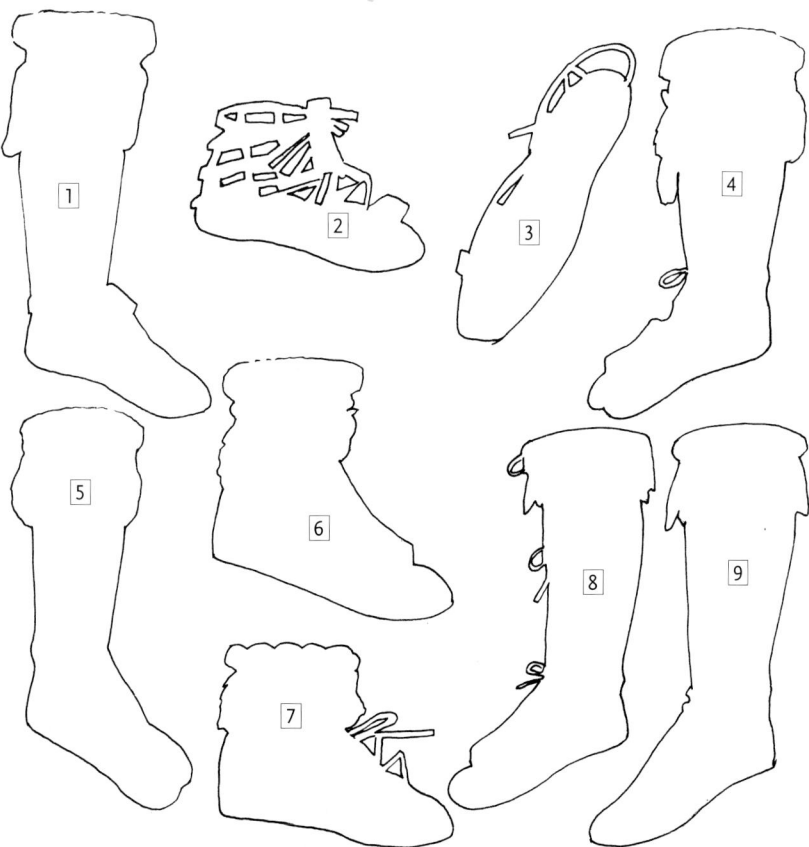

1 **Botte de cavalier**, v. 100 apr. J.-C. Semelle fine en cuir, sans talon, bout rond, tige en cuir souple à hauteur de genou, brodée de fils d'or, devant ouvert, bordure en cuir de couleur contrastée, lanière assortie autour de la cheville, bandelette appliquée au niveau des orteils, lacet croisé et lanière autour du bord supérieur, orné de fourrure, tête et pattes d'animal. 2 **Sandale d'homme**, v. 300 apr. J.-C. Semelle épaisse en cuir, fine doublure en cuir, large bride sur les orteils, tige composée de lanières plates en cuir tressées, à hauteur de cheville, avant-pied ouvert, lacet en cuir, languette décorative en cuir repoussé. 3 **Sandale d'homme**, v. 200 apr. J.-C. Semelle épaisse en cuir, bout carré, fine doublure en cuir, bride sur les orteils, lanières assorties sur le cou-de-pied et les côtés, nouées autour de la cheville, cœur en métal. 4 **Botte de chasse d'homme**, v. 100-200 apr. J.-C. Semelle épaisse en cuir, avant-pied épousant la forme des orteils, doublure en cuir, tige en cuir souple de couleur claire à hauteur de genou, bandelette en cuir de couleur contrastée sur le bout ouvert, lacet assorti sur le cou-de-pied, lanière autour de la garniture en fourrure, au niveau du genou, tête et pattes d'animal. 5 **Botte de cavalier**, v. 100 apr. J.-C. Semelle fine en cuir, avant-pied épousant la forme des orteils, tige en cuir souple de couleur claire à hauteur de genou, bout ouvert, bordure de couleur contrastée entre les orteils, cœur en métal, lanière assortie à la cheville, comme la bordure du devant ouvert et le lacet croisé du mollet jusqu'à la garniture en fourrure, motifs peints en haut de la jambe. 6 **Chaussure d'empereur**, v. 100-300 apr. J.-C. Semelle épaisse en cuir, bout rond, doublure en chevreau, tige en peau de chèvre teinte à hauteur de cheville, motifs brodés en fils d'or, bordures en cuir doré, bout ouvert, lanière en cuir entre les orteils, réglage en cuir, lacet fin jusqu'au bord supérieur orné de fourrure, tête et pattes d'animal. 7 **Bottine de sénateur**, v. 100 apr. J.-C. Semelle épaisse en cuir teint, tige en cuir souple brodée, devant ouvert, lacet croisé sur le cou-de-pied, bracelet en tissu tressé, tête d'animal en ivoire et pattes en fourrure. 8 **Botte de chasse d'homme**, v. 100-300 apr. J.-C. Semelle épaisse en cuir, sans talon, tige en cuir à hauteur de genou, bout ouvert, bordure de couleur contrastée, lacets assortis sur le cou-de-pied, à mi-mollet et en haut du revers crénelé. 9 **Botte de chasse d'homme**, v. 300 apr. J.-C. Semelle épaisse en cuir, tige en cuir à hauteur de genou, revers en cuir crénelé de couleur contrastée, surmonté d'un bourrelet.

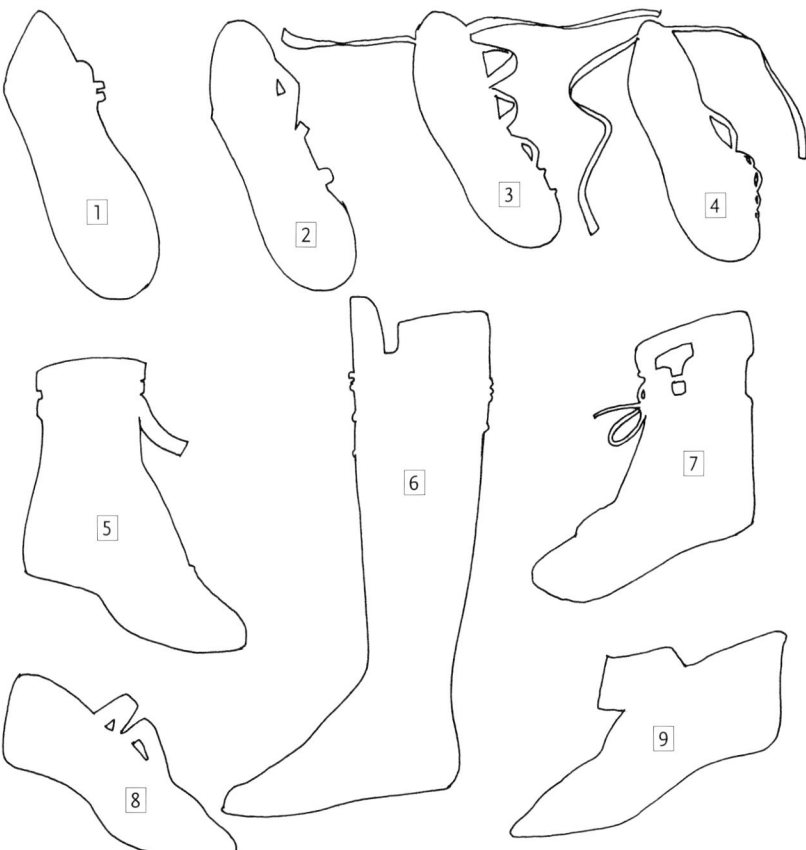

Rome antique, 31 av. J.-C.-323 apr. J.-C.

[1] **Sandale d'homme**, v. 100 apr. J.-C. Semelle épaisse en cuir, non doublée, bout rond et ouvert, petite lanière réglable entre les orteils, reliée à une large languette, large bride sur les orteils, deux brides étroites s'entrecroisant avec la languette sur le cou-de-pied, arrière du talon fermé. [2] **Sandale d'homme**, v. 100 apr. J.-C. Semelle épaisse en cuir, non doublée, brides plates en cuir s'entrecroisant sur le cou-de-pied et sous une large languette réglable, brides fixées à l'arrière du talon fermé. [3] **Sandale d'homme**, v. 31 av. J.-C.-200 apr. J.-C. Semelle épaisse en cuir, doublure en peau de chèvre, bout rond, arrière du talon fermé, lanières plates en cuir, larges et étroites sur les orteils, s'entrecroisant sur le cou-de-pied et se nouant autour de la cheville. [4] **Sandale d'homme**, v. 200 apr. J.-C. Semelle épaisse en cuir, bout rond, doublure en cuir, brides plates en cuir sur les orteils et les côtés, coulissant dans un anneau recouvert de cuir, lacet en cuir se nouant autour de la cheville et de la jambe, fixé à l'arrière du talon fermé. [5] **Bottine d'homme**, v. 31 av. J.-C.-323 apr. J.-C. Semelle épaisse en cuir, bout rond, tige en cuir de couleur claire à hauteur de cheville, découpes latérales, lanières épaisses en cuir de couleur contrastée, fixées de part et d'autre de la semelle, s'enroulant autour de la cheville et nouées devant, au milieu. [6] **Botte de chasse d'homme**, v. 150 apr. J.-C. Semelle épaisse en cuir, sans talon, bout rond, tige en cuir fin de couleur claire à hauteur de genou, devant ouvert, lacet en cuir croisé à partir du bas du cou-de-pied, couvrant toute la languette, puis s'enroulant autour du genou. [7] **Bottine de soldat**, v. 100-300 apr. J.-C. Semelle épaisse en cuir, non doublée, bout ouvert, large languette centrale en cuir réglable, arrière du talon montant, ouvert sur la cheville, côtés et languette maintenus par un lacet noué sur le devant. [8] **Soulier de prêtre**, v. 150 apr. J.-C. Semelle fine en cuir, sans talon, bout pointu, tige en tissu brodé, empeigne décolletée, trois brides sur le cou-de-pied, boutons en pierres précieuses. [9] **Chaussure d'homme**, v. 31 av. J.-C.-323 apr. J.-C. Semelle épaisse en cuir, sans talon, bout pointu, tige en cuir à hauteur de cheville, côtés et arrière du talon emboîtants, languette carrée retournée sur le cou-de-pied.

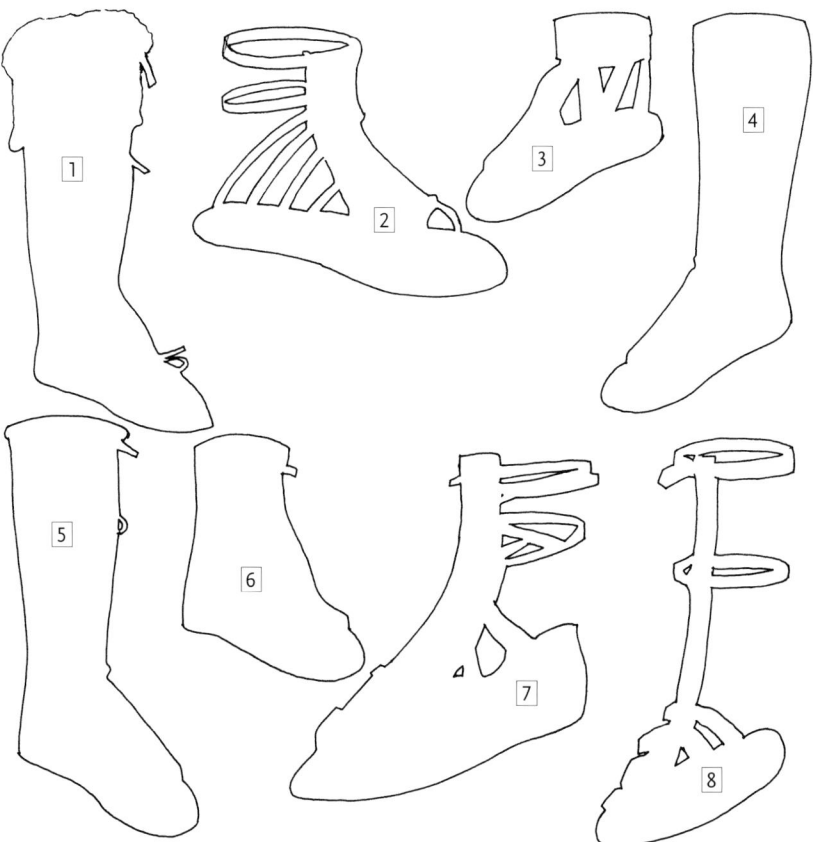

Rome antique, 31 av. J.-C.-323 apr. J.-C.

[1] **Botte de cavalier**, v. 150 apr. J.-C. Semelle épaisse en cuir, sans talon, tige en cuir fin de couleur à hauteur de genou, motifs brodés à l'arrière et sur les côtés, broderies assorties sur les bords du devant ouvert, lacets en cuir s'entrecroisant du bas du cou-de-pied jusqu'à la garniture en fourrure. [2] **Sandale de sénateur**, v. 200 apr. J.-C. Semelle épaisse en cuir, sans talon, bout rond, doublure en cuir, lanières plates en cuir s'entrecroisant sur une large languette réglable, ornée d'un motif peint, deux brides sur le cou-de-pied et autour de la cheville, attachées sous le revers de la languette. [3] **Sandale de soldat**, v. 31 av. J.-C.-100 apr. J.-C. Semelle épaisse en cuir, doublure en cuir, large bride sur le bout ouvert se prolongeant par une languette sur le cou-de-pied, deux lanières latérales attachées à deux lanières à boucle autour de la cheville. [4] **Botte de chasse d'homme**, v. 150 apr. J.-C. Semelle épaisse en cuir, sans talon, non doublée, bout rond et ouvert, tige en cuir à hauteur de genou, bande en cuir de couleur contrastée sur les orteils, bandes assorties appliquées à mi-mollet et en haut, laçage en cuir. [5] **Botte de chasse d'homme**, v. 250 apr. J.-C. Semelle épaisse en cuir, sans talon, non doublée, bout rond et ouvert, tige en cuir à hauteur de genou, devant ouvert du bord supérieur rembourré jusqu'au mollet, lacet en cuir croisé. [6] **Bottine de soldat**, v. 250 apr. J.-C. Semelle épaisse en cuir, sans talon, non doublée, tige en cuir à hauteur de cheville, lacet plat en cuir sur une languette centrale, du bout rond ouvert jusqu'à la cheville. [7] **Chaussure d'homme**, v. 100 apr. J.-C. Semelle en cuir, sans talon, bout rond, doublure en chevreau, lanières entre les orteils, brides plates en cuir entre les côtés festonnés, ornés de motifs peints, et une large languette centrale, s'entrecroisant du cou-de-pied jusqu'à la cheville et nouées sur le devant, au centre, arrière du talon fermé. [8] **Sandale de soldat**, v. 100 apr. J.-C. Semelle épaisse en cuir, sans talon, non doublée, lanière en cuir entre les orteils, se prolongeant par une languette plate en cuir jusqu'au genou, quatre brides sur les orteils et le cou-de-pied, une lanière à mi-mollet et une lanière à boucle sous le genou.

Empire byzantin, 400-1100

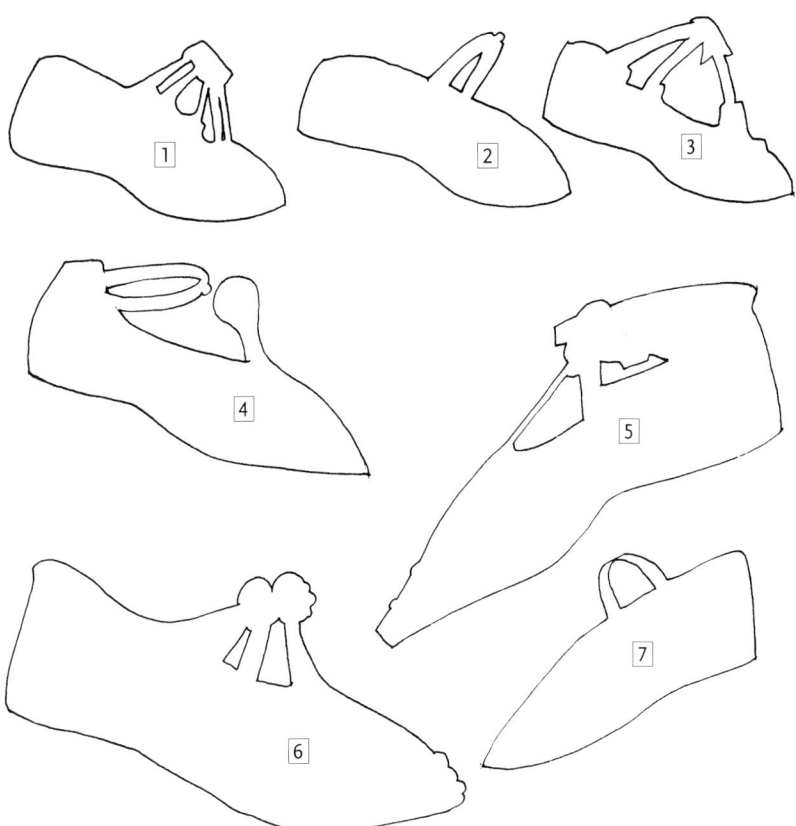

[1] **Soulier de noble**, v. 400-500. Semelle fine en cuir, sans talon, bout pointu, tige en veau fin, motifs peints rehaussés de perforations décoratives, avant-pied découvert et côtés festonnés, arrière du talon fermé, bordure de couleur unie, deux lanières assorties sur le cou-de-pied et languette réglable, en deux parties. [2] **Soulier de princesse**, v. 400-500. Semelle en cuir, sans talon, bout pointu, tige en veau fin, doublure en chevreau, motifs brodés de fils d'or, rehaussés de perles et pierres de couleur, bride sur le cou-de-pied fermant avec un bouton en pierre précieuse. [3] **Soulier de prêtre**, v. 400-500. Semelle en cuir, sans talon, bout rond, tige en veau, empeigne décolletée avec une décoration en or, côtés découpés et bordés de cuir de couleur contrastée, deux lanières sur le cou-de-pied et languette réglable assortis. [4] **Chaussure de noble**, v. 400. Semelle fine en cuir, sans talon, bout pointu, tige en veau brodée de fils et de motifs en or, décoration assortie sur une languette haute, bride à bouton autour de la cheville, attachée à l'arrière du talon fermé. [5] **Soulier d'empereur**, v. 550. Semelle fine en cuir, sans talon, doublure en tissu fin, tige en veau, long bout carré, orné de bandes de pierres colorées, pierres assorties sur les attaches des lanières à la cheville, côtés découverts et empeigne décolletée. [6] **Soulier d'empereur**, v. 550. Semelle fine en cuir, sans talon, doublure en tissu fin, tige en veau, bout pointu orné de perles, perles assorties incrustées dans les attaches des brides sur le cou-de-pied, côtés découverts et empeigne décolletée. [7] **Soulier de princesse**, v. 450. Semelle fine en cuir, sans talon, bout pointu allongé, tige en veau de couleur claire, non doublée, empeigne décolletée et arrière du talon fermé bordés de veau doré, bride sur le cou-de-pied et bouton assortis.

Empire byzantin, 400-1100

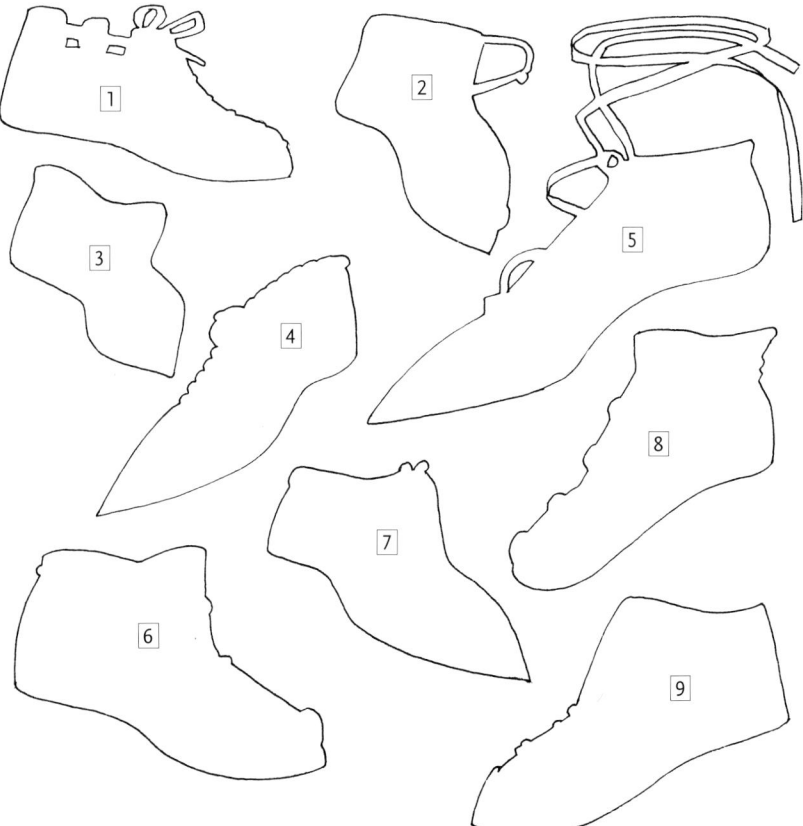

[1] **Soulier de prêtre**, v. 450. Semelle en cuir, bout carré arrondi, tige en cuir fin à hauteur de cheville, brodée de fils d'or et incrustée de pierres précieuses, décorations rehaussées de perles, doublure en chevreau, ruban au niveau de la cheville coulissant sur les bords et noué sur le côté. [2] **Soulier d'empereur**, v. 900. Semelle fine en cuir, sans talon, tige en veau de couleur claire, non doublée, bout pointu orné de perles, côtés et empeigne découverts, arrière du talon fermé, bride à bouton sur la cheville. [3] **Chaussure d'empereur**, v. 1000. Semelle fine en cuir, sans talon, bout pointu, tige en veau teint, doublure de couleur claire, bride et empeigne décolletée à découpe droite ornées de perles, arrière du talon fermé, bride sur le cou-de-pied. [4] **Soulier d'impératrice**, v. 1000. Semelle fine en cuir, sans talon, bout pointu allongé, tige en veau teint, non doublée, empeigne décolletée bordée de perles, comme les côtés et l'arrière du talon fermé, fermoir sur le devant, au centre, serti de pierres de couleur. [5] **Chaussure de prêtre**, v. 550. Semelle fine en cuir, sans talon, doublure en tissu, tige en veau de couleur claire, bout pointu allongé avec des motifs peints, languette assortie en forme de flèche, long lacet plat coulissant par des trous sur les côtés, se nouant autour de la cheville et du mollet. [6] **Soulier d'empereur**, v. 1100. Semelle fine en cuir, sans talon, tige en veau de couleur claire à hauteur de cheville, découpes décoratives sur le bout rond, bandes appliquées en cuir doré sur les orteils, le cou-de-pied et la cheville, incrustées de pierres de couleur. [7] **Chaussure d'impératrice**, v. 600. Semelle fine en cuir, sans talon, tige en veau doré à hauteur de cheville, ouverture centrale bordée de perles du bord supérieur jusqu'au bas du cou-de-pied, bout pointu et allongé. [8] **Bottillon de noble**, v. 1000. Semelle fine en cuir, sans talon, tige en veau à hauteur de cheville, doublure en chevreau foncé apparaissant sous les découpes décoratives sur le devant, du bord supérieur jusqu'à l'extrémité du bout pointu. [9] **Chaussure d'empereur**, v. 1100. Semelle fine en cuir, sans talon, tige en étoffe précieuse, bout pointu orné de découpes en chevreau doré, deux bandes dorées assorties appliquées au niveau de la cheville, bande ornée de pierres sur le cou-de-pied, assortie à la plaque dorée, incrustée de pierres.

100-1099

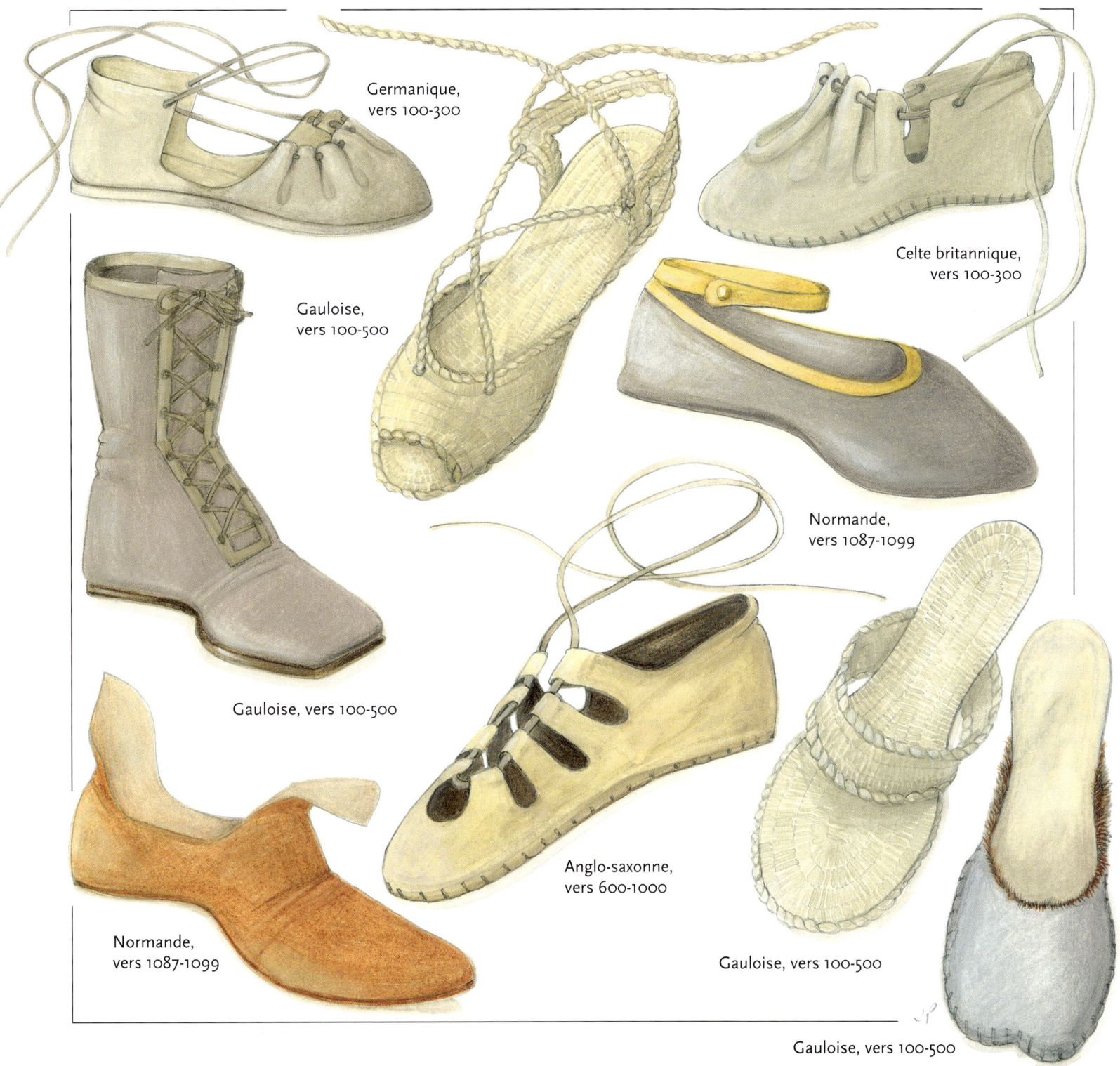

1100-1199

Anglaise, vers 1140-1160

Italienne, vers 1140-1199

Allemande, vers 1180-1199

Anglaise, vers 1150-1180

Française, vers 1150-1180

Anglaise, vers 1120-1140

Anglaise, vers 1120-1140

Anglaise, vers 1165-1185

Française, vers 1130-1150

1200-1299

Vénitienne, vers 1250-1280

Anglaise, vers 1250-1280

Françaises, vers 1250

Française, vers 1280-1299

Française, vers 1299

Italienne, vers 1280-1299

Française, vers 1200-1250

1300-1399

Anglaise, vers 1300-1350

Française, vers 1300-1350

Anglaise, vers 1377-1399

Italienne, vers 1375-1399

Anglaise, vers 1300-1330

Française, vers 1375-1399

Anglaise, vers 1350-1375

Anglaise, vers 1375-1399

1400-1430

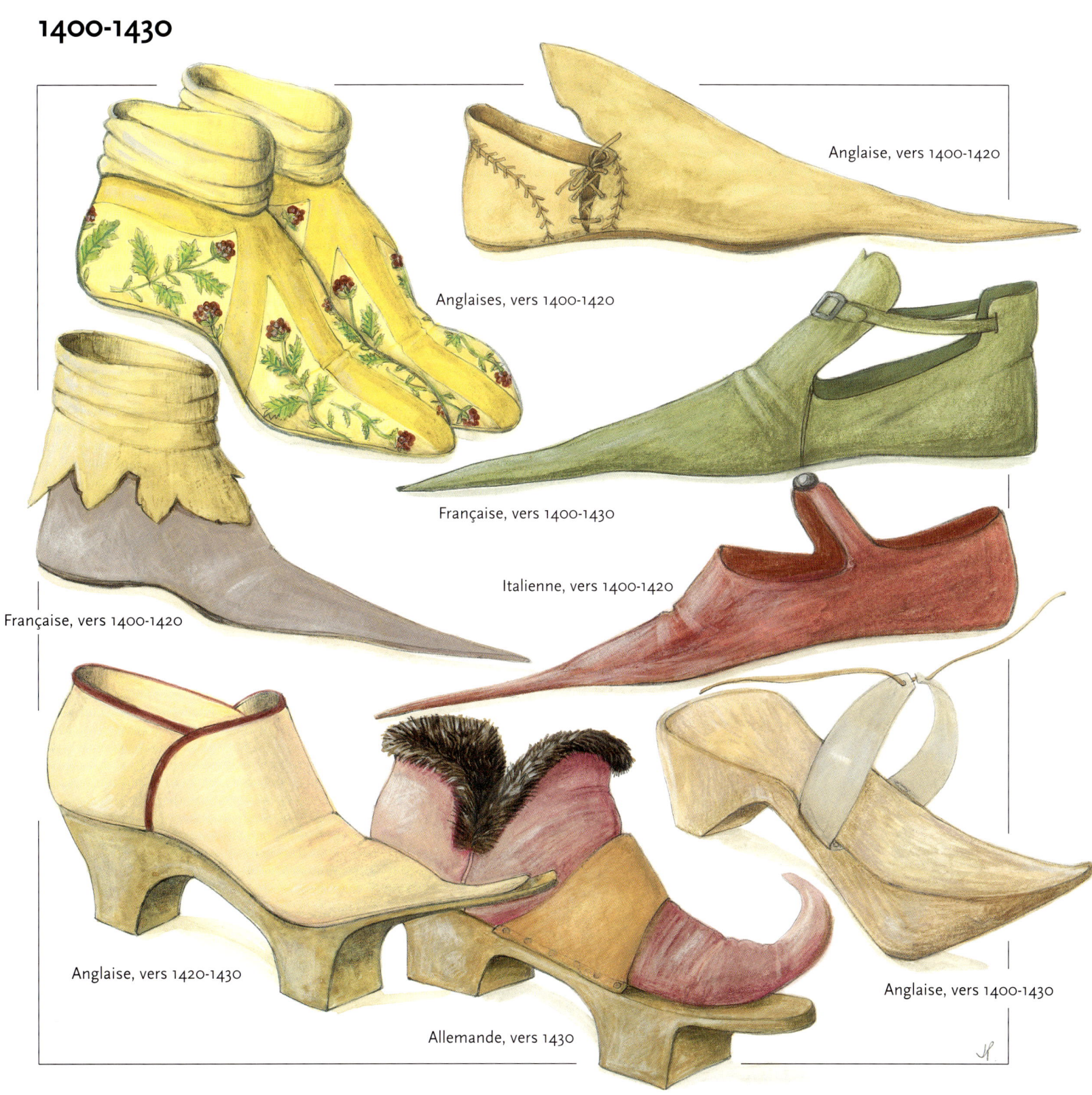

Anglaise, vers 1400-1420

Anglaises, vers 1400-1420

Française, vers 1400-1430

Italienne, vers 1400-1420

Française, vers 1400-1420

Anglaise, vers 1420-1430

Allemande, vers 1430

Anglaise, vers 1400-1430

1430-1450

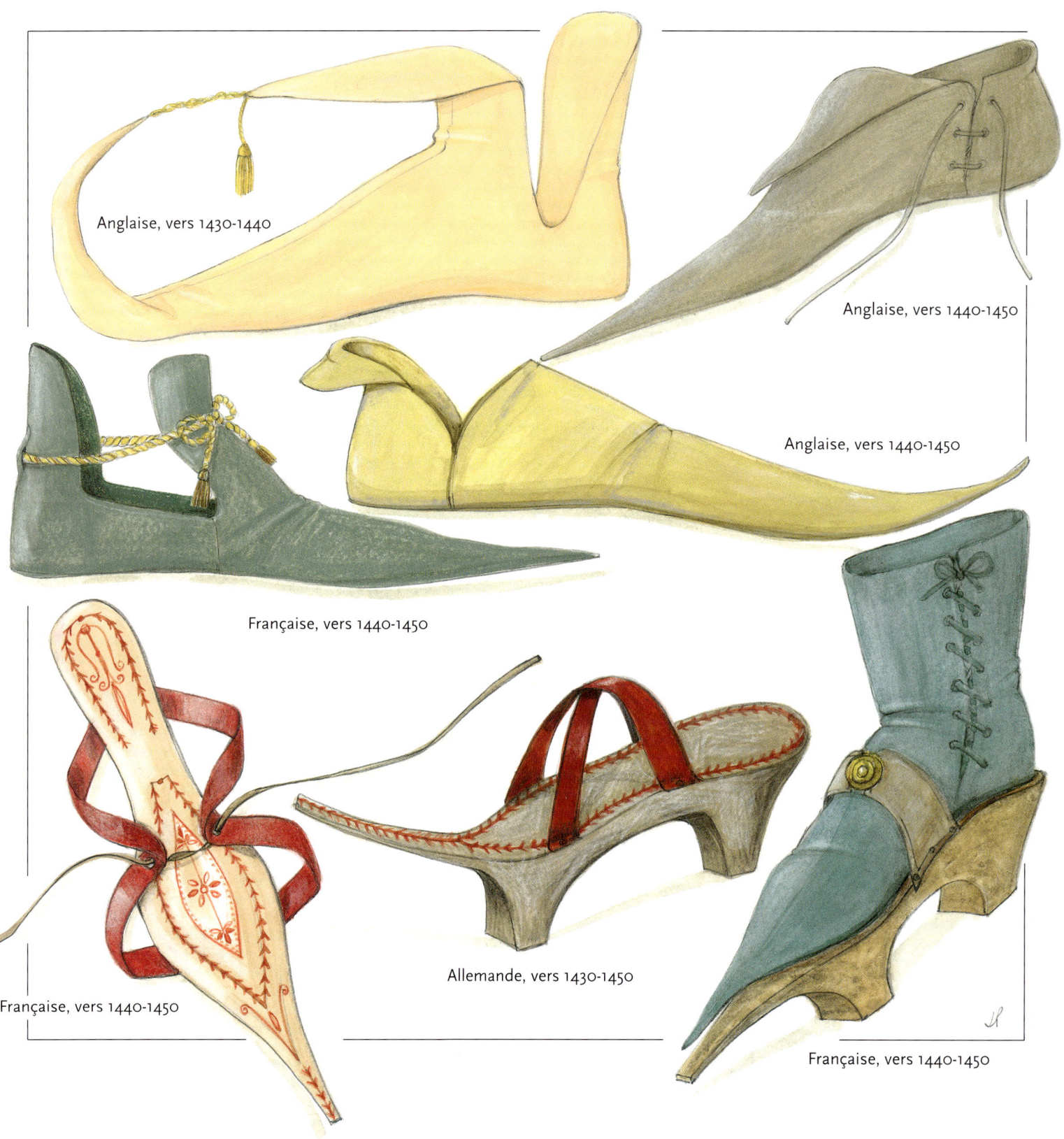

Anglaise, vers 1430-1440
Anglaise, vers 1440-1450
Anglaise, vers 1440-1450
Française, vers 1440-1450
Française, vers 1440-1450
Allemande, vers 1430-1450
Française, vers 1440-1450

1460-1480

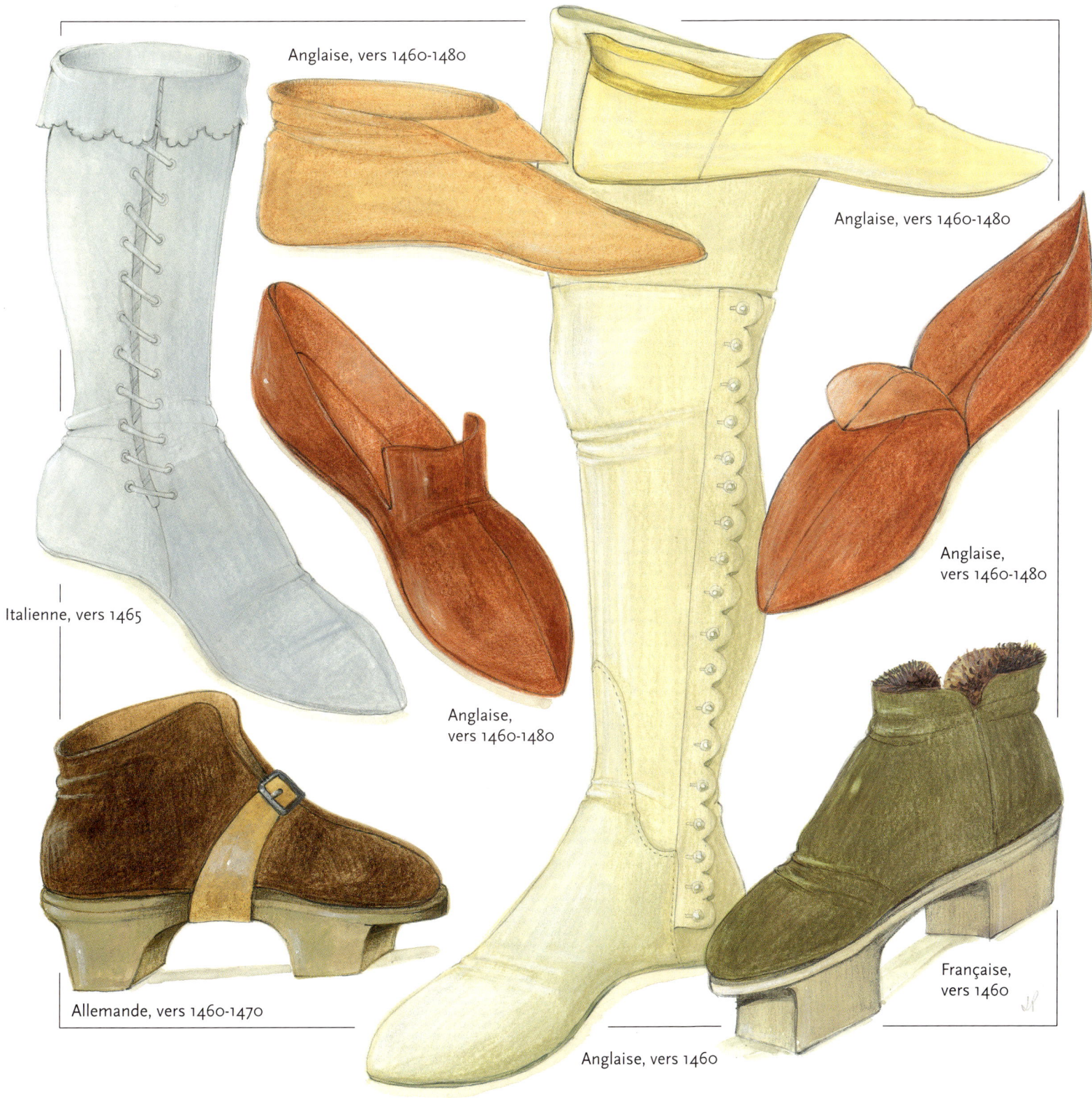

1480-1499

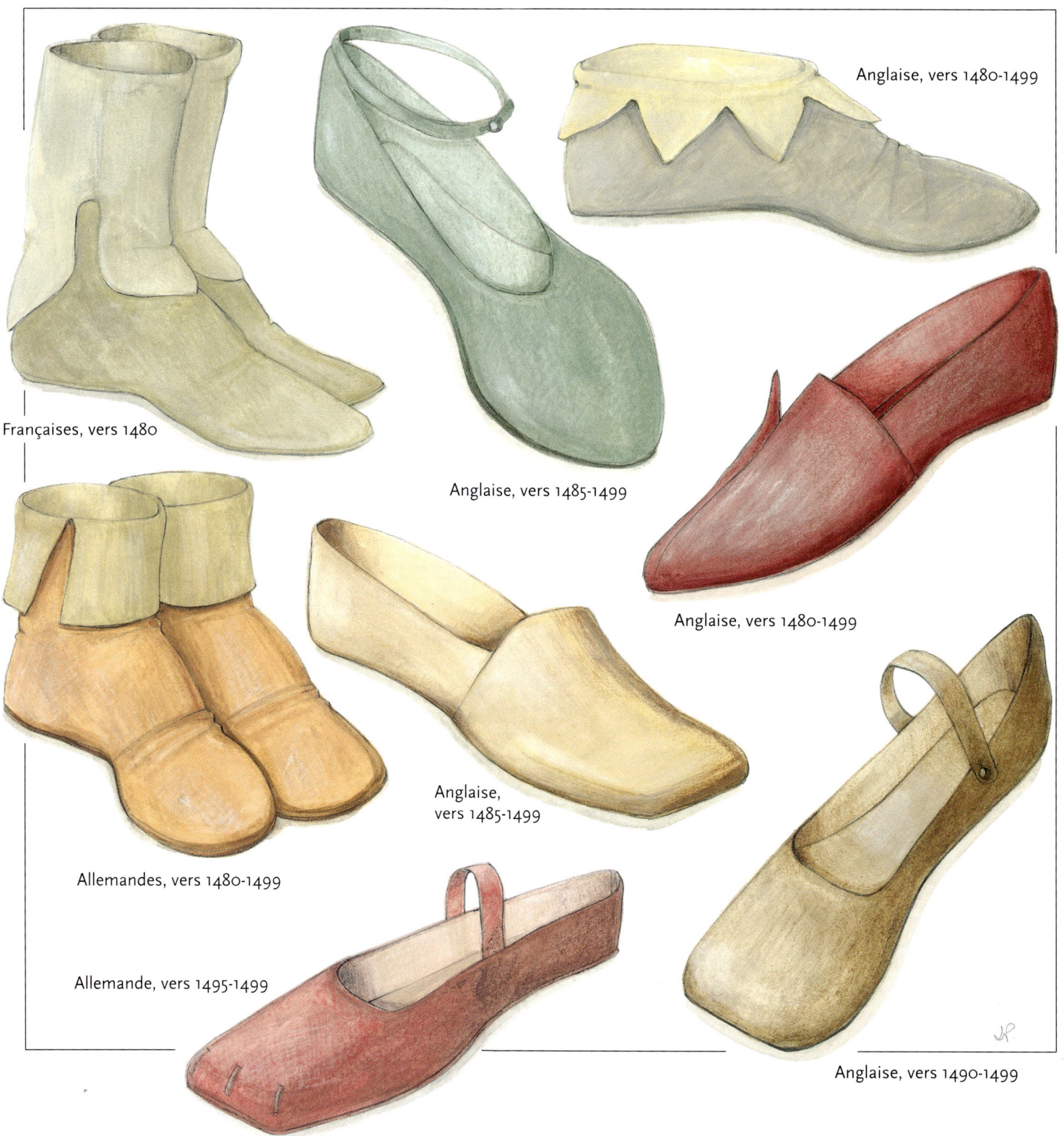

Françaises, vers 1480

Anglaise, vers 1485-1499

Anglaise, vers 1480-1499

Anglaise, vers 1480-1499

Allemandes, vers 1480-1499

Anglaise, vers 1485-1499

Allemande, vers 1495-1499

Anglaise, vers 1490-1499

1500-1525

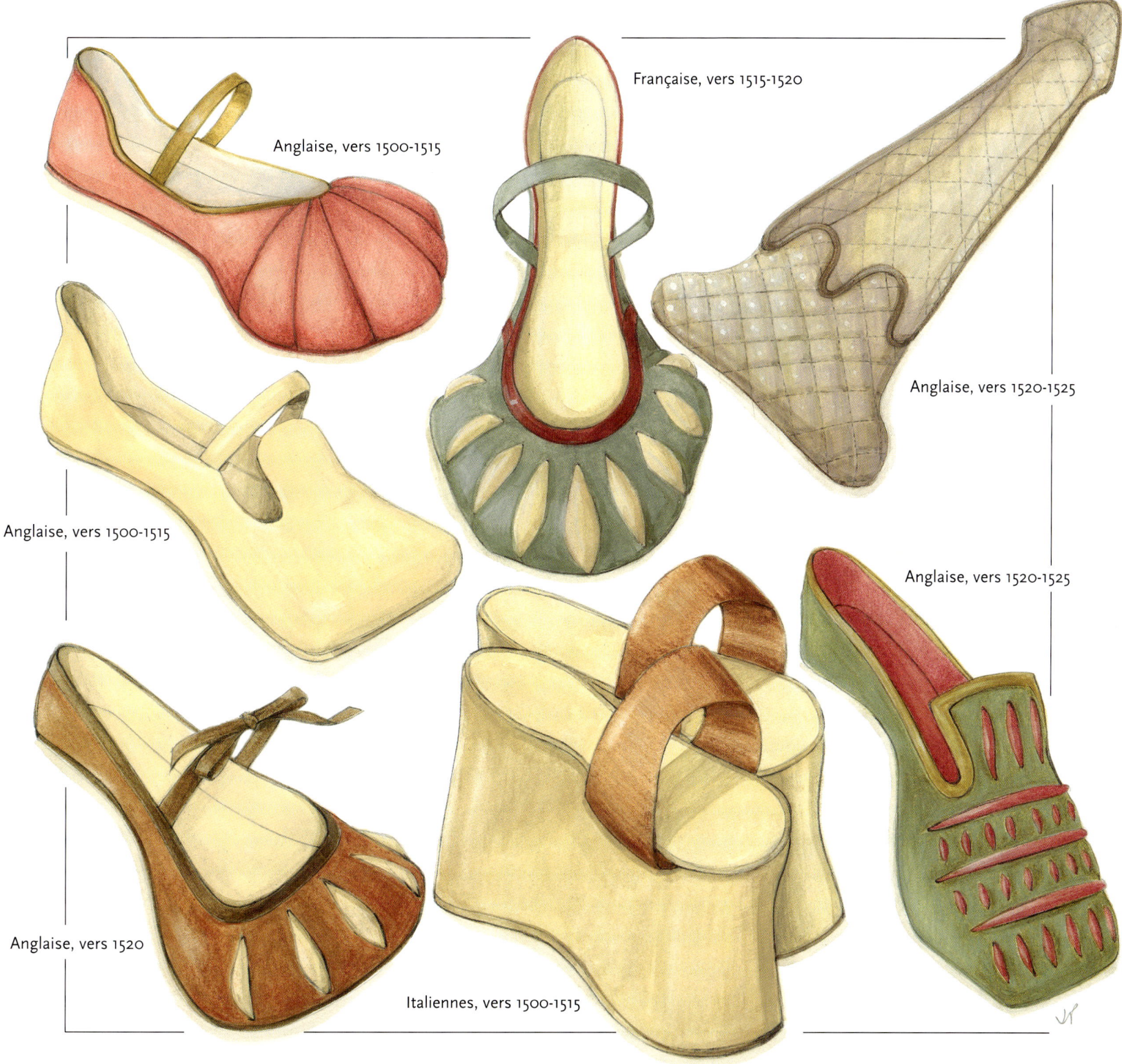

Anglaise, vers 1500-1515

Française, vers 1515-1520

Anglaise, vers 1520-1525

Anglaise, vers 1500-1515

Anglaise, vers 1520-1525

Anglaise, vers 1520

Italiennes, vers 1500-1515

1525-1550

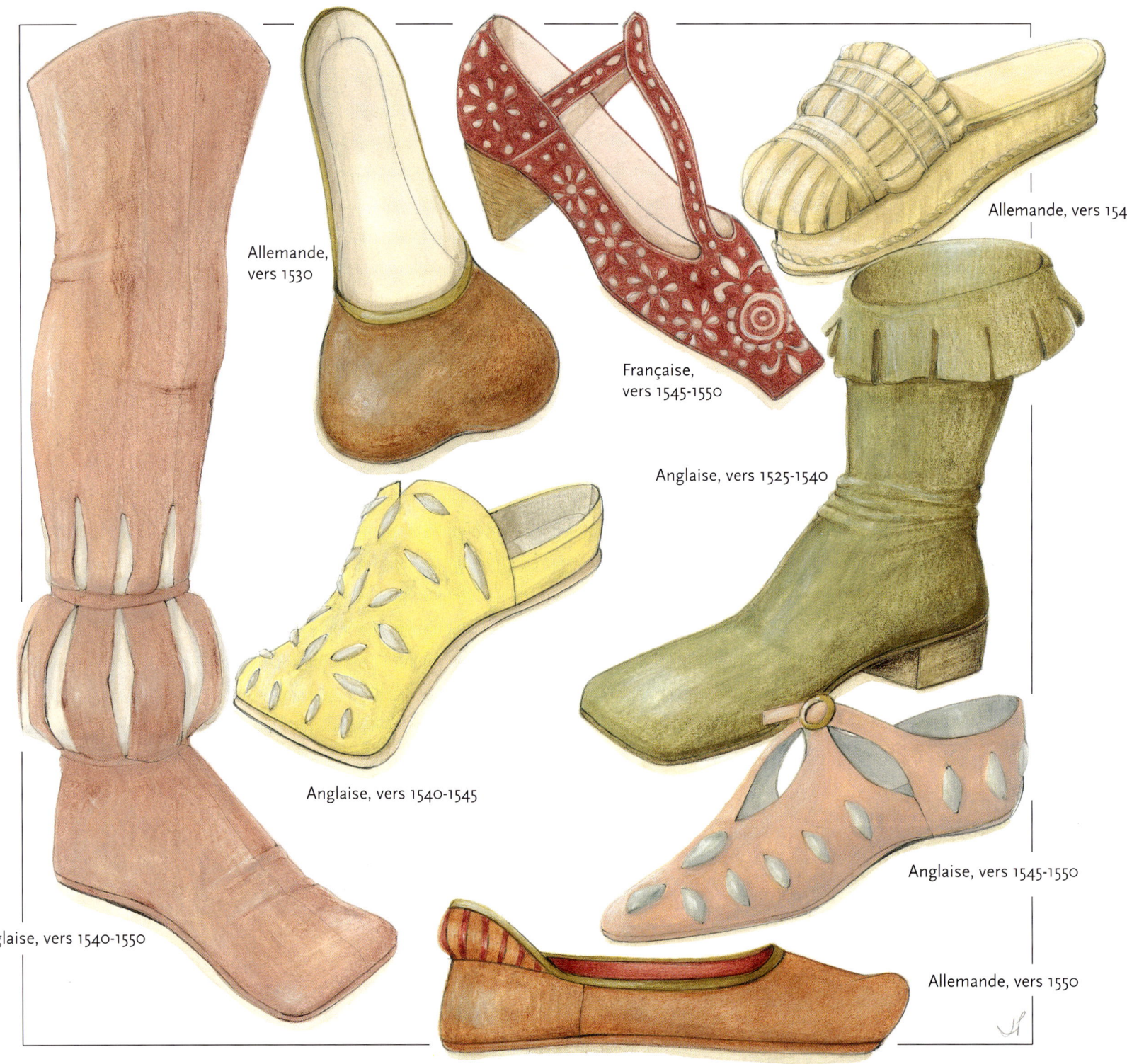

Allemande, vers 1530

Française, vers 1545-1550

Allemande, vers 1540

Anglaise, vers 1525-1540

Anglaise, vers 1540-1545

Anglaise, vers 1540-1550

Anglaise, vers 1545-1550

Allemande, vers 1550

1555-1570

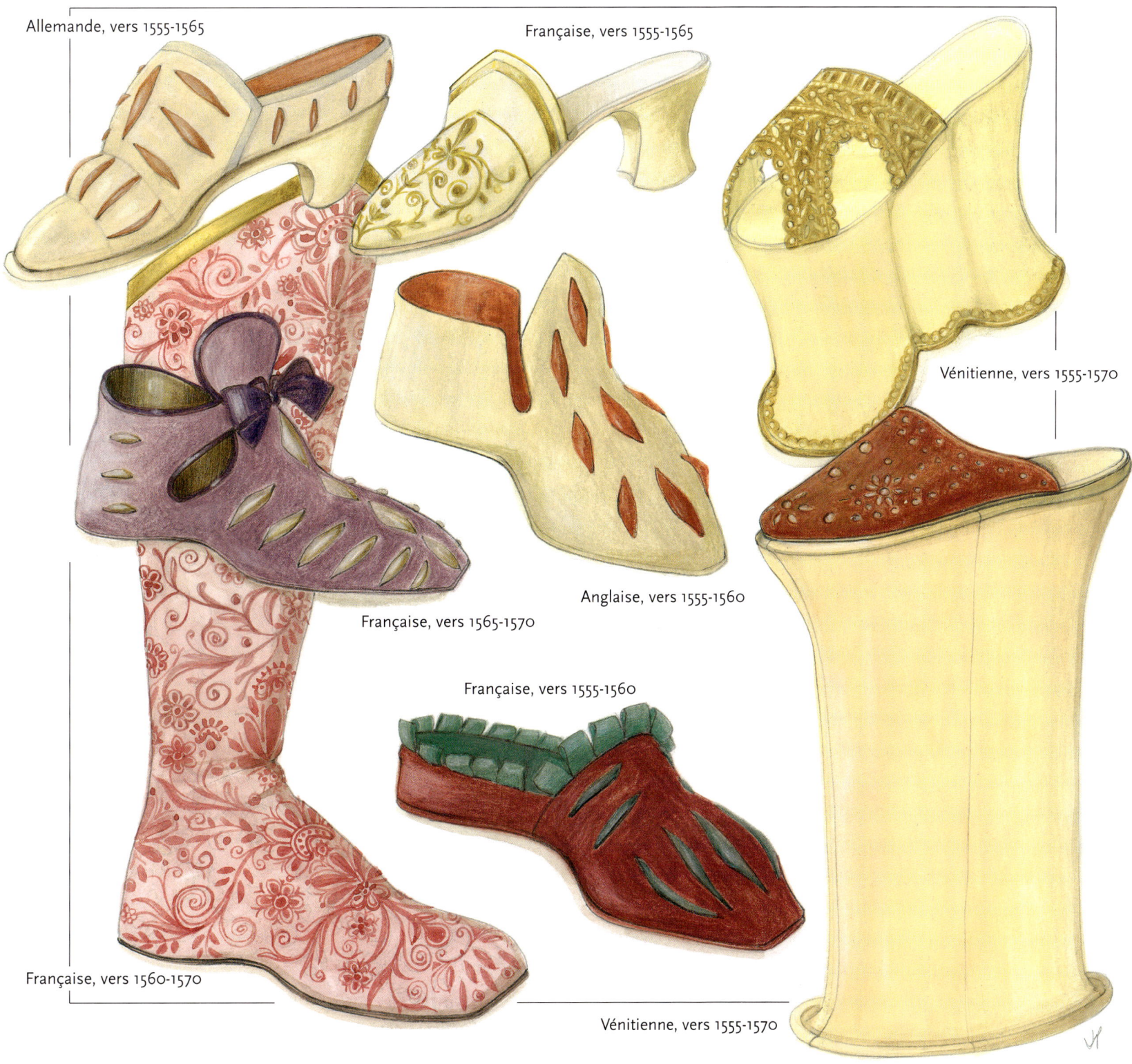

Allemande, vers 1555-1565

Française, vers 1555-1565

Vénitienne, vers 1555-1570

Française, vers 1565-1570

Anglaise, vers 1555-1560

Française, vers 1555-1560

Française, vers 1560-1570

Vénitienne, vers 1555-1570

1575-1599

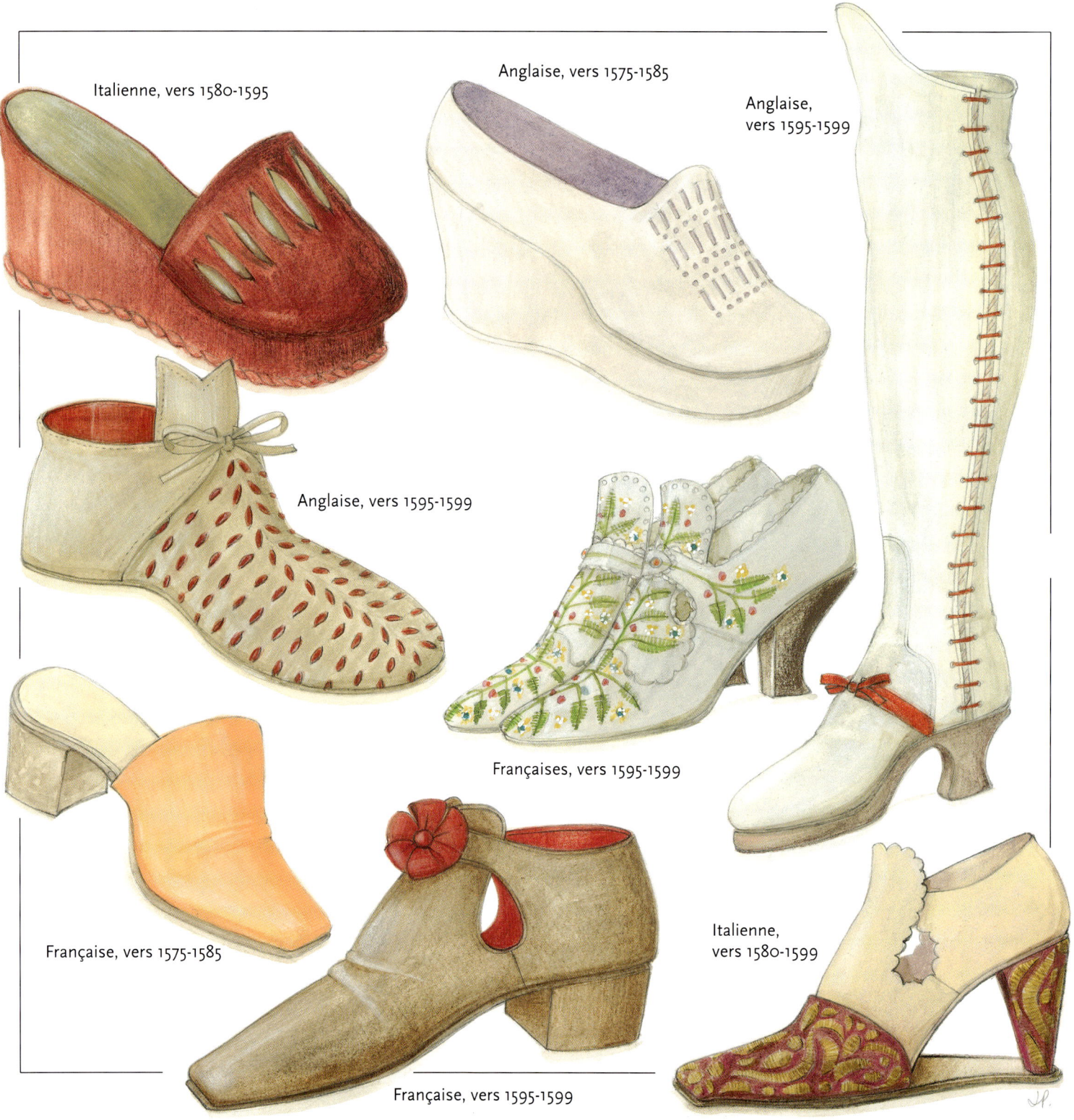

Italienne, vers 1580-1595

Anglaise, vers 1575-1585

Anglaise, vers 1595-1599

Anglaise, vers 1595-1599

Françaises, vers 1595-1599

Française, vers 1575-1585

Française, vers 1595-1599

Italienne, vers 1580-1599

Chaussures de femmes, 1600-1650

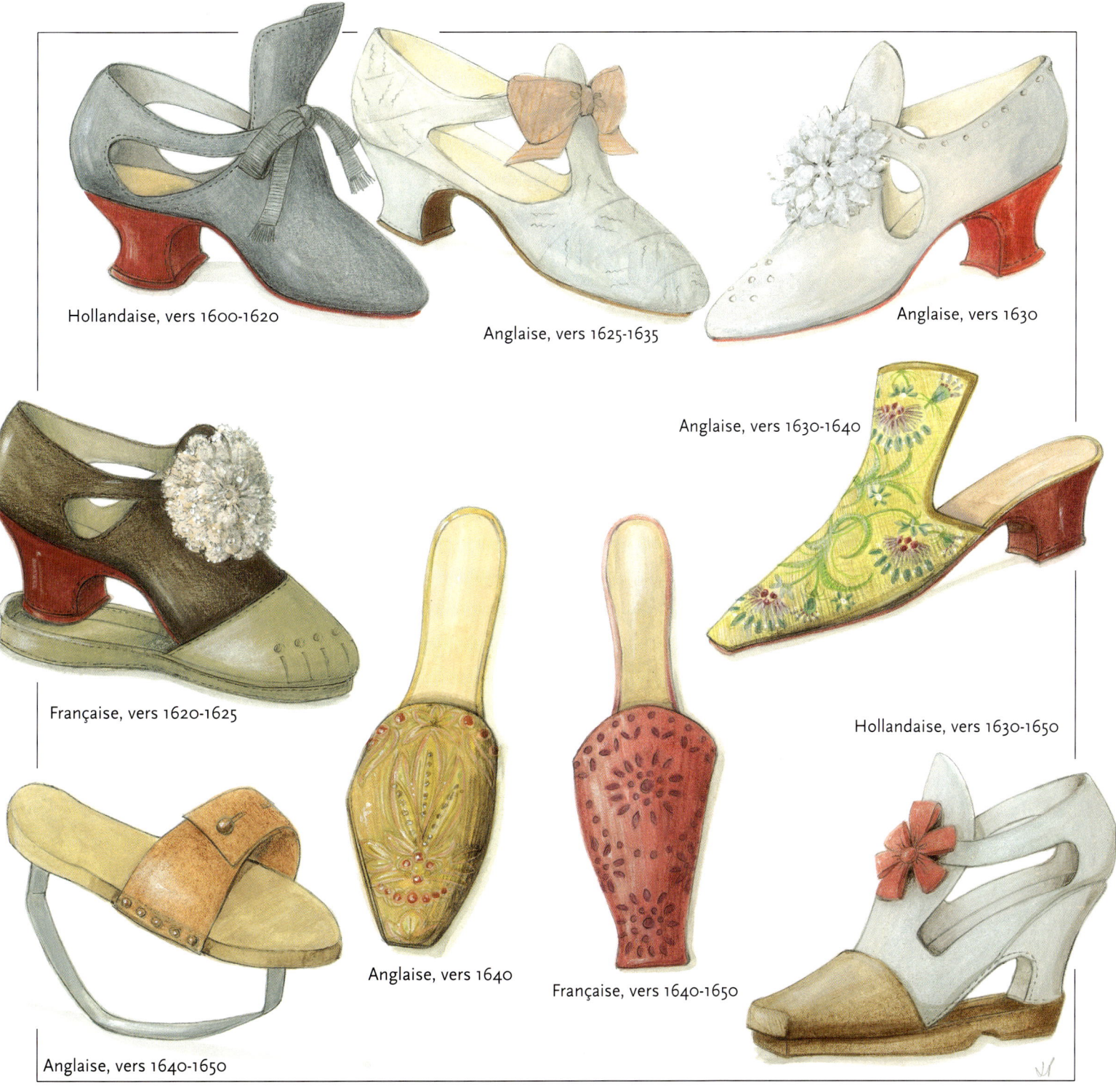

Hollandaise, vers 1600-1620

Anglaise, vers 1625-1635

Anglaise, vers 1630

Française, vers 1620-1625

Anglaise, vers 1630-1640

Hollandaise, vers 1630-1650

Anglaise, vers 1640-1650

Anglaise, vers 1640

Française, vers 1640-1650

Chaussures de femmes, 1650-1699

Anglaise, vers 1660-1680

Anglaise, vers 1670-1690

Anglaise, vers 1680-1699

Anglaises, vers 1660-1685

Française, vers 1680-1699

Française, vers 1695-1699

Portugaise, vers 1695

Française, vers 1690-1699

Anglaise, vers 1690-1699

Chaussures d'hommes, 1600-1699

Anglaise, vers 1610-1620

Anglaise, vers 1665-1675

Française, vers 1675-1685

Anglaise, vers 1610-1620

Française, vers 1670-1680

Anglaise, vers 1600-1615

Française, vers 1675-1699

Française, vers 1660-1670

Bottes d'hommes, 1620-1699

Hollandaise, vers 1620-1635

Française, vers 1625

Anglaise, vers 1620-1630

Française, vers 1650-1660

Anglaise, vers 1660-1699

Hollandaise, vers 1625

Anglaise, vers 1650-1660

100-1099

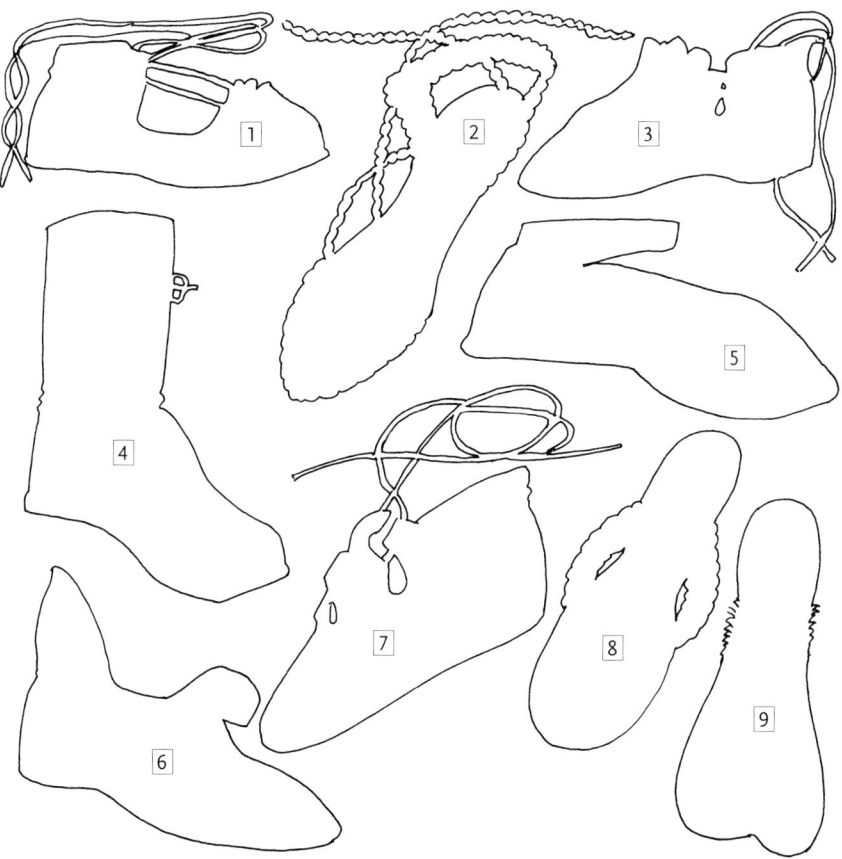

1 **Chaussure germanique**, v. 100-300. Semelle épaisse en cuir, sans talon, bout rond, tige en peau, bord supérieur de l'avant-pied découvert froncé avec un lacet en cuir fermant les côtés également découverts, passant dans des trous à l'arrière et se nouant autour de la cheville. 2 **Sandale gauloise**, v. 100-500. Semelle en jonc tressé, sans talon, bout rond, tige découverte avec empeigne décolletée, reliée à l'arrière ouvert par des lanières en jonc tressé s'entrecroisant sur le cou-de-pied, côtés ouverts. 3 **Chaussure celte britannique**, v. 100-300. Semelle en cuir de style mocassin, sans talon, cousue à la tige à l'extérieur, bord supérieur de l'empeigne haute froncé avec un lacet en cuir fermant les côtés découverts et passant dans des trous dans le bord supérieur du talon. 4 **Botte gauloise**, v. 100-500. Semelle épaisse en cuir ou bois, sans talon, bout carré, tige en cuir à hauteur de mi-mollet, bordure de couleur contrastée autour de l'ouverture et en haut, laçage assorti sur toute la longueur de la languette. 5 **Chaussure normande**, v. 1087-1099. Semelle fine en cuir, sans talon, bout allongé, tige en cuir, empeigne décolletée, rehaussée d'une bordure de couleur contrastée, bride à bouton assortie autour de la cheville. 6 **Chaussure normande**, v. 1087-1099. Semelle fine en cuir, sans talon, bout rond, tige en cuir teint, côtés découverts, arrière du talon en forme de feuille, languette assortie, doublure de couleur contrastée. 7 **Chaussure anglo-saxonne**, v. 600-1000. Semelle en cuir de style mocassin, sans talon, cousue à la tige à l'extérieur, côtés découpés et avant-pied maintenus par un lacet en cuir s'entrecroisant sur le cou-de-pied et se nouant autour de la cheville, à l'arrière. 8 **Sandale gauloise**, v. 100-500. Semelle en jonc tressé, sans talon, large bout rond, large bride sur le cou-de-pied. 9 **Mule gauloise**, v. 100-500. Semelle épaisse en cuir, sans talon, épousant la forme des orteils, cousue à l'extérieur à la tige épaisse en fourrure.

1100-1199

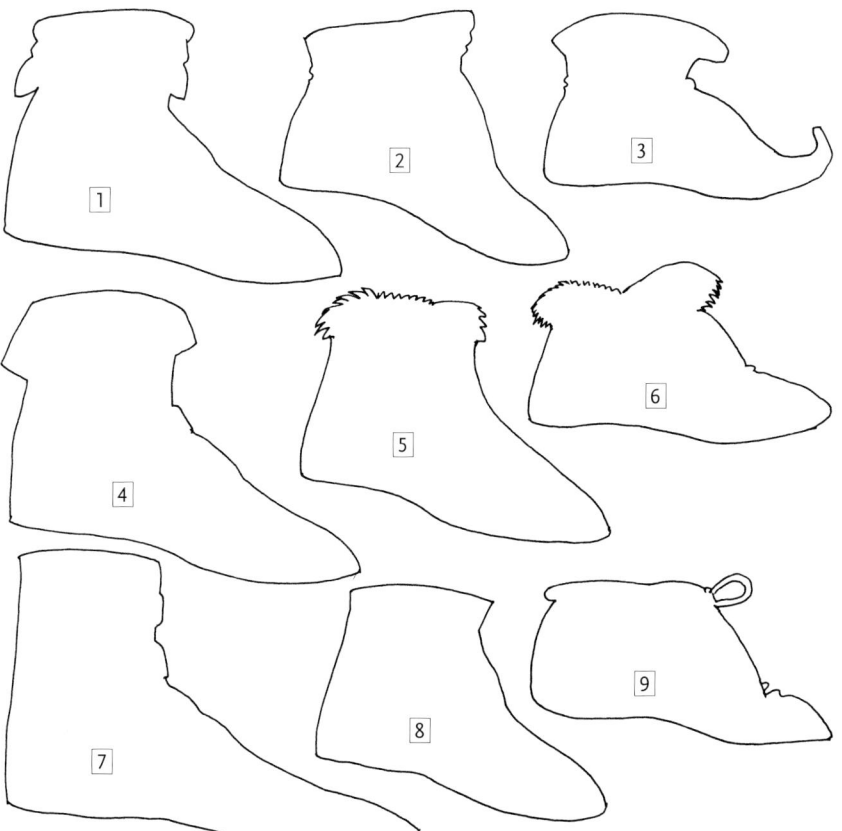

1 **Bottine anglaise**, v. 1140-1160. Semelle en cuir, sans talon, bout pointu, tige en cuir montant au-dessus de la cheville, couture centrale sur l'avant-pied avec des découpes laissant apparaître la doublure de couleur contrastée, bourrelet assorti et revers crénelé. 2 **Bottillon italien**, v. 1140-1199. Semelle fine en cuir, sans talon, bout pointu, tige en cuir fin de couleur vive à hauteur de cheville, plis souples naturels autour de la cheville. 3 **Bottillon allemand**, v. 1180-1199. Semelle fine en cuir, sans talon, bout allongé avec la pointe relevée, ouverture centrale sur l'avant-pied avec une couture décorée de boutons argentés, cousus par ordre de taille. 4 **Bottine anglaise**, v. 1120-1140. Semelle en cuir, sans talon, tige en cuir montant au-dessus de la cheville, revers, devant ouvert, lanière à boucle sur le cou-de-pied. 5 **Bottillon anglais**, v. 1150-1180. Semelle en cuir, sans talon, bout pointu, tige en cuir de couleur claire à hauteur de cheville, ornée de fines bandes appliquées de couleur contrastée, doublure en fourrure, avec une garniture au niveau de la cheville. 6 **Chaussure française**, v. 1150-1180. Semelle en cuir, sans talon, bout pointu, tige en cuir fin de couleur vive à hauteur de cheville, doublure en fourrure, avec une garniture au niveau de la cheville. 7 **Bottine anglaise**, v. 1120-1140. Semelle fine en cuir, sans talon, bout pointu allongé et rembourré, tige en cuir ciré montant au-dessus de la cheville, couture et ouverture centrales sur le devant, deux lanières à boucle. 8 **Chaussure anglaise**, v. 1165-1185. Semelle en cuir, sans talon, bout pointu, devant ouvert jusqu'au bas du cou-de-pied, tige en cuir fin de couleur claire, doublure de couleur contrastée, bords agrémentés de cuir doré, bandelette appliquée assortie, perforations décoratives sur les côtés et sur le talon. 9 **Chaussure française**, v. 1130-1150. Semelle fine en cuir, bout pointu, tige en étoffe précieuse brodée de fil d'or, bords passepoilés, nœud assorti au-dessus de l'ouverture.

1200-1299

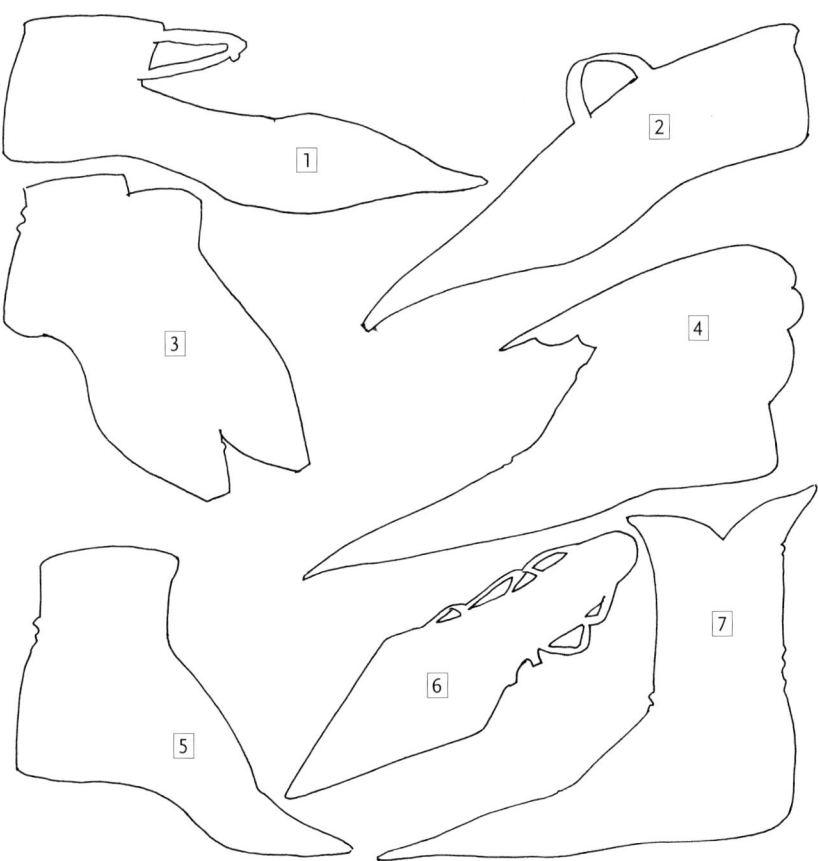

1 **Chaussure vénitienne**, v. 1250-1280. Semelle fine en cuir, sans talon, long bout pointu, tige en cuir fin de couleur vive, empeigne pointue et décolletée bordée de cuir doré, bride assortie autour de la cheville avec un bouton sur le devant. 2 **Soulier anglais**, v. 1250-1280. Semelle fine en cuir, sans talon, long bout pointu à l'extrémité carrée, tige en tissu, ornement brodé au fil d'or sur l'avant-pied, petites découpes de couleur contrastée, doublure assortie, bride sur le cou-de-pied avec un bouton latéral. 3 **Paire de bottines françaises**, v. 1250. Semelle fine en cuir, sans talon, bout étroit à l'extrémité carrée, tige en étoffe précieuse brodée de fils d'or et décorée de perles. 4 **Bottillon français**, v. 1280-1299. Semelle fine en cuir, sans talon, long bout pointu et rembourré, tige en cuir fin ciré, doublure de couleur contrastée, revers crénelé assorti, bordure en cuir doré, bouton au centre sur le cou-de-pied. 5 **Bottine française**, v. 1299. Semelle fine en cuir, sans talon, long bout pointu et rembourré, tige en cuir fin ciré, fermeture à bouton autour de la cheville. 6 **Soulier italien**, v. 1280-1299. Semelle fine en cuir, sans talon, long bout pointu, tige en cuir fin, empeigne décolletée, doublure de couleur contrastée, lanières fines sur le cou-de-pied, les côtés et à l'arrière, se rejoignant au centre sous un fermoir doré. 7 **Botte cavalière française**, v. 1200-1250. Semelle en cuir, sans talon, long bout pointu et rembourré, tige en cuir de couleur claire à hauteur de mi-mollet, plis naturels autour de la cheville, haut de la botte formant une pointe vers l'avant et vers l'arrière.

1300-1399

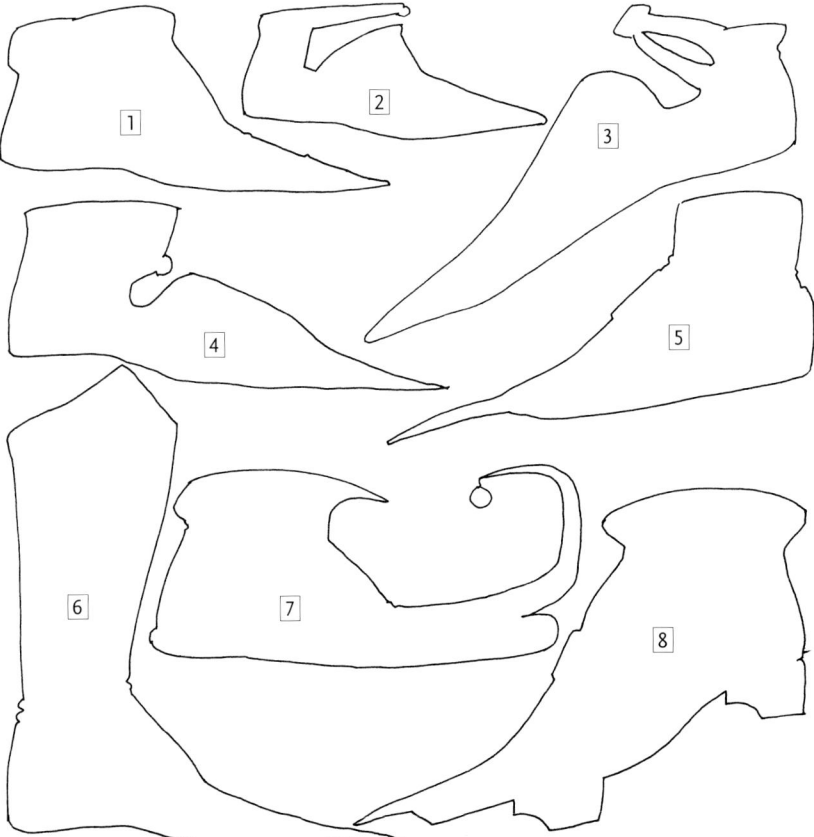

1 **Bottillon français**, v. 1300-1350. Semelle fine en cuir, sans talon, long bout pointu et rembourré, tige en tissu précieux décorée de bandelettes entrecroisées en cuir doré, ornées de perles, revers au niveau de la cheville. 2 **Chaussure anglaise**, v. 1300-1350. Semelle fine en cuir, sans talon, long bout pointu, tige en tissu décorée de broderies au fil d'or le long des côtés et sur le cou-de-pied, jusqu'au bout rembourré, bride à la cheville fermant par un bouton au centre. 3 **Chaussure anglaise**, v. 1377-1399. Semelle fine en cuir, sans talon, long bout pointu, tige en cuir fin ornée de décorations peintes et brodées sur le cou-de-pied et le bout rembourré, côtés découverts, bride à boucle sur le cou-de-pied. 4 **Chaussure anglaise**, v. 1300-1330. Semelle fine en cuir, sans talon, long bout pointu et rembourré, tige en tissu, bordure en cuir doré, bouton orné d'une pierre au centre, au-dessus du cou-de-pied. 5 **Bottine et sabot italiens**, v. 1375-1399. Bottine avec semelle fine en cuir, long bout étroit, pointu et rembourré, tige en cuir fin, laçage latéral montant au-dessus de la cheville ; sabot en bois à bout pointu, large bride en cuir sur le cou-de-pied, clouée sur les côtés. 6 **Botte cavalière anglaise**, v. 1350-1375. Semelle fine en cuir, sans talon, long bout pointu et rembourré, tige en cuir à hauteur de mi-mollet, bord supérieur formant une pointe à l'avant, fermeture par des pattes à bouton fixées à la couture centrale. 7 **Poulaine et sabot français**, v. 1375-1399. Poulaine avec semelle fine en cuir, sans talon, pointe recourbée se prolongeant par un grelot à l'extrémité, tige en cuir fin, doublure et revers en pointes de couleur contrastée ; sabot plat en bois, sans talon, à bout rond, large bride en cuir sur le cou-de-pied, clouée sur les côtés. 8 **Bottillon et patin anglais**, v. 1375-1399. Bottillon avec semelle fine en cuir, sans talon, long bout pointu, tige en cuir fin ciré, doublure de couleur contrastée, revers assorti ; patin en bois avec semelle plate reposant sur des talons en bois à l'avant et à l'arrière, large bride en cuir sur le cou-de-pied, clouée sur les côtés.

1400-1430

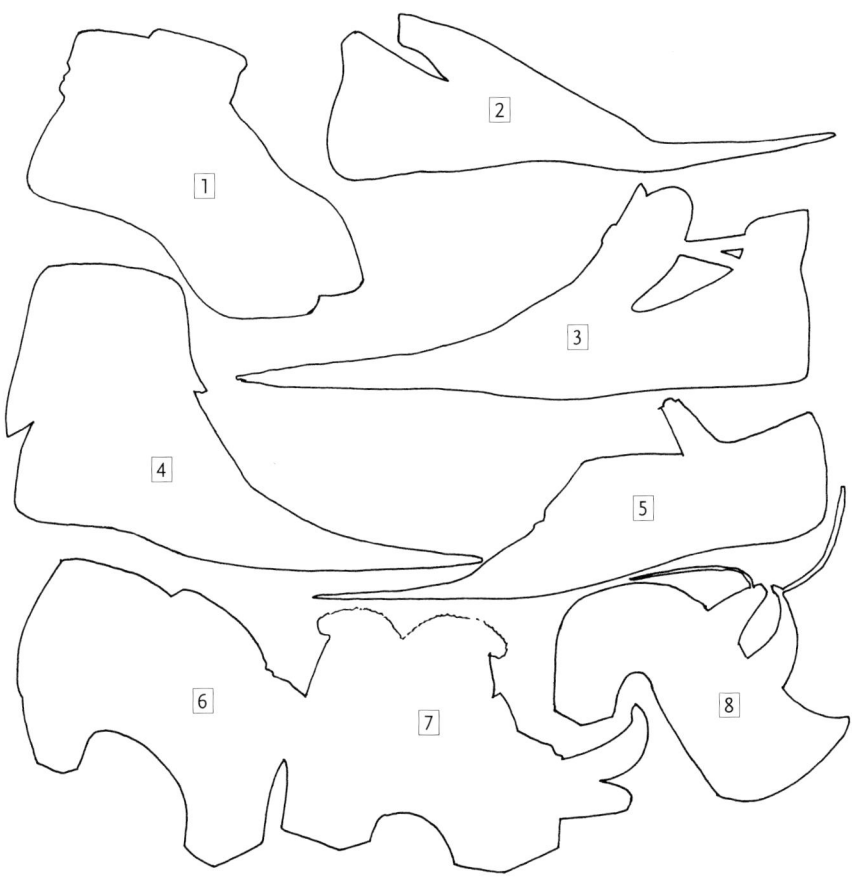

⬜1 **Paire de bottillons anglais**, v. 1400-1420. Semelle fine en cuir, sans talon, bout pointu, tige en tissu fin de couleur claire, décorations brodées de couleur, bandes de toile dorée appliquées sous le revers drapé au niveau de la cheville, sur le cou-de-pied, jusqu'au bout, et de chaque côté de l'avant-pied. ⬜2 **Chaussure anglaise**, v. 1400-1420. Semelle fine en cuir, sans talon, bout pointu très allongé, tige en cuir fin, empeigne montante pointue, côtés découverts, fermant par un laçage en cuir, coutures décoratives à l'arrière et sur les côtés. ⬜3 **Poulaine française**, v. 1400-1430. Semelle en cuir fin, sans talon, bout pointu très allongé, tige en cuir fin, côtés découverts, lanière à boucle sur l'empeigne montante, fixée à l'arrière. ⬜4 **Poulaine française**, v. 1400-1420. Semelle en cuir fin, sans talon, bout pointu très allongé, tige en cuir ciré, revers en cuir de couleur claire montant au-dessus de la cheville, avec un bord crénelé, recouvrant le cou-de-pied et l'arrière. ⬜5 **Chaussure italienne**, v. 1400-1420. Semelle en cuir fin, sans talon, bout pointu très allongé, tige en cuir teint et ciré, empeigne décolletée, bride plate sur le cou-de-pied, avec une fermeture à bouton. ⬜6 **Chaussure et patin anglais**, v. 1420-1430. Chaussure avec semelle en cuir fin, sans talon, bout pointu très allongé, tige en cuir de couleur claire, empeigne et arrière emboîtants, bordure de couleur contrastée ; patin en bois avec des talons à l'avant et à l'arrière, extrémité allongée soutenant la semelle pointue. ⬜7 **Chaussure et patin allemands**, v. 1430. Chaussure avec semelle fine en cuir, sans talon, bout pointu très allongé, à la pointe recourbée rembourrée, tige en cuir teint, empeigne et arrière emboîtants, doublure et garniture de fourrure ; patin en bois avec des talons à l'avant et à l'arrière, extrémité soutenant la semelle pointue. ⬜8 **Patin anglais**, v. 1400-1430. Semelle en bois sculpté, talons à l'avant et à l'arrière, avant allongé soutenant le bout pointu de la chaussure, deux brides plates en cuir sur le cou-de-pied, attachées au milieu par un lacet en cuir.

1430-1450

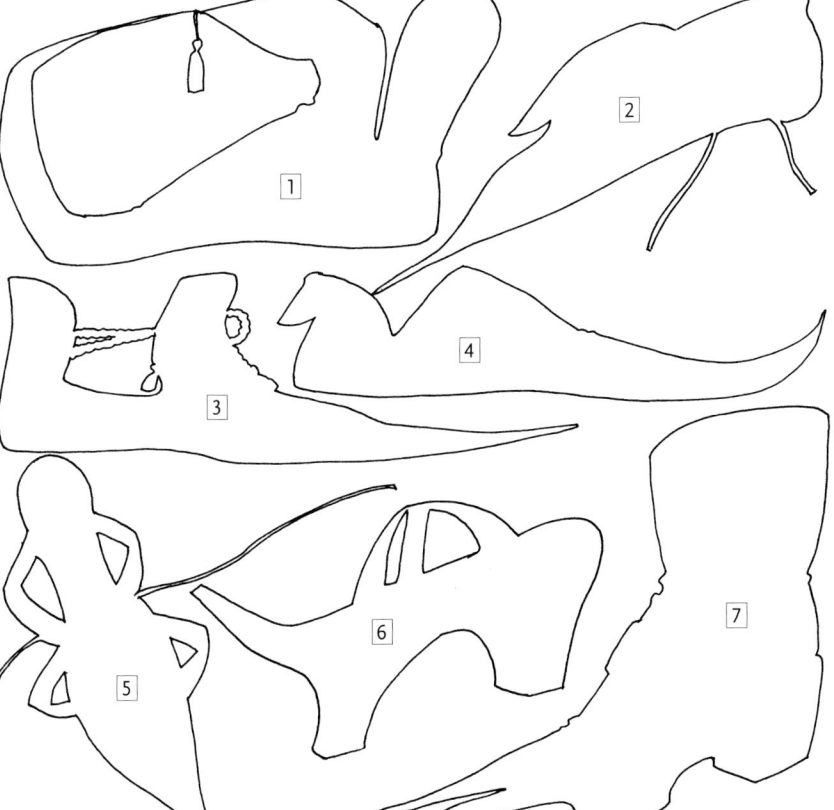

⬜1 **Bottillon anglais**, v. 1430-1440. Semelle fine en cuir, sans talon, bout pointu très allongé, tige en cuir fin de couleur claire, côtés découverts, arrière à hauteur de cheville, empeigne haute se prolongeant par un revers pointu, à extrémité attachée à la pointe de la semelle par une fine cordelette en or agrémentée d'un gland. ⬜2 **Chaussure anglaise**, v. 1440-1450. Semelle en cuir fin, sans talon, bout pointu très allongé et rembourré, tige en cuir fin ciré, empeigne haute se prolongeant par un revers pointu, laçage latéral. ⬜3 **Chaussure française**, v. 1440-1450. Semelle en cuir fin, sans talon, bout pointu très allongé, tige en étoffe précieuse, empeigne haute, cordelette en or avec des glands, coulissant par une attache à l'arrière et fermant les côtés découverts, nouée sur le cou-de-pied. ⬜4 **Chaussure anglaise**, v. 1440-1450. Semelle en cuir fin, sans talon, bout pointu très allongé à extrémité relevée, tige en cuir de couleur claire, empeigne haute, côtés découverts, revers à l'arrière. ⬜5 **Patin français**, v. 1440-1450. Semelle plate en bois sculpté, pointe allongée pour soutenir le bout pointu et allongé de la chaussure, décorations peintes, lanières en cuir teint plates, s'attachant sur le cou-de-pied par un lacet fin en cuir. ⬜6 **Patin allemand**, v. 1430-1450. Semelle en bois sculpté, pointe allongée pour soutenir le bout pointu et allongé de la chaussure, talons à l'avant et à l'arrière, décorations peintes, lanières en cuir teint plates s'entrecroisant sur le cou-de-pied. ⬜7 **Poulaine et patin français**, v. 1440-1450. Poulaine avec semelle en cuir fin, sans talon, bout pointu très allongé, tige en cuir fin, laçage latéral montant au-dessus de la cheville ; patin en bois sculpté, semelle épousant la forme de la poulaine, extrémité allongée soutenant le bout pointu et allongé, talons à l'avant et à l'arrière, lanière en cuir plate en deux parties sur le cou-de-pied, attache en métal.

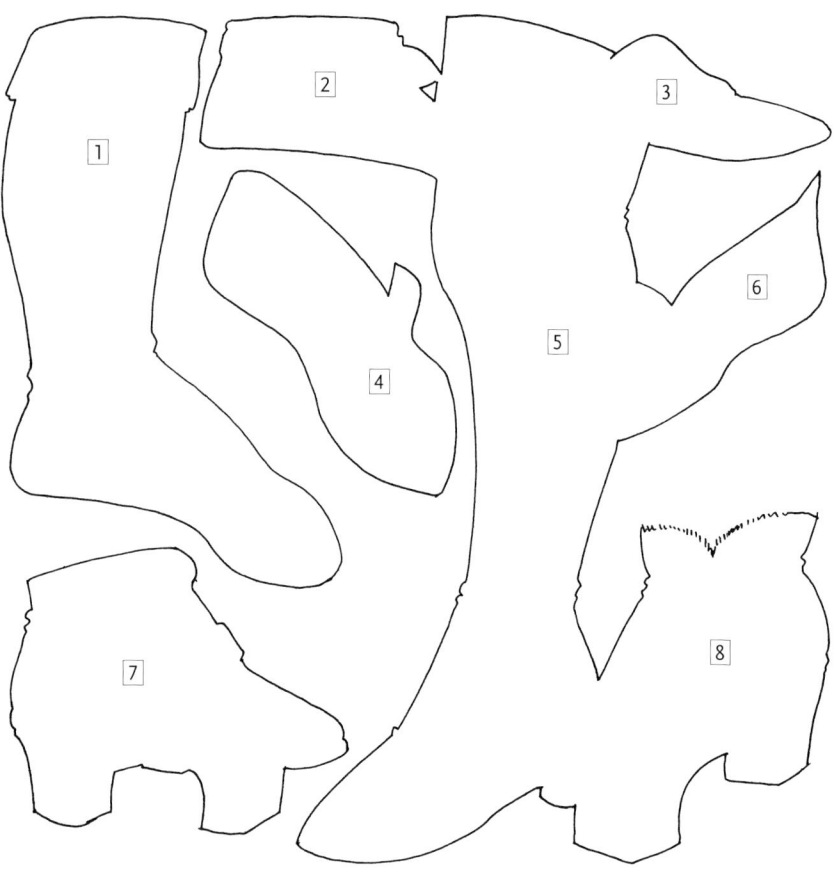

1460-1480

1 **Botte italienne**, v. 1465. Semelle fine en cuir, sans talon, bout pointu, tige en cuir fin de couleur claire, fermeture latérale par un lacet en cuir, revers à hauteur de genou avec un bord crénelé. 2 **Chaussure anglaise**, v. 1460-1480. Semelle en cuir fin, sans talon, bout pointu, tige en cuir mou, côtés et arrière fermés, revers pointu à l'avant, au-dessus de l'empeigne haute. 3 **Pantoufle anglaise**, v. 1460-1480. Semelle en cuir fin, sans talon, bout pointu, tige en cuir fin de couleur claire, empeigne haute, arrière en pointe, bordure en cuir doré. 4 **Pantoufle anglaise**, v. 1460-1480. Semelle en cuir fin, sans talon, bout pointu, tige en cuir teint ciré, empeigne haute, côtés et arrière bas. 5 **Botte de chasse anglaise**, v. 1460. Semelle en cuir, sans talon, bout pointu, tige en cuir ciré à hauteur de cuisse, empeigne séparée de la jambe, fermeture à boutons avec un bord festonné du dessus du genou jusqu'au-dessous de la cheville. 6 **Pantoufle anglaise**, v. 1460-1480. Semelle en cuir fin, sans talon, bout pointu, tige en cuir teint, languette pointue retournée sur l'empeigne haute, côtés galbés, pointe à l'arrière. 7 **Bottillon et patin allemands**, v. 1460-1470. Bottillon avec semelle en cuir, sans talon, bout rond, tige en cuir ciré à hauteur de cheville, ouverture centrale sur le devant ; patin en bois sculpté, talons à l'avant et à l'arrière, bride en cuir sur le cou-de-pied, fermée par une boucle. 8 **Bottillon et patin français**, v. 1460. Bottillon avec semelle en cuir, sans talon, bout rond, tige en cuir ciré à hauteur de cheville, découpes latérales au niveau de la cheville, doublure en fourrure ; patin en bois sculpté, talons à l'avant et à l'arrière.

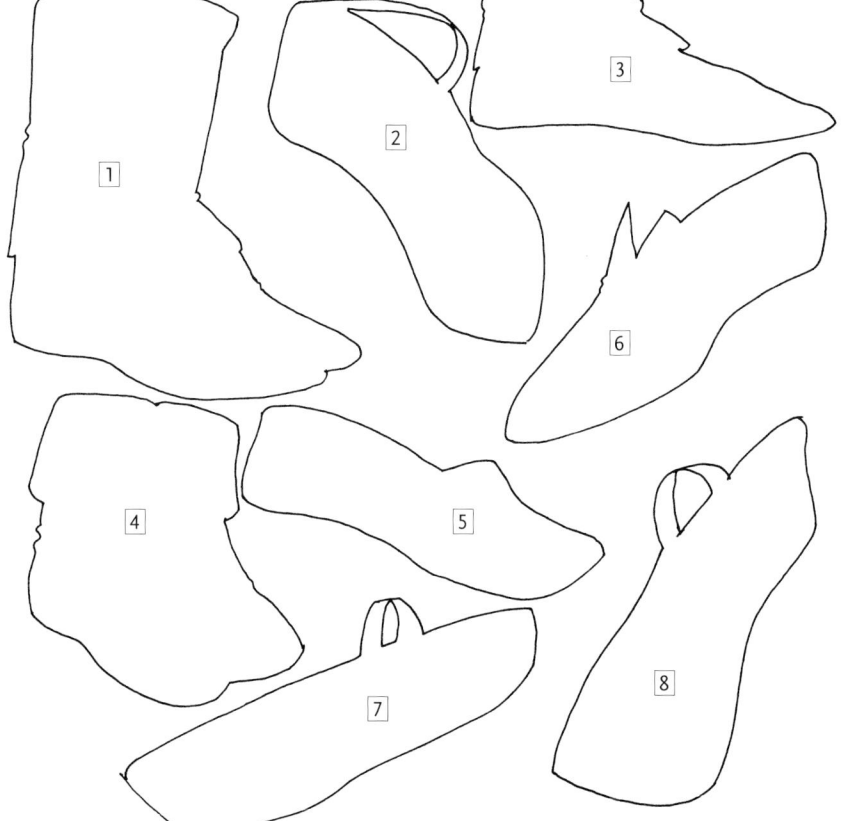

1480-1499

1 **Paire de bottes françaises**, v. 1480. Semelle en cuir fin, sans talon, bout rond, tige en cuir mou ciré, long revers en cuir de couleur claire, découpé sur la cheville, pointu sur le cou-de-pied et à l'arrière. 2 **Chaussure anglaise**, v. 1485-1499. Semelle en cuir fin, sans talon, bout rond, tige en cuir teint ciré, empeigne décolletée, bride à la cheville fermée par un bouton. 3 **Chaussure anglaise**, v. 1480-1499. Semelle en cuir fin, sans talon, bout rond, tige en toile, empeigne, côtés et arrière emboîtants, revers en cuir de couleur claire avec le bord découpé en pointes. 4 **Paire de bottillons allemands**, v. 1480-1499. Semelle en cuir, sans talon, large bout rond, tige en cuir ciré montant au-dessus de la cheville, revers en cuir de couleur claire avec une fente latérale au-dessus de la cheville, côté extérieur. 5 **Pantoufle anglaise**, v. 1485-1499. Semelle en cuir fin, sans talon, large bout carré, tige en cuir fin, empeigne, côtés et arrière emboîtants. 6 **Pantoufle anglaise**, v. 1480-1499. Semelle en cuir, sans talon, bout rond, tige en cuir teint ciré, empeigne haute fendue sur la couture centrale, côtés et arrière bas. 7 **Chaussure allemande**, v. 1495-1499. Semelle en cuir, sans talon, large bout carré, tige en cuir teint, empeigne, côtés et arrière bas, découpes décoratives sur les orteils, doublure en tissu assortie, bride en cuir plate sur le cou-de-pied. 8 **Chaussure anglaise**, v. 1490-1499. Semelle en cuir, sans talon, large bout arrondi dans les angles et rembourré, doublure et tige en tissu, empeigne décolletée, bride plate sur le cou-de-pied, attachée par un bouton latéral.

1500-1525

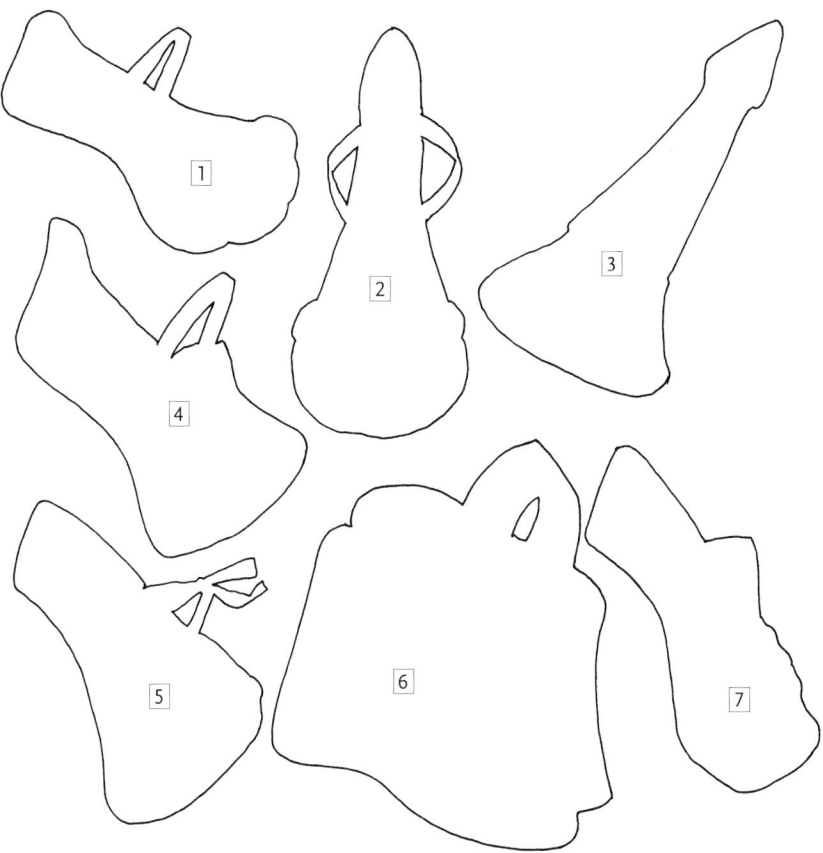

[1] **Soulier de noble anglais**, v. 1500-1515. Semelle en cuir, sans talon, tige en velours, large bout rond rembourré, découpé en panneaux, empeigne décolletée, côtés découverts et arrière montant bordés de chevreau doré, bride assortie sur le cou-de-pied, doublure en soie. [2] **Soulier de noble français**, v. 1515-1520. Semelle en cuir, sans talon, tige en tissu, découpes en taffetas clair sur le large bout rond, doublure assortie, empeigne décolletée avec une bordure de couleur contrastée, bride sur le cou-de-pied. [3] **Pantoufle de noble anglais**, v. 1520-1525. Semelle en cuir, sans talon, bout carré arrondi dans les angles, d'une largeur démesurée, tige en cuir matelassé, empeigne décolletée festonnée, côtés découverts et arrière montant rehaussés d'une bordure en cuir foncé, doublure en soie matelassée. [4] **Soulier de gentilhomme anglais**, v. 1500-1515. Semelle en cuir, sans talon, large bout carré, arrondi dans les angles, tige en cuir de couleur claire, empeigne décolletée avec une languette, côtés découverts, arrière montant, bride sur le cou-de-pied. [5] **Soulier de noble anglais**, v. 1520. Semelle en cuir, sans talon, tige en chevreau, découpes en taffetas clair sur le large bout arrondi et rembourré, doublure assortie, empeigne décolletée, bordure de couleur contrastée, bride en cuir assortie, nouée sur le cou-de-pied, au milieu. [6] **Paire de chopines de dame italienne**, v. 1500-1115. Haute plate-forme en liège recouverte de velours de couleur claire, semelle en cuir, large bride en cuir sur le cou-de-pied, devant et arrière ouverts. [7] **Pantoufle de gentilhomme anglais**, v. 1520-1525. Semelle en cuir, sans talon, large bout carré arrondi dans les angles, tige en chevreau fin, découpes en soie sur l'avant-pied, le cou-de-pied et la languette, doublure assortie, bordure en cuir doré.

1525-1550

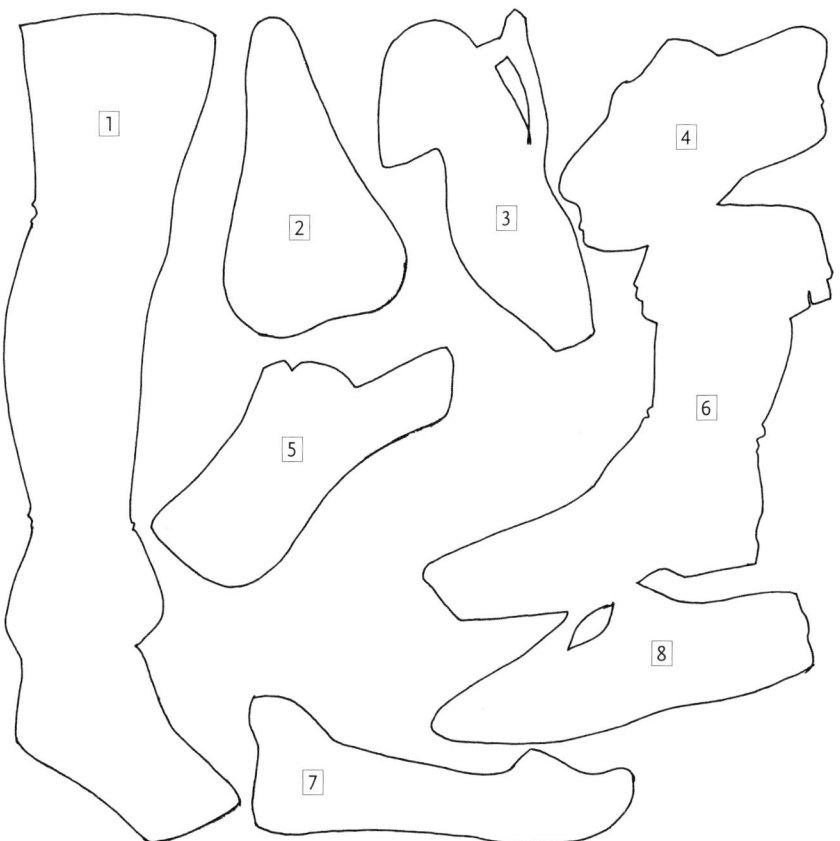

[1] **Chaussure de chasse de gentilhomme anglais**, v. 1540-1550. Semelle en cuir, sans talon, large bout carré arrondi dans les angles, tige de couleur claire à hauteur de cuisse, entailles de couleur contrastée au niveau de la cheville et au-dessus, jambe ajustée. [2] **Pantoufle de gentilhomme allemand**, v. 1530. Semelle en cuir, sans talon, large bout en forme de cœur, tige en cuir fin ciré, bordure en cuir doré, doublure en tissu. [3] **Soulier de noble française**, v. 1545-1550. Semelle fine en cuir, bout carré allongé, talon conique en bois, tige en chevreau teint, perforations décoratives, bride en T assortie, doublure en taffetas clair. [4] **Mule de dame allemande**, v. 1540. Plate-forme en liège recouverte de cuir fin, cordelette en cuir rehaussant la semelle en cuir, tige en chevreau de couleur claire, avec des entailles et des bandes décoratives. [5] **Pantoufle de noble anglais**, v. 1540-1545. Semelle en cuir, sans talon, large bout carré arrondi dans les angles, tige en velours de couleur claire, découpes décoratives sur l'avant-pied et l'empeigne haute laissant apparaître la doublure en soie, côtés et arrière bas. [6] **Botte de cavalier anglais**, v. 1525-1540. Semelle épaisse en cuir, large bout carré arrondi dans les angles, talon en bois, tige en cuir à hauteur de mi-mollet, revers découpé. [7] **Pantoufle de gentilhomme allemand**, v. 1550. Semelle en cuir, sans talon, tige en cuir ciré, bout rond relevé, empeigne décolletée, arrière montant agrémenté d'entailles de couleur vive, doublure assortie, bords rehaussés de cuir doré. [8] **Soulier de noble anglaise**, v. 1545-1550. Semelle en cuir fin, sans talon, bout rond allongé, tige en chevreau de couleur claire, découpes décoratives sur l'avant-pied, les côtés et l'arrière, laissant apparaître la doublure argentée, avant-pied ouvert, comme les côtés réunis sous une lanière à boucle.

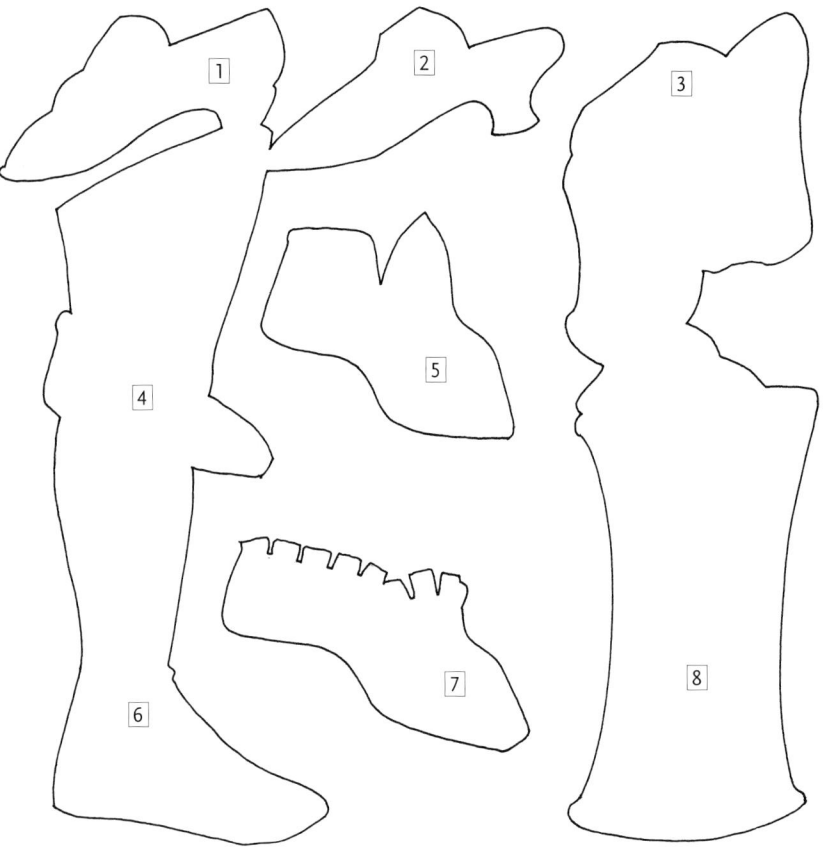

1555-1570

[1] **Chaussure de gentilhomme allemand**, v. 1555-1565. Semelle et talon haut en bois en une seule pièce, bout rond, tige en cuir de couleur claire, bords de couleur plus foncée, empeigne haute, entailles décoratives sur l'avant-pied et les côtés, laissant apparaître la doublure en chevreau teint. [2] **Mule de noble française**, v. 1555-1565. Semelle fine en liège et talon en bois en une seule pièce, bout allongé, tige en chevreau de couleur claire, broderies au fil d'or sur l'avant-pied, empeigne haute pointue, bandes de cuir doré, doublure en soie. [3] **Chopine de noble vénitienne**, v. 1555-1570. Haute plate-forme en liège recouverte de velours fin de couleur claire, semelle en cuir, agrémentée d'un galon en or, garniture assortie sur la tige sans arrière, bout et côtés ouverts. [4] **Soulier de gentilhomme français**, v. 1565-1570. Semelle en cuir, sans talon, bout carré allongé, tige en chevreau teint, entailles décoratives sur l'avant-pied, l'empeigne haute et les côtés, arrière emboîtant, doublure en soie de couleur, fermeture par un ruban sur une languette centrale, passant par des lanières latérales. [5] **Soulier de gentilhomme anglais**, v. 1555-1560. Semelle en cuir, sans talon, bout allongé, tige en cuir de couleur claire, découpes décoratives sur l'avant-pied et l'empeigne haute, se terminant en pointe, doublure en soie de couleur vive, fentes latérales, arrière emboîtant. [6] **Botte de courtisan français**, v. 1560-1570. Semelle en cuir, sans talon, bout carré arrondi dans les angles, tige en chevreau ajustée à hauteur de cuisse, motifs peints sur toute la surface, bord supérieur en pointe, rehaussé de chevreau doré. [7] **Pantoufle de gentilhomme français**, v. 1555-1560. Semelle en cuir, sans talon, bout carré allongé, tige en velours, entailles décoratives sur l'avant-pied et l'empeigne haute, doublure en soie de couleur vive, garniture assortie sur les bords. [8] **Chopine de dame vénitienne**, v. 1555-1570. Très haute plate-forme en liège recouverte de chevreau de couleur claire, tige en cuir sans arrière, perforations décoratives sur l'ensemble de la tige.

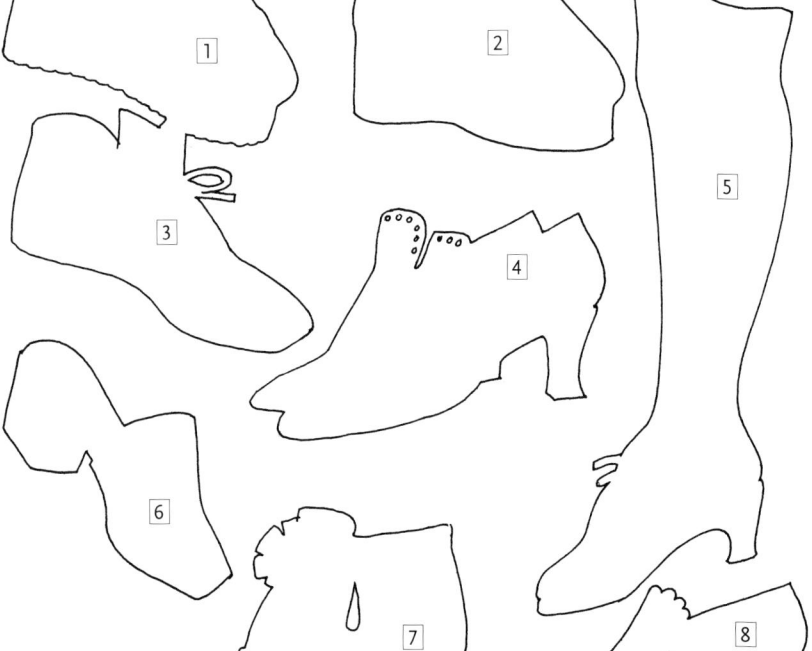

1575-1599

[1] **« Sur-mule » de dame italienne**, v. 1580-1595. Plate-forme en liège recouverte de cuir fin, galon en cuir rehaussant le bord de la semelle en cuir, tige en cuir sans côtés, bout rond, entailles décoratives sur l'empeigne, laissant apparaître la doublure en chevreau assortie. [2] **Chaussure de dame anglaise**, v. 1575-1585. Semelle en liège et talon compensé recouverts de cuir, de couleur claire, bout rond, tige en cuir assortie, perforations décoratives sur l'empeigne, doublure en taffetas de couleur. [3] **Soulier de dame ou de gentilhomme anglais**, v. 1595-1599. Semelle en cuir, sans talon, bout rond allongé, tige en cuir de couleur claire, empeigne décorée de petites découpes, languette en pointe, doublure en soie de couleur vive, fermeture sur le cou-de-pied par un lacet en cuir coulissant par des rabats latéraux. [4] **Paire de souliers de noble française**, v. 1595-1599. Semelle en cuir, bout allongé, talon haut en bois, tige en chevreau de couleur claire, avant-pied, côtés, languette et bride à bouton décorés de perforations et de broderies de couleur. [5] **Botte cavalière anglaise**, v. 1595-1599. Semelle épaisse et talon haut en bois, en une seule pièce, bout rond, tige en cuir de couleur claire ajustée à la jambe, montant au-dessus du genou, ouverture latérale avec un laçage en cuir de couleur, lanière et nœud assortis sur le cou-de-pied. [6] **« Sur-mule » de dame ou de gentilhomme français**, v. 1575-1585. Semelle en cuir et talon en bois en une seule pièce, tige en cuir, empeigne haute, bout carré. [7] **Soulier de gentilhomme français**, v. 1595-1599. Semelle en cuir, bout carré, talon en bois, tige en cuir, languette haute, doublure en chevreau, fermeture par un ruban en forme de rose sur des lanières latérales. [8] **Chaussure et sabot de noble italienne**, v. 1580-1599. Sabot avec semelle en cuir plate, bout carré, tige en velours brodé sans arrière, talon en bois assorti fixé à la chaussure en cuir fin de couleur claire, fermeture par des lanières latérales sous une languette haute à bord festonné.

Chaussures de femmes, 1600-1650

1 **Soulier de noble hollandaise**, v. 1600-1620. Semelle fine en cuir à bord rouge, bout pointu, talon Louis XV en bois recouvert de cuir, de hauteur moyenne, tige en cuir fin, côtés découverts, lanières latérales et ruban en soie sur une languette haute. 2 **Soulier de femme anglaise**, v. 1625-1635. Semelle en cuir fin, bout pointu, talon Louis XV en bois recouvert de veau velours clair, de hauteur moyenne, tige assortie à motifs décoratifs, côtés découverts, lanières latérales et ruban en soie sur une languette pointue. 3 **Soulier de noble anglaise**, v. 1630. Semelle en cuir fin à bord rouge, bout pointu, talon Louis XV en bois recouvert de cuir, de hauteur moyenne, tige en veau velours de couleur claire, perforations décoratives sur le bout, l'empeigne et l'arrière, côtés découverts, lanières latérales sur une languette haute, ornée d'une grosse rosette en dentelle. 4 **Chaussure et patin de noble française**, v. 1620-1625. Chaussure avec semelle fine en cuir rouge, talon Louis XV en bois recouvert de cuir, de hauteur moyenne, tige en chevreau, côtés ouverts, lanières latérales sur une languette haute, ornée d'une grosse rosette en dentelle ; patin avec semelle épaisse en cuir, sans talon, bout rond, côtés ouverts, tige en cuir épais sans arrière, découpes décoratives sur le bout. 5 **Mule de dame anglaise**, v. 1640. Semelle en cuir, bout carré, tige en velours brodé. 6 **Mule de dame française**, v. 1640-1650. Semelle en cuir, bout carré à l'extrémité évasée, tige en chevreau, perforations décoratives laissant apparaître la doublure en soie de couleur. 7 **Mule de noble anglaise**, v. 1630-1640. Semelle fine en cuir à bord rouge, bout carré, talon Louis XV assorti en bois recouvert de cuir, de hauteur moyenne, tige en soie brodée, languette haute carrée, bords rehaussés de satin de soie dorée. 8 **Patin de femme anglaise**, v. 1640-1650. Semelle épaisse en bois, sans talon, montée sur un support en fer, lanière en cuir épais réglable sur le cou-de-pied. 9 **Chaussure et patin de dame hollandaise**, v. 1630-1650. Chaussure avec semelle fine en cuir, talon haut Louis XV en bois recouvert de cuir, tige assortie, côtés découverts, lanières latérales sur une languette haute et pointue, ornée d'une rosette en ruban de soie ; patin avec semelle épaisse en bois, sans talon, bout carré, tige en cuir sans arrière.

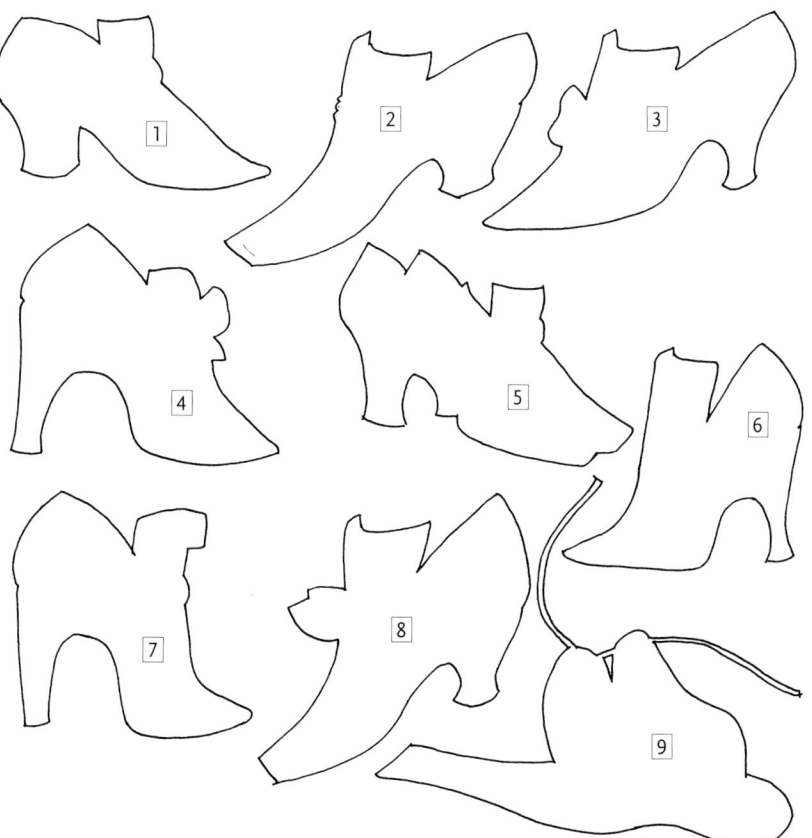

Chaussures de femmes, 1650-1699

1 **Chaussure de femme anglaise**, v. 1660-1680. Semelle en cuir, bout pointu, talon Louis XV en bois recouvert de cuir, de hauteur moyenne, tige assortie, piqûres décoratives sur l'empeigne haute, fermeture par une lanière à boucle sur une languette haute. 2 **Chaussure de noble anglaise**, v. 1670-1690. Semelle en cuir à bord rouge, bout carré, talon Louis XV assorti en bois recouvert de cuir, de hauteur moyenne, tige en chevreau décorée de galons dorés, languette haute et bords assortis, fermeture par des lanières latérales sur la languette rehaussée d'un ornement de pierres. 3 **Chaussure de dame anglaise**, v. 1680-1699. Semelle fine en cuir, bout pointu, talon Louis XV assorti en bois recouvert de cuir, de hauteur moyenne, tige en brocart, nœud assorti sur l'empeigne haute et sous une large languette, bords rehaussés de satin. 4 **Chaussure de noble française**, v. 1680-1699. Semelle en cuir à bord rouge, bout pointu, talon haut assorti en bois recouvert de cuir, tige en chevreau de couleur claire, ornée sur l'avant-pied de galons en soie, bords assortis, fermeture par des lanières latérales sur une languette haute ornée d'un gros nœud. 5 **Paire de chaussures de femme anglaise**, v. 1660-1685. Semelle en cuir, bout carré, talon Louis XV en bois recouvert de cuir, de hauteur moyenne, tige assortie, fermeture par une lanière à boucle sous une languette haute. 6 **Chaussure de noble française**, v. 1695-1699. Semelle fine en cuir à bord rouge, bout pointu, talon haut Louis XV assorti en bois recouvert de cuir, tige en brocart, fermeture sous une languette haute, bords agrémentés de soie. 7 **Chaussure de femme portugaise**, v. 1695. Semelle en cuir, bout pointu, talon haut en bois peint, tige en tissu, motifs appliqués en dentelle argentée, fermeture par une lanière à boucle, languette haute formant un revers, bords de couleur contrastée. 8 **Chaussure de dame française**, v. 1690-1699. Semelle en cuir, bout carré, talon Louis XV en bois recouvert de velours, de hauteur moyenne, tige assortie, broderies en or sur le bout, l'empeigne et la languette haute, fermeture par une lanière sous un nœud en soie. 9 **Patin de femme anglaise**, v. 1690-1699. Semelle épaisse en bois, sans talon, bout allongé, évasé à la base, support rembourré, rabats en cuir de chaque côté, fermeture par un lacet en cuir.

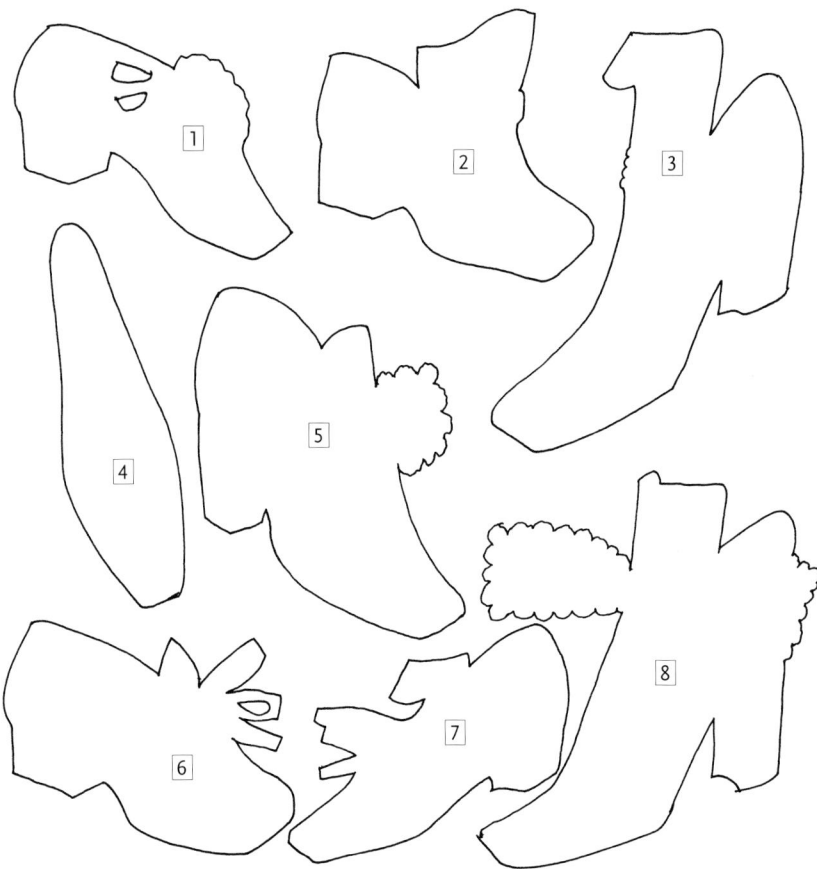

Chaussures d'hommes, 1600-1699

[1] **Chaussure de noble anglais**, v. 1610-1620. Semelle en cuir à bord rouge, bout carré, talon assorti en bois recouvert de cuir, de hauteur moyenne, tige en veau velours de couleur claire, perforations sur le bout et l'arrière, fermeture par des lanières latérales sous une grosse rosette en tissu. [2] **Chaussure d'homme anglais**, v. 1665-1675. Semelle épaisse en cuir, bout carré, talon en cuir de hauteur moyenne, tige en cuir poli et ciré, lanière à boucle sur le cou-de-pied, sous une languette haute. [3] **Chaussure de noble français**, v. 1675-1685. Semelle en cuir à bord rouge, bout carré, talon haut assorti en bois recouvert de cuir, tige en chevreau de couleur claire, fermeture par une lanière à boucle ornée de perles sur le cou-de-pied, sous une languette haute formant revers, doublure rouge. [4] **Chaussure de gentilhomme anglais**, v. 1610-1620. Semelle en cuir à bord rouge, bout carré, tige en cuir de couleur claire, côtés ouverts, fermeture par des lanières latérales sous une rosette en taffetas plissé, ornée d'une pierre au centre. [5] **Chaussure de gentilhomme français**, v. 1670-1680. Semelle en cuir, bout carré, talon haut en bois recouvert de cuir, tige assortie, languette haute, nœud en taffetas rigidifié, bordé de dentelle, en haut du cou-de-pied, petite rosette en ruban ornée d'une pierre en son centre, au niveau des orteils, sur le côté. [6] **Chaussure de noble anglais**, v. 1600-1615. Semelle en cuir à bord rouge, bout carré, talon assorti en bois recouvert de cuir, de hauteur moyenne, tige en veau velours, perforations et découpes décoratives sur l'avant-pied, côtés ouverts, fermeture par des lanières latérales et des nœuds en soie, languette en pointe. [7] **Chaussure de gentilhomme français**, v. 1675-1699. Semelle fine en cuir, bout carré, talon haut en bois recouvert de cuir, doublure assortie, tige en brocart, fermeture par des lanières latérales avec des nœuds en soie, sous une languette haute formant revers. [8] **Chaussure de gentilhomme français**, v. 1660-1670. Semelle en cuir, bout carré, talon haut en bois recouvert de cuir, bout assorti, tige en chevreau de couleur claire, languette haute, fermeture par une lanière sous un nœud démesuré en taffetas rigidifié, bordé de dentelle et agrémenté de pierres.

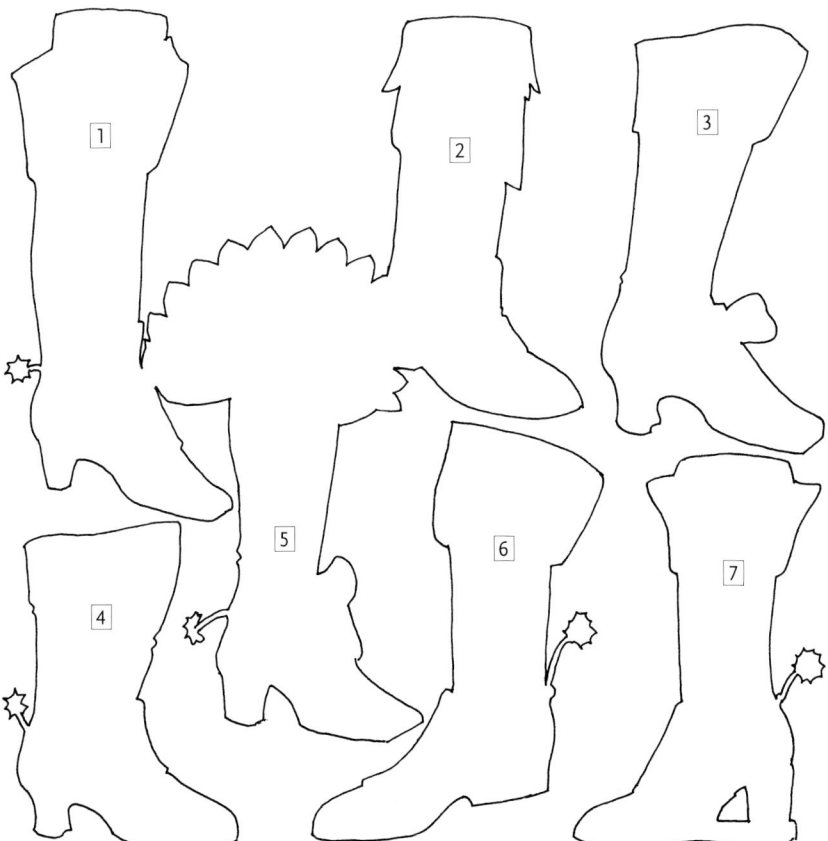

Bottes d'hommes, 1620-1699

[1] **Botte de noble anglais**, v. 1620-1630. Semelle en cuir à bord rouge, bout carré, talon assorti en bois recouvert de cuir, de hauteur moyenne, tige en cuir de couleur claire, ajustée sur le cou-de-pied, la cheville et la jambe jusqu'au genou, large revers retroussé en entonnoir, formant une pointe sur le devant, empiècement en cuir sur le cou-de-pied, portant un éperon à molette. [2] **Botte de noble hollandais**, v. 1620-1635. Semelle en cuir à bord rouge, bout rond, talon bas assorti en bois recouvert de cuir, tige en cuir ciré, large revers au niveau du genou, formant une pointe sur le devant, garniture intérieure en lin bordée de dentelle, empiècement en cuir sur le cou-de-pied, portant un éperon à molette. [3] **Botte de noble français**, v. 1625. Semelle en cuir à bout carré et bord rouge, talon Louis XV assorti en bois recouvert de cuir, de hauteur moyenne, tige en cuir de couleur claire, revers au niveau du genou, décoré de perforations, empeigne cousue, ruban en soie formant un nœud sur le cou-de-pied, boucle en métal. [4] **Botte de noble hollandais**, v. 1625. Semelle épaisse en cuir à bord rouge, bout rond, talon Louis XV assorti en bois recouvert de cuir, de hauteur moyenne, tige en cuir de couleur claire, jambe s'élargissant de la cheville jusqu'au genou, bord rehaussé de galon doré, large empiècement en cuir, portant un éperon à molette. [5] **Botte de noble français**, v. 1650-1660. Semelle en cuir à bord rouge, bout carré, talon assorti carré, en bois recouvert de cuir, de hauteur moyenne, tige en cuir fin de couleur claire, ajustée sur le cou-de-pied, la cheville et la jambe jusqu'au genou, revers retroussé démesuré, orné d'une garniture intérieure en dentelle, empiècement en cuir en forme de papillon sur le cou-de-pied, portant un éperon à molette. [6] **Botte cavalière anglaise**, v. 1660-1699. Semelle épaisse en cuir, bout rond, tige en cuir ciré, goudronné et poli, jambe de coupe droite, revers retroussé s'évasant au niveau du genou, empiècement en cuir sur le cou-de-pied, portant un éperon à molette. [7] **Botte et patin de noble anglais**, v. 1650-1660. Botte avec semelle en cuir rouge, talon assorti en bois recouvert de cuir, de hauteur moyenne, tige de couleur claire, jambe ajustée, revers évasé retroussé en entonnoir au niveau du genou, garniture intérieure bordée de dentelle, empiècement en cuir sur le cou-de-pied, portant un éperon à molette ; patin avec semelle épaisse en bois, sans talon, tige en cuir sans arrière.

Chaussures d'hommes, 1700-1799

Anglaise, vers 1700-1720

Anglaise, vers 1740-1750

Anglaise, vers 1740-1750

Française, vers 1790-1799

Française, vers 1780

Anglaise, vers 1730-1740

Italienne, vers 1750

Anglaise, vers 1780-1795

Anglaise, vers 1780-1795

Bottes d'hommes, 1700-1799

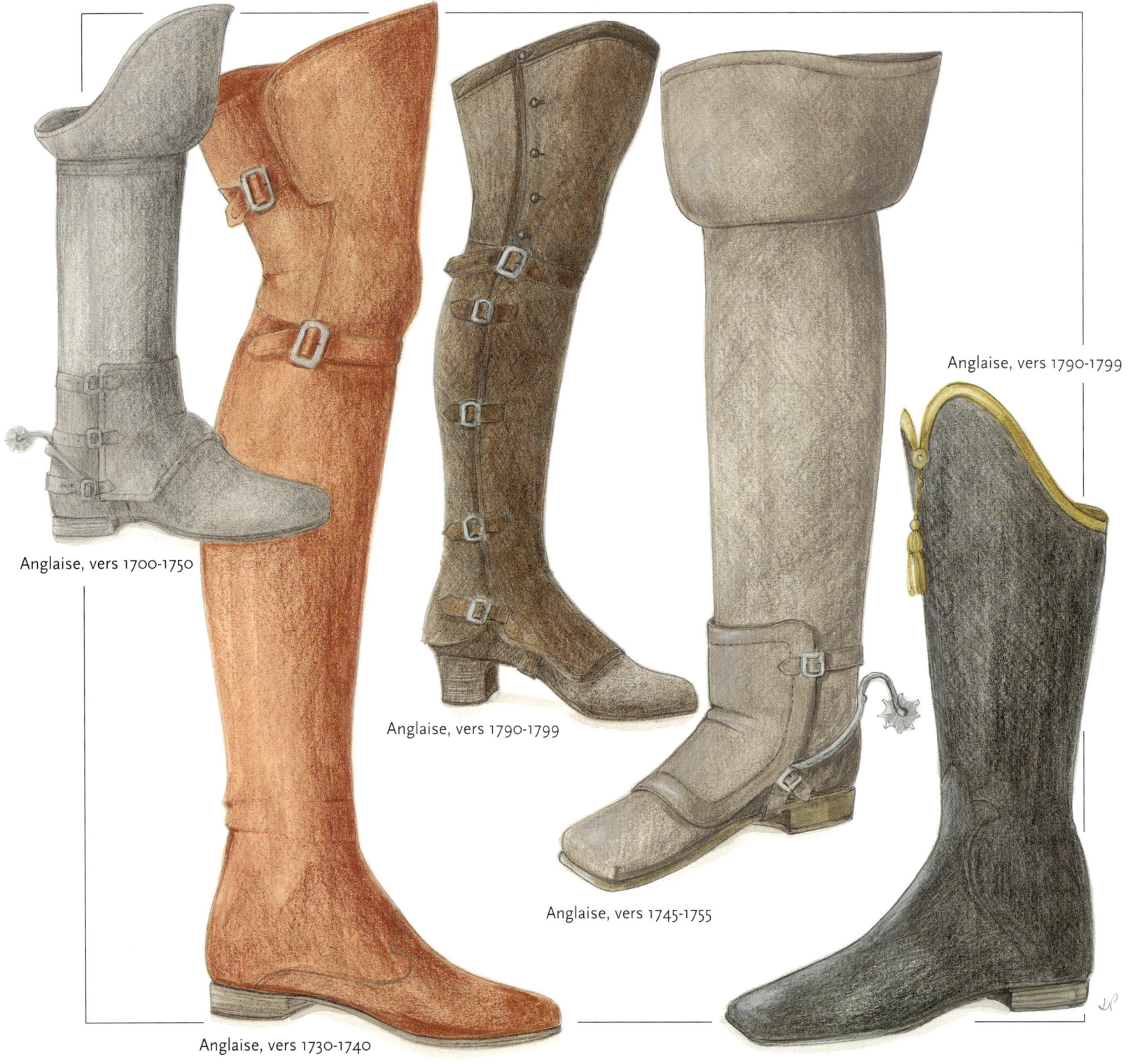

Anglaise, vers 1700-1750

Anglaise, vers 1730-1740

Anglaise, vers 1790-1799

Anglaise, vers 1745-1755

Anglaise, vers 1790-1799

Bottes d'hommes, 1790-1799

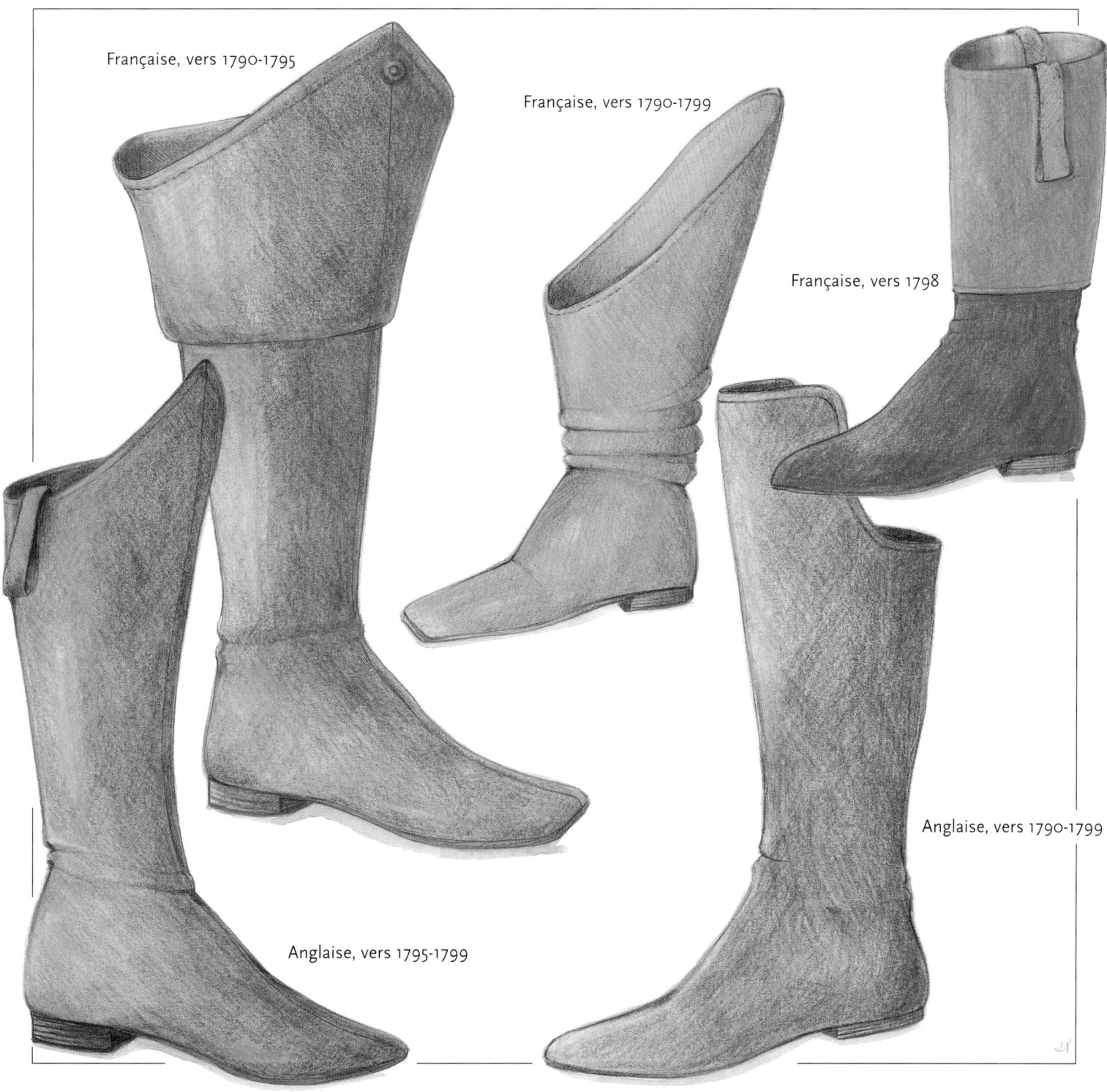

Française, vers 1790-1795

Française, vers 1790-1799

Française, vers 1798

Anglaise, vers 1795-1799

Anglaise, vers 1790-1799

Chaussures de femmes, 1700-1735

Anglaise, vers 1730-1735

Italienne, vers 1700-1710

Française, vers 1730-1735

Française, vers 1720-1735

Anglaise, vers 1730-1735

Anglaise, vers 1700-1725

Française, vers 1715-1725

Anglaise, vers 1730-1735

Française, vers 1720-1730

Chaussures de femmes, 1735-1765

Vénitienne, vers 1750-1755

Vénitienne, vers 1750-1760

Anglaise, vers 1735-1750

Française, vers 1740-1750

Anglaise, vers 1760-1765

Française, vers 1755-1760

Anglaise, vers 1770-1775

Anglaise, vers 1740-1750

Anglaise, vers 1750-1760

Chaussures de femmes, 1780-1790

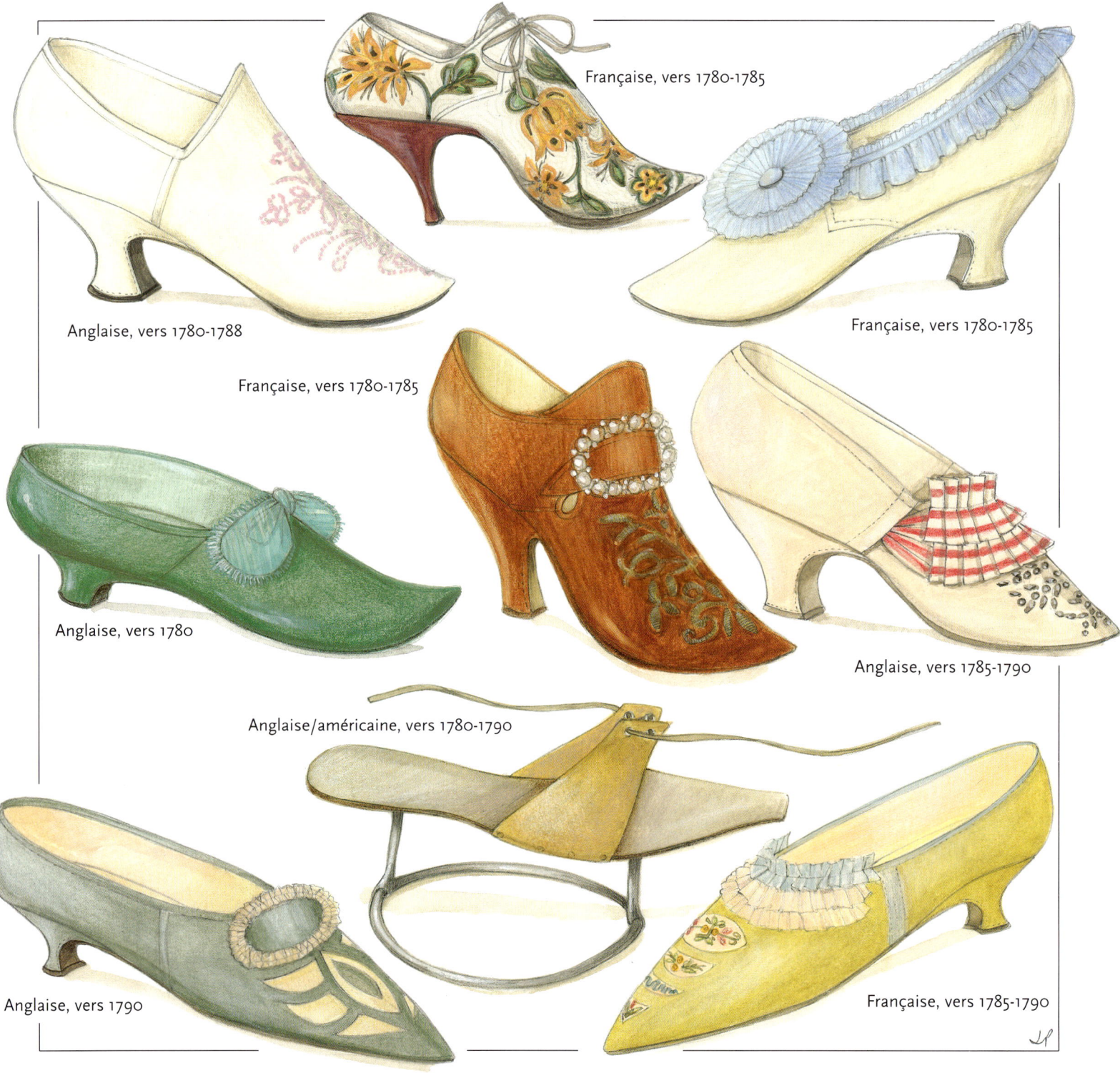

Anglaise, vers 1780-1788

Française, vers 1780-1785

Française, vers 1780-1785

Française, vers 1780-1785

Anglaise, vers 1780

Anglaise, vers 1785-1790

Anglaise/américaine, vers 1780-1790

Anglaise, vers 1790

Française, vers 1785-1790

Chaussures et bottes de femmes, 1785-1799

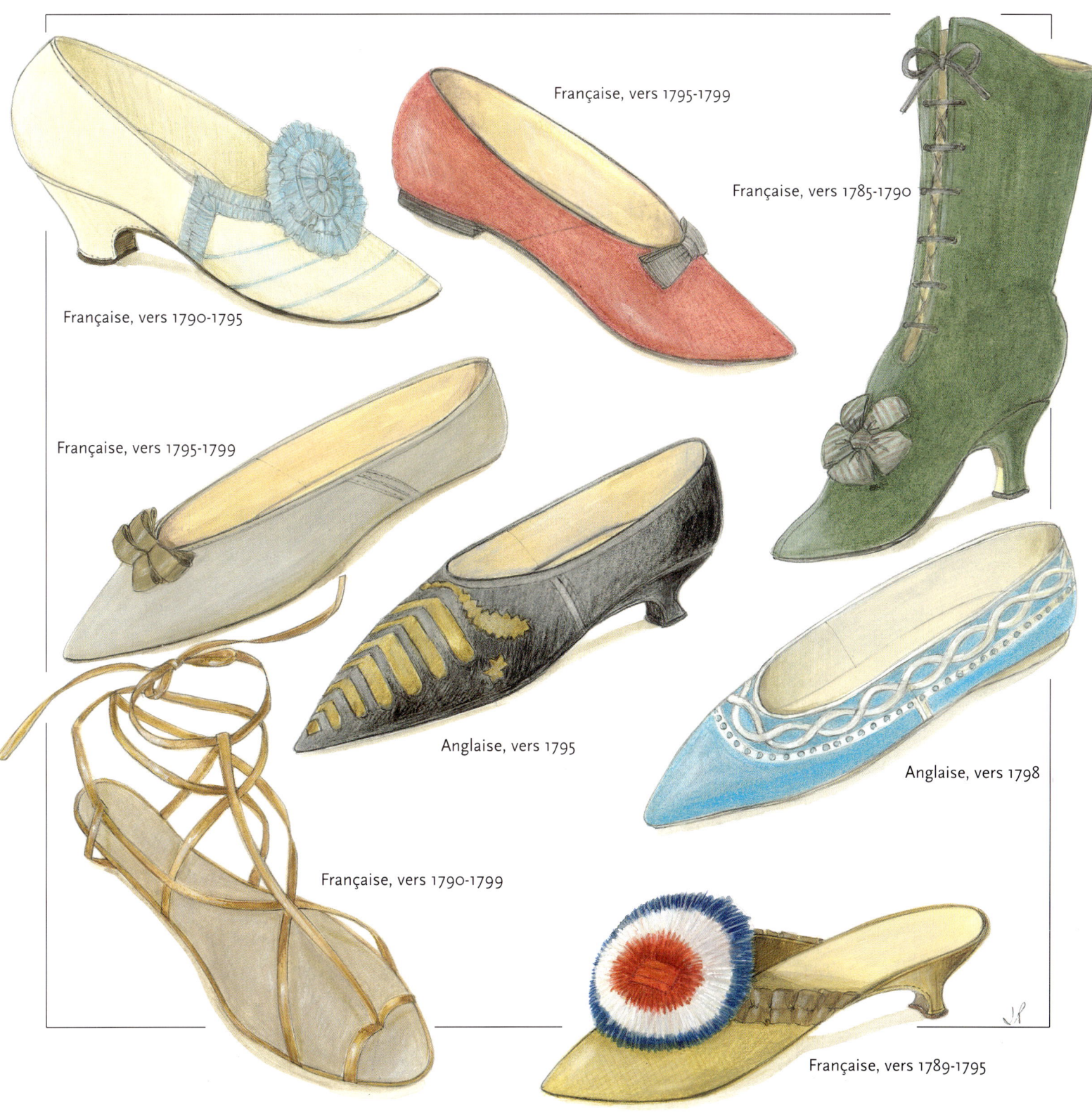

Française, vers 1795-1799

Française, vers 1785-1790

Française, vers 1790-1795

Française, vers 1795-1799

Anglaise, vers 1795

Anglaise, vers 1798

Française, vers 1790-1799

Française, vers 1789-1795

Chaussures et bottes d'hommes, 1800-1839

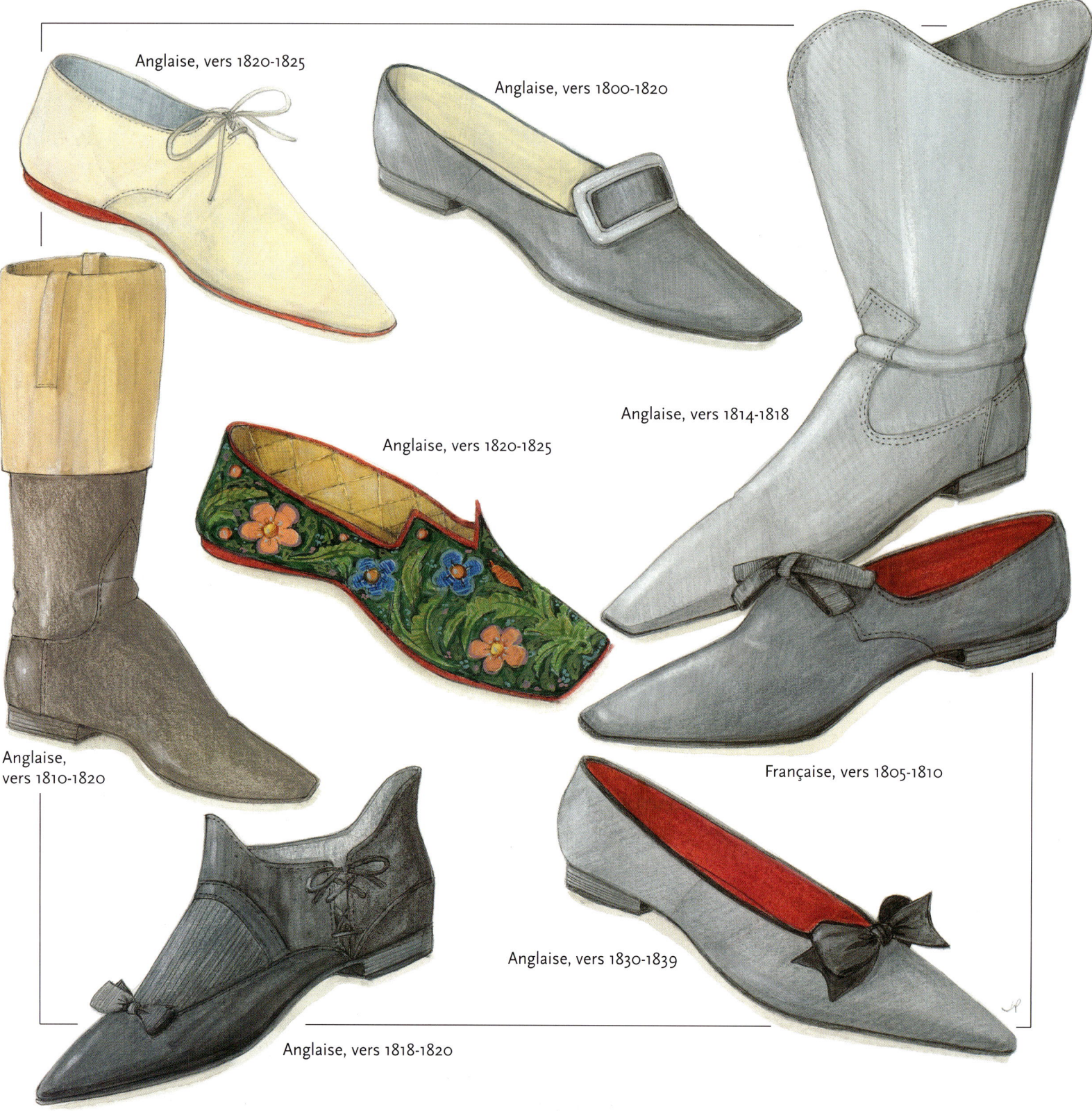

Anglaise, vers 1820-1825

Anglaise, vers 1800-1820

Anglaise, vers 1814-1818

Anglaise, vers 1820-1825

Anglaise, vers 1810-1820

Française, vers 1805-1810

Anglaise, vers 1818-1820

Anglaise, vers 1830-1839

Chaussures et bottes d'hommes, 1840-1869

Anglaise, vers 1850-1859

Anglaise, vers 1855

Anglaise, vers 1840-1849

Anglaise, vers 1855-1860

Anglaise, vers 1855-1860

Anglaise, vers 1850-1860

Anglaise, vers 1865-1869

Autrichienne, vers 1840-1850

Chaussures et bottes d'hommes, 1870-1899

Anglaise, vers 1870-1885

Anglaise, vers 1890-1899

Anglaise, vers 1885-1890

Anglaise, vers 1880-1885

Italienne, vers 1885-1895

Anglaise, vers 1880-1889

Anglaise, vers 1890-1899

Anglaises, vers 1890-1899

66

Chaussures et bottines de femmes, 1800-1829

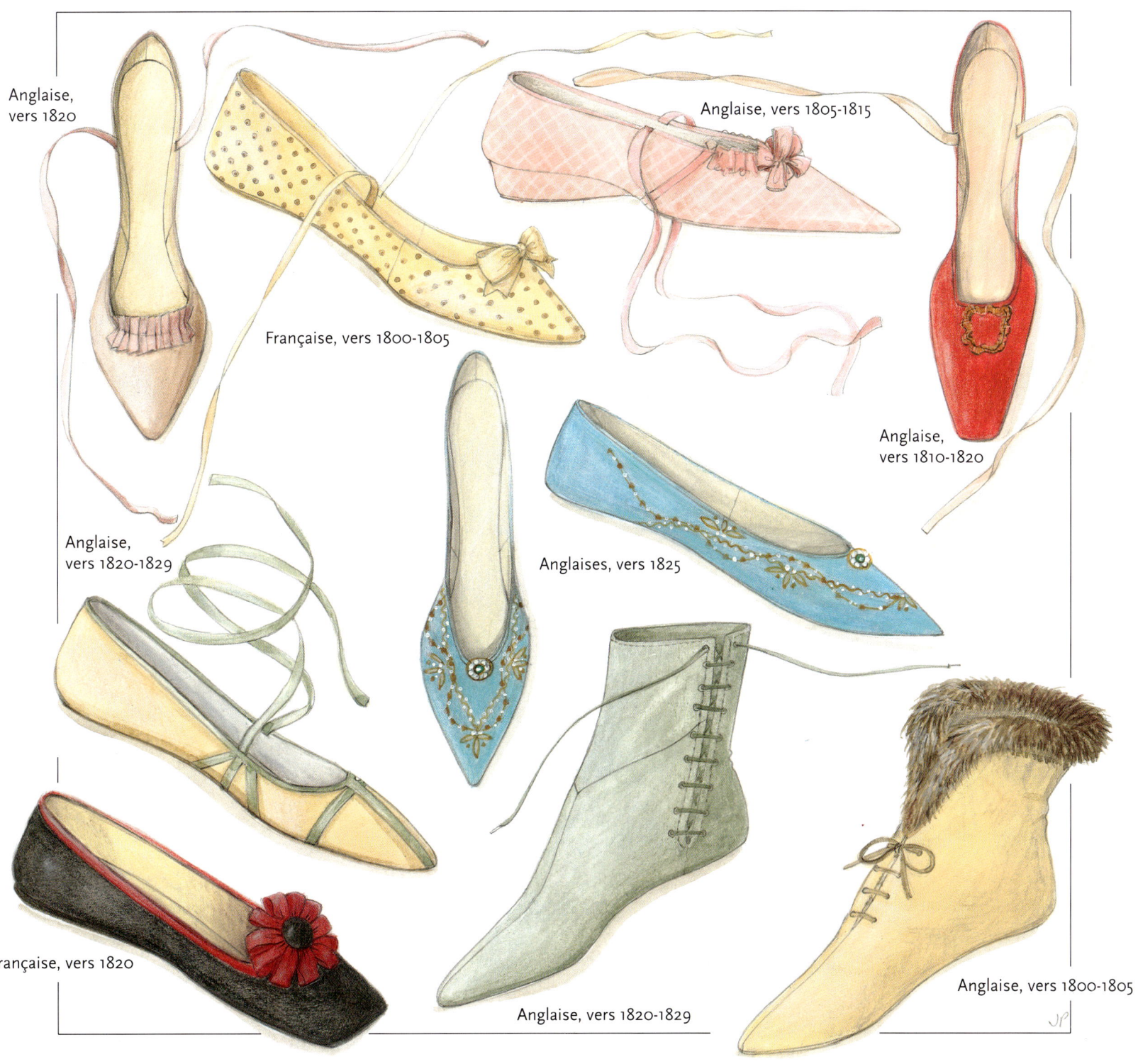

Chaussures et bottes de femmes, 1830-1849

Chaussures et bottines de femmes, 1850-1869

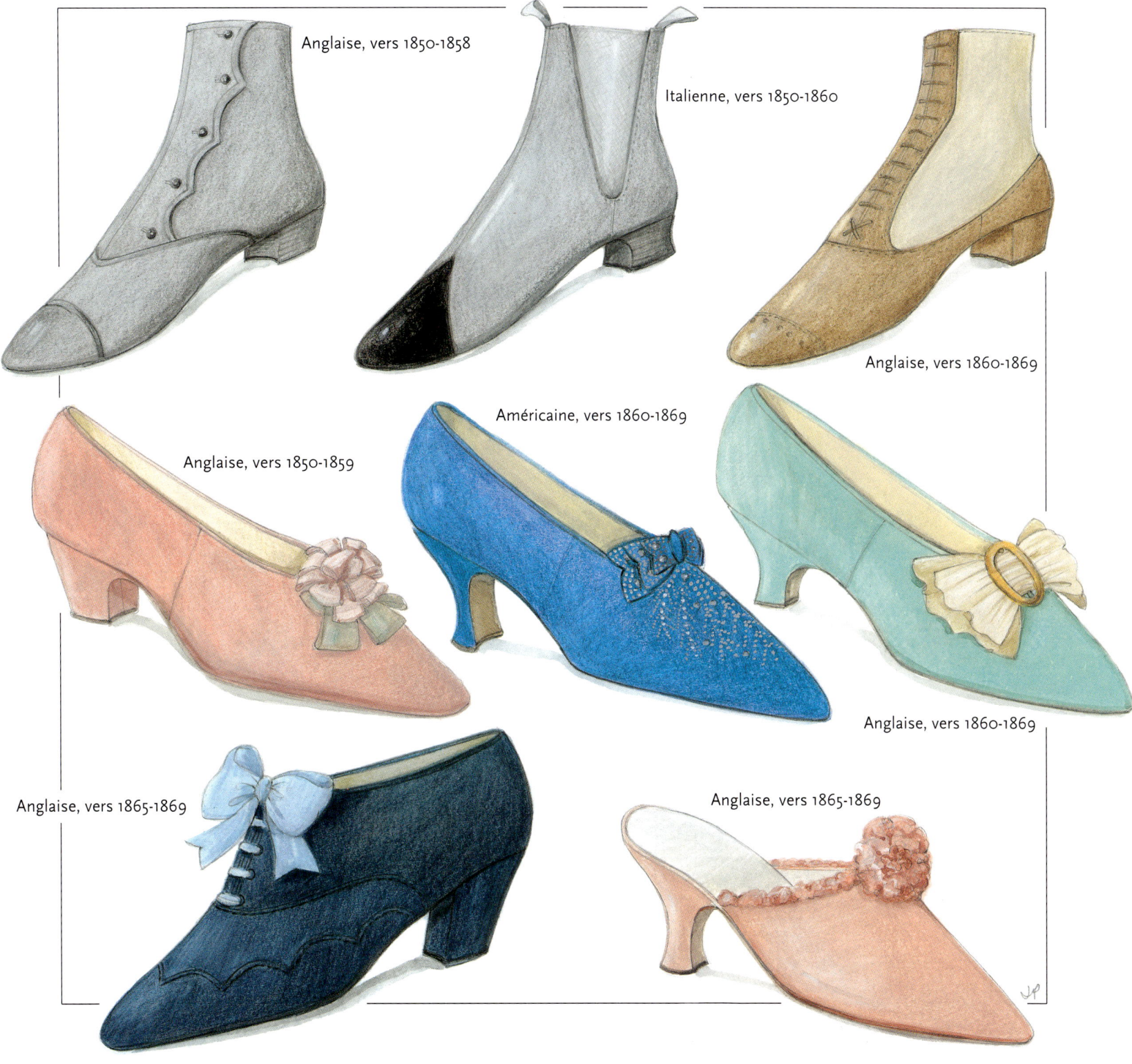

Chaussures et bottes de femmes, 1870-1884

Anglaise, vers 1870-1875

Anglaise, vers 1881-1884

Anglaise, vers 1870-1875

Française, vers 1875

Suisse, vers 1870-1875

Française, vers 1880-1884

Anglaise, vers 1880-1884

Chaussures et bottes de femmes, 1885-1899

Chaussures et bottes de femmes, 1885-1899

Anglaise, vers 1890-1899

Anglaise, vers 1890-1899

Anglaise, vers 1885-1889

Anglaise, vers 1895-1899

Anglaise, vers 1895-1899

Anglaise, vers 1895-1899

Anglaise, vers 1895-1899

Anglaise, vers 1890-1899

Chaussures d'hommes, 1700-1799

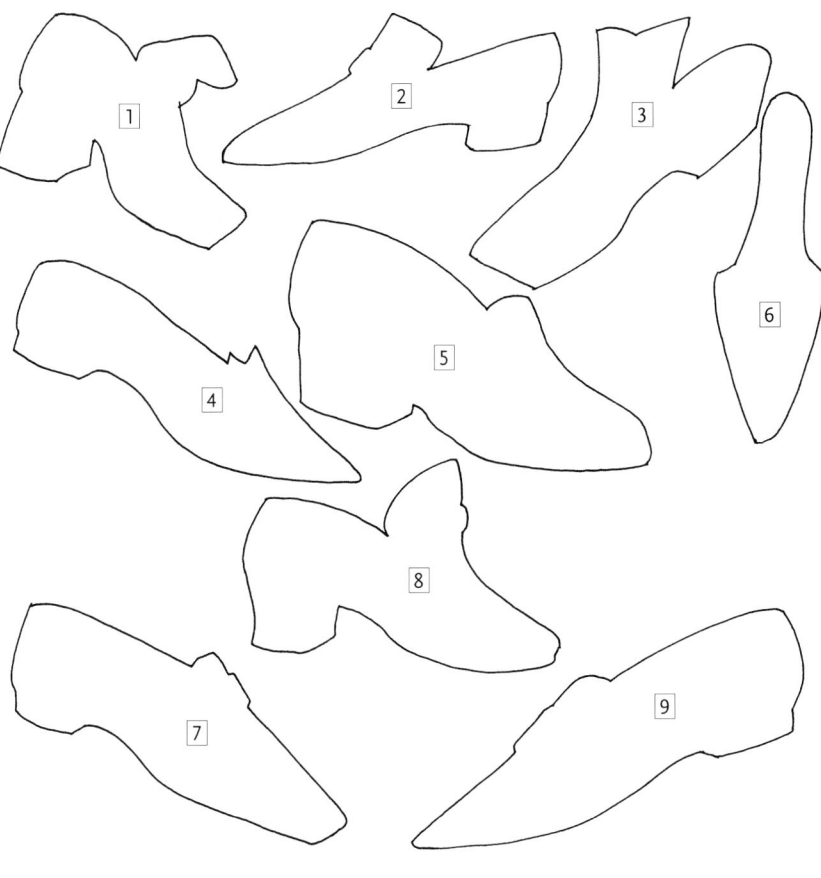

[1] **Anglaise**, v. 1700-1720. Semelle en cuir, bout carré, talon en bois recouvert de cuir, de hauteur moyenne, tige en cuir teint, empeigne haute, languette longue formant revers, avec un bord décoratif, doublure de couleur claire. [2] **Anglaise**, v. 1740-1750. Semelle en cuir, bout rond, talon bas en bois recouvert de cuir, tige en cuir ciré, lanière à boucle sur le cou-de-pied, languette haute. [3] **Anglaise**, v. 1740-1750. Semelle en cuir à bord rouge, large bout carré, talon en bois recouvert de tissu, de hauteur moyenne, tige assortie sans arrière, empeigne haute, languette haute avec un bord décoratif. [4] **Française**, v. 1790-1799. Semelle fine en cuir, bout pointu, talon plat en cuir, côtés découverts, découpe en V au milieu de l'empeigne décolletée. [5] **Italienne**, v. 1750. Semelle en cuir, bout rond, talon en bois recouvert de cuir, de hauteur moyenne, tige en cuir ciré, lanière à boucle sur le cou-de-pied, empeigne haute, languette courte. [6] **Française**, v. 1780. Semelle en cuir, bout pointu, tige assortie en cuir poli sans arrière, galon doré sur le bord de l'empeigne, nœud assorti au milieu. [7] **Anglaise**, v. 1780-1795. Semelle en cuir, bout carré allongé, talon bas en cuir, tige en cuir fin ciré, lanières avec une grosse boucle sur une languette courte. [8] **Anglaise**, v. 1730-1740. Semelle épaisse en cuir, bout rond, talon en bois recouvert de cuir, de hauteur moyenne, lanières avec une boucle sur le cou-de-pied, empeigne haute, languette haute. [9] **Anglaise**, v. 1780-1795. Semelle fine en cuir, bout pointu, tige en cuir fin, lanières avec une grosse boucle sur une languette courte.

Bottes d'hommes, 1700-1799

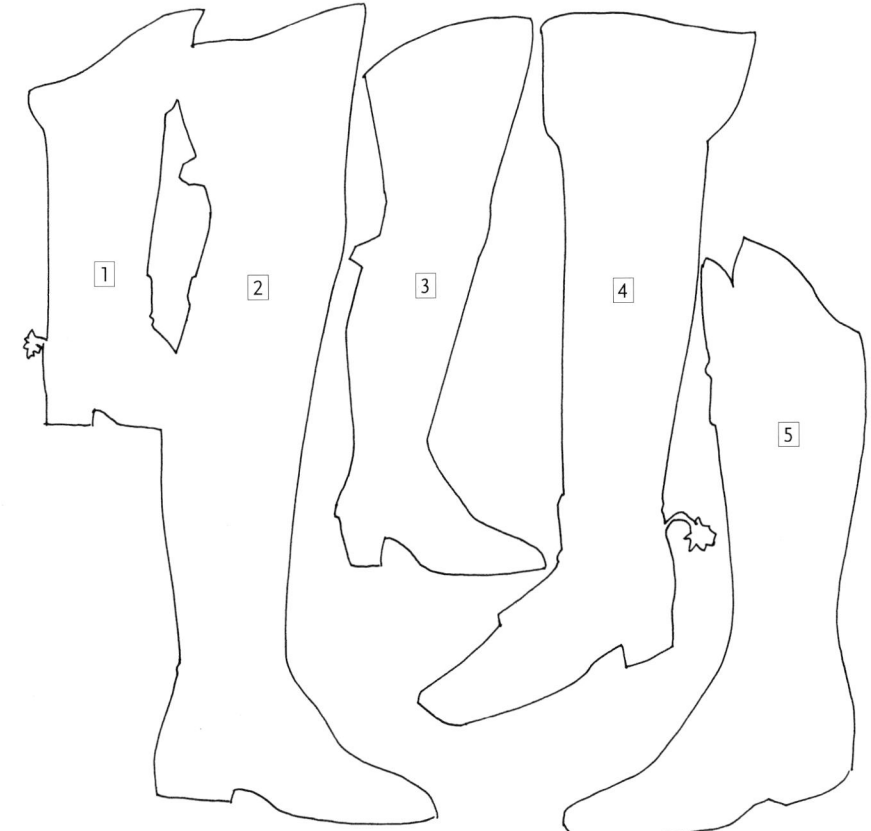

[1] **Botte de l'armée anglaise**, v. 1700-1750. Semelle épaisse en cuir, bout rond, talon bas en cuir, tige en cuir goudronné et ciré à hauteur de genou, coupe droite de la cheville jusqu'au genou, revers retroussé vers le haut au niveau du genou, empiècement en cuir avec des lanières à boucle, éperon à molette en argent. [2] **Botte de cavalier anglais**, v. 1730-1740. Semelle épaisse en cuir, bout rond, talon bas en cuir, tige en cuir poli à hauteur de cuisse, empeigne séparée par une couture décorative, bords surpiqués, jambe ajustée, lanières à boucle sous le genou et au niveau de la cuisse. [3] **Chaussure et jambière**, v. 1790-1799. Chaussure avec semelle épaisse en cuir, bout rond, talon en cuir de hauteur moyenne, tige en cuir recouverte d'une jambière protectrice en cuir à hauteur de cuisse, fermeture latérale à boutons du haut jusqu'au genou, lanière à boucle sous le genou, courtes lanières à boucle jusqu'à la cheville et lanière sous le cou-de-pied de la chaussure, détails surpiqués. [4] **Botte de l'armée anglaise**, v. 1745-1755. Semelle épaisse en cuir, large bout carré, talon bas en cuir, tige en cuir ciré à hauteur de genou, coupe droite de la cheville jusqu'au genou, large revers retroussé vers le haut, empiècement en cuir avec des lanières à boucle et portant un éperon à molette, détails surpiqués. [5] **Botte de civil anglais**, v. 1790-1799. Semelle en cuir, bout carré allongé, talon bas en cuir, tige en cuir fin poli à hauteur de genou, ajustée à la jambe, empeigne séparée par une couture décorative à bords surpiqués, bord supérieur de la botte de forme galbée à l'arrière du genou et en forme de V devant, rehaussé d'un galon doré et d'un gland assorti.

Bottes d'hommes, 1790-1799

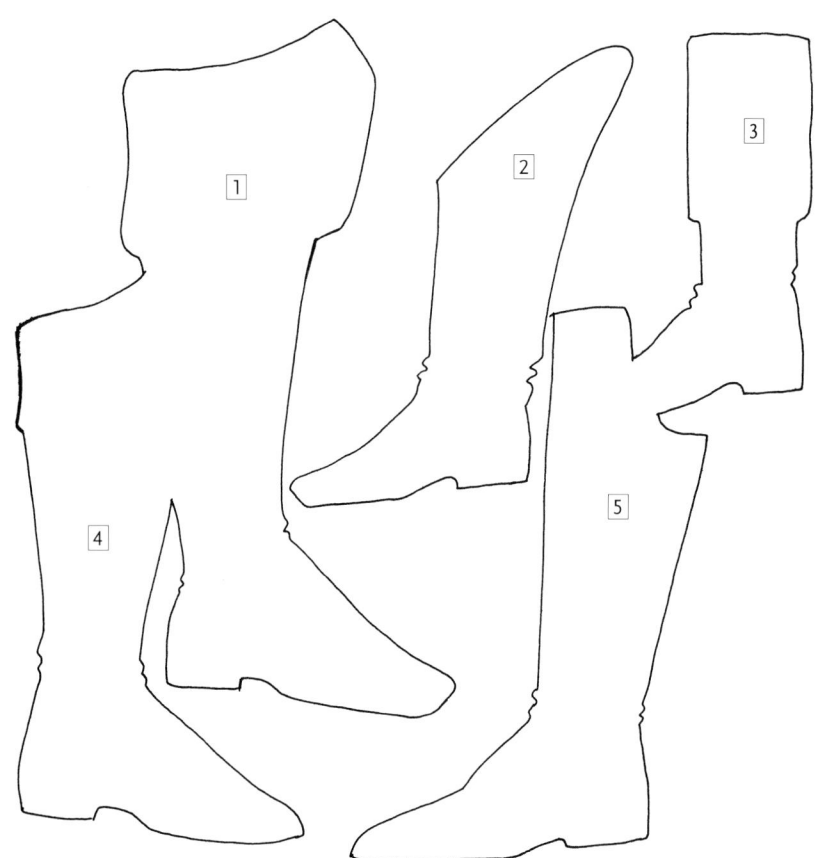

[1] **Française**, v. 1790-1795. Semelle en cuir, bout carré allongé, talon bas en cuir, tige en cuir ciré à hauteur de genou, jambe ajustée, large revers retroussé vers le haut, orné d'un bouton en haut, au centre. [2] **Française**, v. 1790-1799. Semelle en cuir, bout carré allongé, talon bas en cuir, tige en cuir fin à hauteur de genou, jambe large, plus haute à l'arrière, plis naturels autour de la cheville. [3] **Française**, v. 1798. Semelle fine en cuir, bout pointu, talon bas en cuir, tige en cuir fin à hauteur de genou, jambe ajustée, revers de couleur claire jusqu'au niveau de la cheville, tirants latéraux en haut. [4] **Anglaise**, v. 1795-1799. Semelle fine en cuir, bout pointu, talon bas en cuir, tige en cuir fin à hauteur de genou, jambe ajustée, bord supérieur montant en pointe de l'arrière à l'avant, tirant latéral. [5] **Anglaise**, v. 1790-1799. Semelle fine en cuir, bout pointu, talon bas en cuir, tige en cuir fin à hauteur de genou, ajustée à la jambe, montant devant en forme de languette.

Chaussures de femmes, 1700-1735

[1] **Italienne**, v. 1700-1710. Semelle en cuir, bout pointu, talon Louis XV en bois recouvert de cuir, de hauteur moyenne, tige en cuir de couleur claire, fermeture par des lanières et un lacet sur le cou-de-pied, bordures assorties, empeigne haute, languette courte. [2] **Anglaise**, v. 1730-1735. Semelle en cuir, bout pointu, talon Louis XV en bois recouvert de cuir, de hauteur moyenne, tige assortie de couleur claire, fermeture par des lanières avec un ruban en soie de couleur sur le cou-de-pied, empeigne haute, languette à bord décoratif en ruban de Petersham de couleur contrastée. [3] **Française**, v. 1730-1735. Semelle en cuir, bout pointu, talon haut en bois recouvert de cuir, tige assortie en chevreau, motifs fleuris en soie brodés du bout jusqu'à la languette haute, broderies assorties sur les côtés et l'arrière, fermeture par des lanières avec un ruban sur le cou-de-pied. [4] **Anglaise**, v. 1730-1735. Semelle en cuir, bout pointu, talon bas Louis XV en bois recouvert de tissu, tige assortie en soie brodée montée sur toile, fermeture par des lanières avec une grosse boucle en strass sur le cou-de-pied, languette haute. [5] **Française**, v. 1720-1735. Mule avec semelle en cuir, bout pointu, talon haut en bois recouvert de cuir, tige en velours brodé de fils d'or, empeigne haute rehaussée d'un volant en soie, nœud assorti au milieu. [6] **Chaussure et patin anglais**, v. 1700-1725. Chaussure avec semelle en cuir, bout pointu, talon Louis XV en bois recouvert de cuir, de hauteur moyenne, languette haute ; patin avec semelle en cuir, de forme incurvée pour soutenir le talon de la chaussure, lanières en soie avec un nœud en ruban sur les orteils. [7] **Française**, v. 1715-1725. Semelle en cuir, bout pointu, talon haut en bois recouvert de cuir, tige en cuir assortie, fermeture par des lanières avec une boucle en métal sur le cou-de-pied, languette haute. [8] **Anglaise**, v. 1730-1735. Semelle en cuir, bout pointu, talon bas en bois recouvert d'étoffe, tige en soie assortie, broderies à motifs fleuris de couleur sur toute la surface, fermeture par des lanières avec un nœud en soie sur le cou-de-pied, languette haute, bordure de couleur contrastée. [9] **Française**, v. 1720-1730. Semelle en cuir, bout pointu, talon haut en bois recouvert de cuir, tige en cuir, fermeture par des lanières avec une boucle en strass sur le cou-de-pied, languette haute retournée à bord décoratif, doublure assortie à la couleur du talon.

Chaussures de femmes, 1735-1765

1 **Anglaise**, v. 1735-1750. Semelle en cuir, bout carré allongé, talon bas en bois recouvert de cuir, tige en cuir, fermeture par des lanières avec une boucle en métal sur le cou-de-pied, languette haute. 2 **Vénitienne**, v. 1750-1755. Mule avec semelle en cuir, bout pointu, talon bas en bois recouvert de cuir, tige en velours, broderies de fils d'or et sequins, doublure assortie sur la talonnette. 3 **Française**, v. 1740-1750. Mule avec semelle en cuir, bout pointu, talon haut en bois recouvert de tissu, tige assortie en satin, délicates broderies à motifs fleuris du bout jusqu'à la pointe de l'empeigne haute. 4 **Vénitienne**, v. 1750-1760. Semelle en cuir, bout pointu, talon bas en bois recouvert de tissu, tige assortie en velours, broderies de fils d'or et perles, empeigne et côtés découverts. 5 **Française**, v. 1755-1760. Semelle en cuir, bout pointu, talon en bois recouvert de tissu, de hauteur moyenne, tige assortie à motifs en brocart, fermeture par des lanières avec une boucle en strass sur le cou-de-pied, languette courte. 6 **Anglaise**, v. 1770-1775. Semelle en cuir, bout pointu, talon Louis XV en bois recouvert de tissu, de hauteur moyenne, tige en satin de couleur claire, fermeture par des lanières de couleur contrastée avec une boucle en strass sur le cou-de-pied, bordure et talon assortis. 7 **Anglaise**, v. 1760-1765. Semelle en cuir, bout pointu, talon haut Louis XV en bois recouvert de tissu, tige assortie en satin de couleur claire, fermeture par des lanières avec une boucle en strass sur le cou-de-pied, languette haute et pointue, piqûres décoratives. 8 **Anglaise**, v. 1740-1750. Semelle en cuir, bout pointu, talon haut Louis XV en bois recouvert de tissu, tige assortie en gros-grain, broderies en soie à motifs fleuris de couleur sur l'avant-pied, fermeture par des lanières avec une boucle en métal sur le cou-de-pied, languette haute. 9 **Anglaise**, v. 1750-1760. Semelle en cuir, bout pointu, talon Louis XV en bois recouvert de tissu, de hauteur moyenne, tige assortie en soie, broderies en soie à motifs fleuris de couleur sur l'avant-pied, fermeture par des lanières avec une boucle en métal sur le cou-de-pied, languette courte.

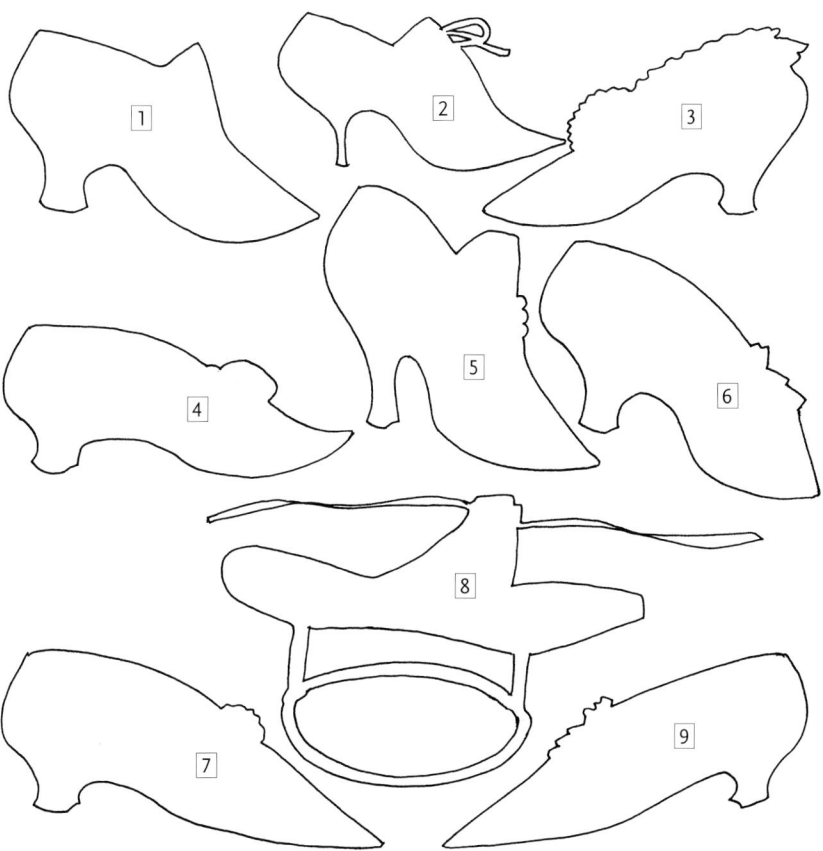

Chaussures de femmes, 1780-1790

1 **Anglaise**, v. 1780-1788. Semelle en cuir, bout pointu, talon Louis XV recouvert de cuir, de hauteur moyenne, tige assortie en chevreau de couleur claire, broderies de sequins sur l'avant-pied, empeigne haute et pointue. 2 **Française**, v. 1780-1785. Semelle en cuir, bout pointu, talon haut en bois recouvert de cuir, tige en chevreau de couleur claire, broderies à motifs fleuris de couleur, fermeture par des lanières avec un nœud en ruban sur le cou-de-pied, languette courte. 3 **Française**, v. 1780-1785. Semelle en cuir, bout pointu, talon Louis XV recouvert de tissu, de hauteur moyenne, tige assortie en satin de couleur claire, empeigne décolletée, rosette en taffetas plissé de couleur contrastée, volant assorti autour du bord extérieur. 4 **Anglaise**, v. 1780. Semelle en cuir, bout pointu relevé, talon bas en bois recouvert de cuir, tige assortie en cuir poli, empeigne décolletée, nœud en soie à bord frangé au milieu. 5 **Française**, v. 1780-1785. Semelle en cuir, bout pointu, talon haut en bois recouvert de cuir, tige assortie, broderies sur l'avant-pied, fermeture par des lanières avec une boucle en strass sur le cou-de-pied, languette haute. 6 **Anglaise**, v. 1785-1790. Semelle en cuir, bout pointu, talon en bois recouvert de tissu, de hauteur moyenne, tige en soie à côtes, broderies de sequins sur l'avant-pied et garniture en ruban de soie plissé sur l'empeigne décolletée. 7 **Anglaise**, v. 1790. Semelle en cuir, bout pointu, talon bas Louis XV recouvert de tissu, tige assortie en soie à côtes, détails en soie de couleur claire appliqués sur l'avant-pied, boucle au-dessus, recouverte de ruban ruché assorti, talonnette et doublure également assorties. 8 **Anglaise/américaine**, v. 1780-1790. Sandale avec semelle en cuir, bout carré allongé, reposant sur des supports en métal montés sur un anneau en métal, fermeture par des lanières avec un lacet sur le cou-de-pied. 9 **Française**, v. 1785-1790. Semelle en cuir, bout pointu, talon bas Louis XV en bois recouvert de tissu, tige assortie en satin, détails brodés appliqués sur l'avant-pied, garniture en taffetas plissé sur le bord de l'empeigne décolletée.

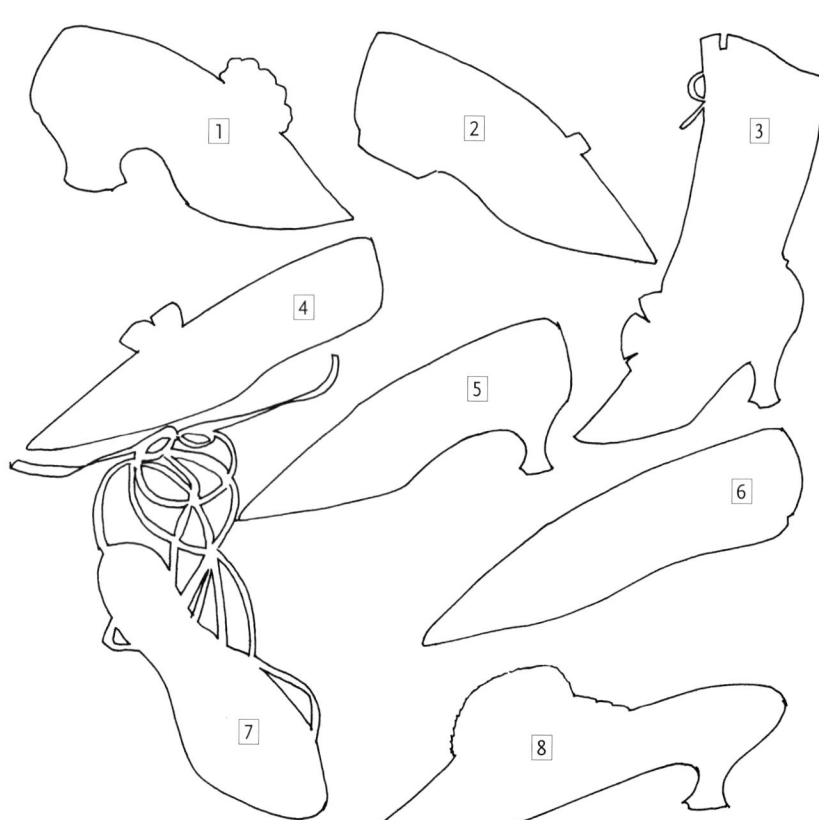

Chaussures et bottes de femmes, 1785-1799

1 **Française**, v. 1790-1795. Semelle en cuir, bout pointu, talon bas en bois recouvert de cuir, tige en satin de couleur claire, rayures en ruban de couleur contrastée appliquées sur l'avant-pied, rosette en soie ruchée assortie, comme les détails ruchés sur l'empeigne décolletée. 2 **Française**, v. 1795-1799. Semelle en cuir, bout pointu, talon plat en cuir, tige en cuir fin, empeigne décolletée, nœud en soie à côtes de couleur contrastée au milieu, bordure assortie. 3 **Française**, v. 1785-1790. Botte cavalière avec semelle en cuir, bout pointu, talon Louis XV en bois recouvert de cuir, de hauteur moyenne, tige assortie en cuir poli à hauteur de mi-mollet, fermeture à lacet sur le devant, rosette de soie rayée en bas du cou-de-pied. 4 **Française**, v. 1795-1799. Semelle en cuir, sans talon, bout pointu, tige en satin, empeigne décolletée, décoration en ruban de soie de couleur contrastée. 5 **Anglaise**, v. 1795. Semelle en cuir, bout pointu, talon bas Louis XV en bois recouvert de cuir, tige assortie, découpes décoratives laissant apparaître la doublure en chevreau de couleur contrastée. 6 **Anglaise**, v. 1798. Semelle en cuir, talon plat compensé recouvert de cuir de couleur claire, tige en cuir, empeigne décolletée, motifs appliqués en soie et chevreau, bordure assortie. 7 **Française**, v. 1790-1799. Sandale avec semelle en cuir à bord doré, sans talon, étroites lanières en cuir assorties entre les orteils, lanières identiques sur le cou-de-pied, s'enroulant autour de la jambe. 8 **Française**, v. 1789-1795. Mule avec semelle en cuir, bout pointu, talon bas Louis XV en bois recouvert de tissu, tige assortie en satin, empeigne décolletée ornée d'un ruban en satin froncé, grosse rosette en ruban tricolore frangé au milieu.

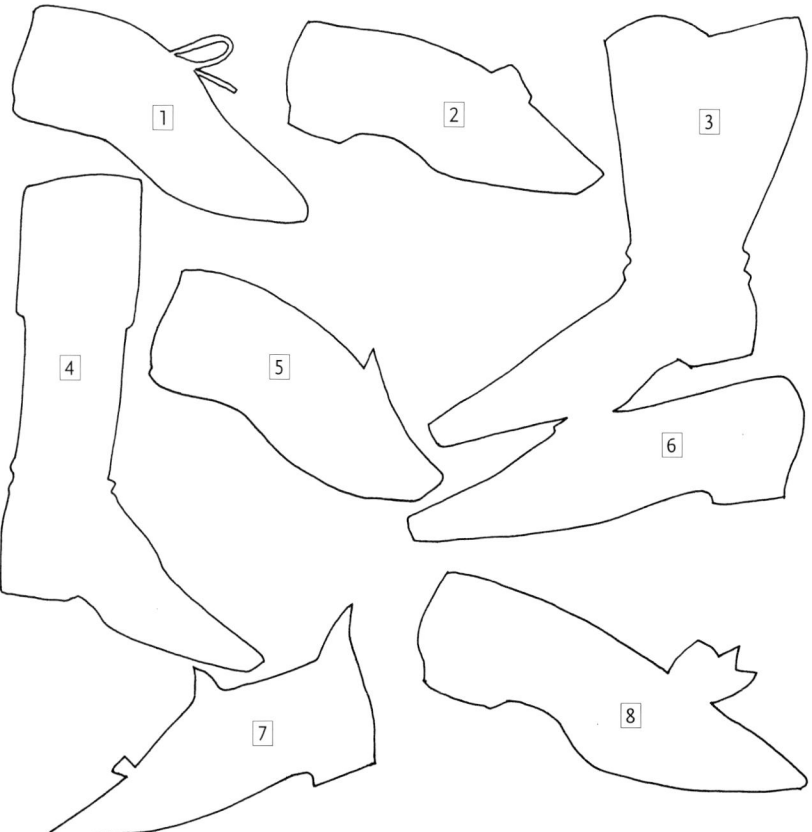

Chaussures et bottes d'hommes, 1800-1839

1 **Anglaise**, v. 1820-1825. Soulier habillé avec semelle fine en cuir de couleur, bout rond, talon plat compensé, tige en chevreau de couleur claire, lanières latérales sur le cou-de-pied, fermeture par un lacet en ruban de soie, doublure en soie assortie. 2 **Anglaise**, v. 1800-1820. Semelle fine en cuir, bout carré allongé, talon bas en cuir, tige en cuir fin, empeigne décolletée, boucle argentée sur le cou-de-pied, bords rehaussés de soie. 3 **Anglaise**, v. 1814-1818. Botte de marche avec semelle en cuir, bout carré étroit, talon bas en cuir, tige en cuir poli à hauteur de mi-mollet, jambe s'élargissant de la cheville jusqu'au bord supérieur galbé, bords surpiqués, empeigne pointue assortie, cousue séparément. 4 **Anglaise**, v. 1810-1820. Botte avec semelle en cuir, bout carré, talon bas en cuir, tige en cuir à hauteur de genou, jambe ajustée de la cheville jusqu'au genou, grand revers de couleur claire avec des tirants latéraux, empeigne pointue cousue séparément et surpiquée. 5 **Anglaise**, v. 1820-1825. Pantoufle avec semelle en cuir, large bout carré, talon plat recouvert de cuir, tige en velours de soie, broderies en soie à motifs fleuris de couleur, empeigne décolletée fendue au milieu, bords rehaussés de soie de couleur, doublure en soie matelassée. 6 **Française**, v. 1805-1810. Semelle en cuir, bout carré étroit, talon bas en cuir, tige en cuir fin, fermeture par des lanières latérales sur le cou-de-pied, avec un nœud en ruban de soie, doublure en soie de couleur. 7 **Anglaise**, v. 1818-1820. Soulier du soir avec semelle fine en cuir, bout pointu, talon bas en cuir, tige en cuir fin, empiècement en tissu entre l'empeigne basse, ornée d'un nœud, et le cou-de-pied haut, ouverture latérale fermée par un lacet, bords et détails surpiqués. 8 **Anglaise**, v. 1830-1839. Escarpin du soir avec semelle fine en cuir, bout pointu, talon bas en cuir, tige en chevreau poli, empeigne décolletée avec un nœud de soie au milieu, bordure assortie, doublure en soie de couleur.

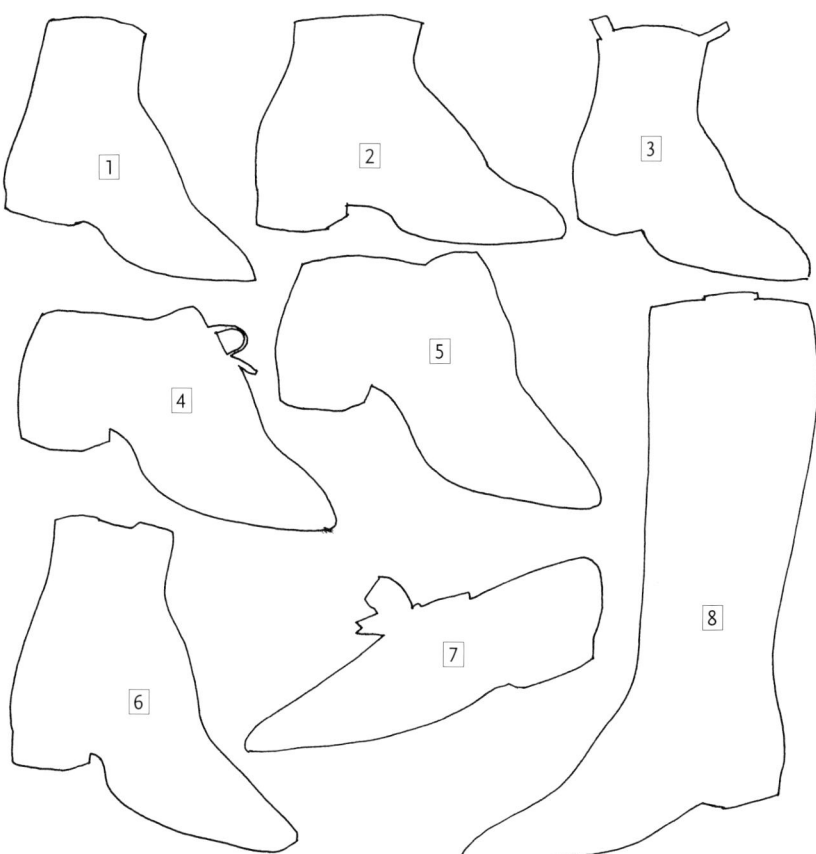

Chaussures et bottes d'hommes, 1840-1869

[1] **Anglaise**, v. 1840-1849. Semelle en cuir, bout rond, talon bas en cuir, tige en cuir fin à hauteur de cheville, bout en cuir verni, élastiques sur les côtés. [2] **Anglaise**, v. 1850-1859. Semelle en cuir, bout rond, talon en cuir de hauteur moyenne, tige en cuir surmontée d'un empièçement en tissu, fermeture par un boutonnage latéral, bords et détails surpiqués. [3] **Anglaise**, v. 1855. Semelle en cuir, bout rond, talon en cuir de hauteur moyenne, tige en cuir à hauteur de cheville, empièçement en brocart sur le devant, élastiques sur les côtés, tirants à l'avant et à l'arrière. [4] **Anglaise**, v. 1855-1860. Semelle en cuir, bout carré étroit, talon en cuir de hauteur moyenne, tige en cuir verni, fermeture centrale à lacet sur le cou-de-pied, couvrant une languette haute. [5] **Anglaise**, v. 1855-1860. Semelle en cuir, bout carré, talon en cuir de hauteur moyenne, cuir fin sur l'avant-pied et tissu épais sur le reste de la tige, fermeture par un boutonnage latéral. [6] **Anglaise**, v. 1865-1869. Semelle en cuir, bout carré, talon en cuir de hauteur moyenne, tige en cuir verni, bout droit perforé, partie supérieure en chevreau mat, élastiques latéraux, faux boutonnage d'un côté. [7] **Anglaise**, v. 1850-1860. Semelle en cuir, bout pointu, talon bas en cuir, tige en veau, côtés découverts, fermeture par des lanières latérales avec un nœud en ruban sur le cou-de-pied. [8] **Autrichienne**, v. 1840-1850. Botte avec semelle en cuir, bout rond, talon en cuir de hauteur moyenne, jambe en cuir de couleur contrastée, ajustée de la cheville au genou, tirants en ruban bicolore de part et d'autre du bord supérieur, surpiqûres latérales de couleur contrastée sous la cheville.

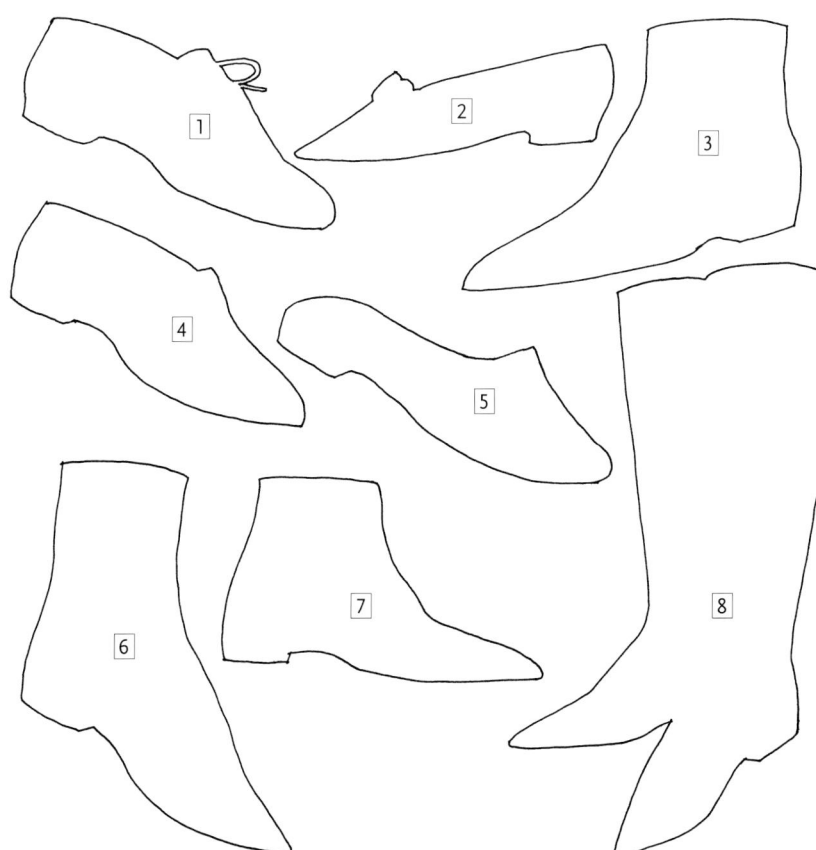

Chaussures et bottes d'hommes, 1870-1899

[1] **Anglaise**, v. 1870-1885. Chaussure de sport avec semelle épaisse en cuir, talon bas en cuir, tige en toile de couleur claire, bout, arrière et languette de couleur contrastée, laçage en cuir poli. [2] **Anglaise**, v. 1890-1899. Escarpin du soir avec fine semelle en cuir, bout pointu, talon bas recouvert de cuir, tige en cuir verni, empeigne décolletée ornée d'un nœud en satin au milieu, bords assortis. [3] **Anglaise**, v. 1885-1890. Semelle en cuir, bout pointu et étroit, talon bas en cuir, tige en veau avec bout en cuir verni, partie supérieure en veau mat de couleur claire à hauteur de cheville, élastiques latéraux, faux boutonnage d'un côté. [4] **Anglaise**, v. 1880-1885. Pantoufle avec semelle en cuir, bout rond, talon bas en cuir, tige en velours, motifs fleuris de couleur brodés sur l'avant-pied, les côtés et l'arrière, bords en satin, doublure en soie matelassée. [5] **Italienne**, v. 1885-1895. Mule d'intérieur avec semelle fine en cuir, bout rond, talon bas, tige en cuir, empeigne pointue, motifs de fleurs et de feuilles en or repoussé, bords rehaussés de soie de couleur, doublure assortie. [6] **Anglaise**, v. 1880-1889. Semelle en cuir, bout pointu, talon bas en cuir, tige en cuir à hauteur de cheville, élastiques latéraux. [7] **Anglaise**, v. 1890-1899. Semelle en cuir, bout rond, talon en cuir, tige en cuir, guêtre en toile de couleur claire à hauteur de cheville, boutonnage latéral et lanière sous le pied, bords et détails surpiqués. [8] **Anglaises**, v. 1890-1899. Paire de bottes avec semelle en cuir, bout pointu, talon bas en cuir, tige en cuir poli, jambe ajustée de la cheville jusqu'au genou, empeigne cousue séparément, bords et détails surpiqués.

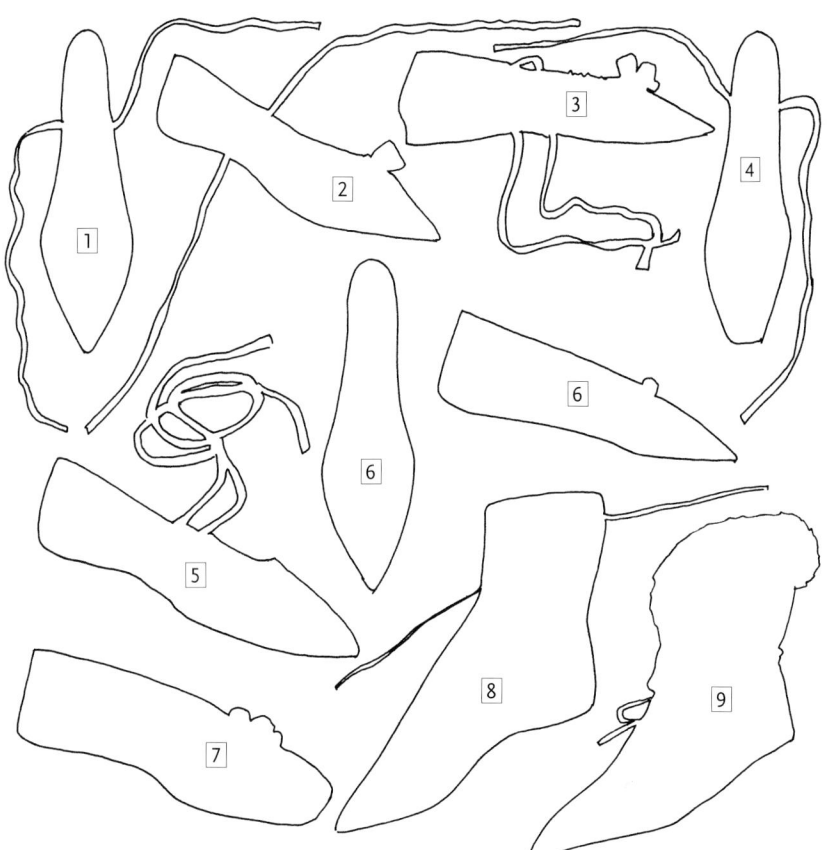

Chaussures et bottines de femmes, 1800-1829

[1] **Anglaise**, v. 1820. Semelle fine en cuir, sans talon, bout pointu, tige en veau de couleur claire, empeigne décolletée décorée de ruban ruché, deux longs rubans assortis attachés sur les côtés, doublure en soie. [2] **Française**, v. 1800-1805. Semelle fine en cuir, sans talon, bout pointu, tige en veau de couleur claire rehaussée de points, empeigne décolletée ornée d'un nœud en ruban de soie, deux rubans assortis attachés sur les côtés, doublure en soie. [3] **Anglaise**, v. 1805-1815. Semelle fine en cuir, bout pointu, talon compensé recouvert de cuir, tige assortie en veau de couleur claire, empeigne décolletée décorée de détails ruchés et d'une rosette en ruban, deux longs rubans attachés sur les côtés, doublure en soie. [4] **Anglaise**, v. 1810-1820. Semelle fine en cuir, sans talon, bout carré étroit, tige en veau de couleur vive, empeigne décolletée avec une « boucle » en galon doré, deux longs rubans en soie attachés sur les côtés, doublure en soie. [5] **Anglaise**, v. 1820-1829. Semelle fine en cuir, sans talon, bout pointu, tige en soie de couleur claire, empeigne décolletée, bords rehaussés de ruban en soie, détails assortis appliqués sur l'avant-pied et les côtés, deux longs rubans attachés sur les côtés, doublure en soie. [6] **Anglaises**, v. 1825. Semelle en cuir fin, sans talon, bout pointu, tige en soie, broderies en fil argenté et de couleur, empeigne décolletée, bouton décoratif orné de pierres. [7] **Française**, v. 1820. Semelle en cuir fin, sans talon, large bout carré, tige en veau, empeigne décolletée décorée d'une rosette en ruban de soie, bords assortis. [8] **Anglaise**, v. 1820-1829. Bottine avec semelle en cuir fin, sans talon, bout pointu, tige en veau montant au-dessus de la cheville, cousue sur le cou-de-pied et l'avant-pied, laçage latéral. [9] **Anglaise**, v. 1800-1805. Bottine avec semelle en cuir, sans talon, bout pointu, tige en veau de couleur claire à hauteur de cheville, doublure et bord supérieur en fourrure, laçage sur le cou-de-pied.

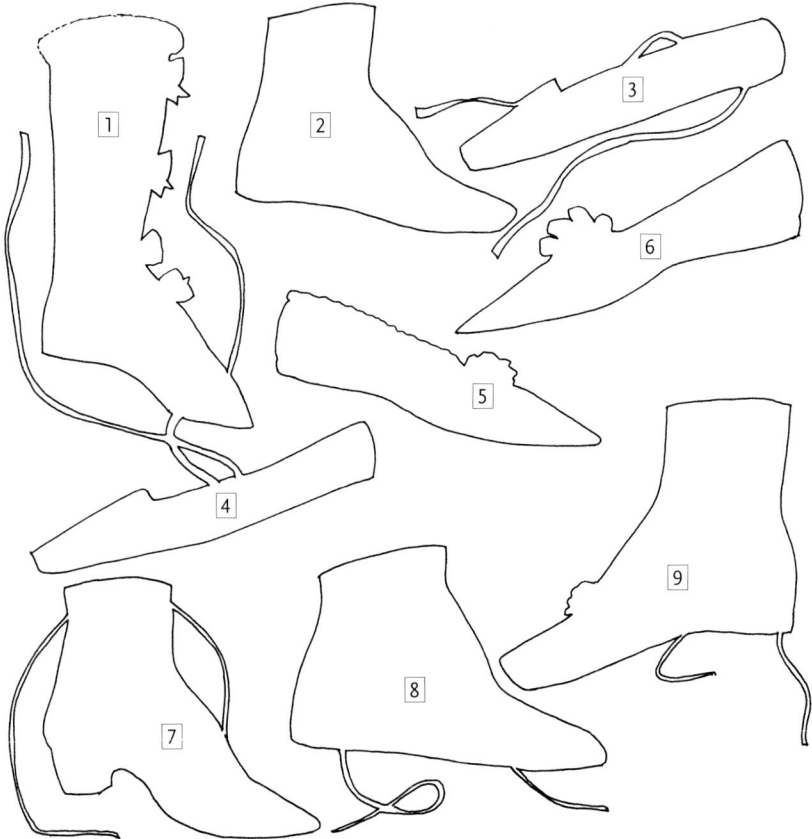

Chaussures et bottes de femmes, 1830-1849

[1] **Anglaise**, v. 1830-1835. Botte avec semelle en cuir, sans talon, bout pointu, tige en cuir fin montant jusqu'au-dessous du genou, jambe ajustée jusqu'au bord supérieur garni de fourrure, ouverture centrale sur le devant avec quatre nœuds sur une languette longue. [2] **Anglaise**, v. 1840-1845. Semelle en cuir fin, sans talon, large bout carré, tige en veau à hauteur de cheville, bout en cuir verni, élastiques latéraux. [3] **Anglaise**, v. 1840. Semelle en cuir fin, sans talon, bout carré, tige en veau mat de couleur claire, bandes de satin sur l'avant-pied, empeigne carrée décolletée, deux longs lacets attachés sur les côtés, doublure en tissu. [4] **Anglaise**, v. 1830-1835. Semelle en cuir fin, sans talon, large bout carré, tige en soie, empeigne carrée décolletée, bords rehaussés de satin, deux longs rubans assortis attachés sur les côtés, doublure en tissu. [5] **Française**, v. 1845. Semelle fine en cuir, bout pointu, talon plat compensé recouvert de cuir, tige assortie, rosette de soie ruchée sur l'empeigne décolletée, bords assortis, doublure en soie. [6] **Italienne**, v. 1840-1845. Semelle en cuir fin, bout pointu, talon bas compensé recouvert de cuir, tige en soie, ornement en soie de couleur contrastée sur l'empeigne décolletée, bords assortis, ruban fin coulissant dans une dentelle festonnée, doublure en soie. [7] **Italienne**, v. 1845-1849. Semelle en cuir, bout rond, talon bas en bois recouvert de soie, tige assortie à hauteur de cheville, ouverture latérale avec un laçage sur une languette longue. [8] **Anglaise**, v. 1830-1835. Semelle en cuir fin, sans talon, bout rond, tige en veau mat avec bout en cuir verni, ouverture latérale avec un laçage sur une languette longue. [9] **Anglaise**, v. 1845-1849. Semelle fine en cuir, large bout carré, talon plat compensé recouvert de soie, tige assortie à hauteur de cheville, ruban en satin et rosette ruchée appliqués à la base du cou-de-pied, ouverture latérale avec un laçage sur une languette longue.

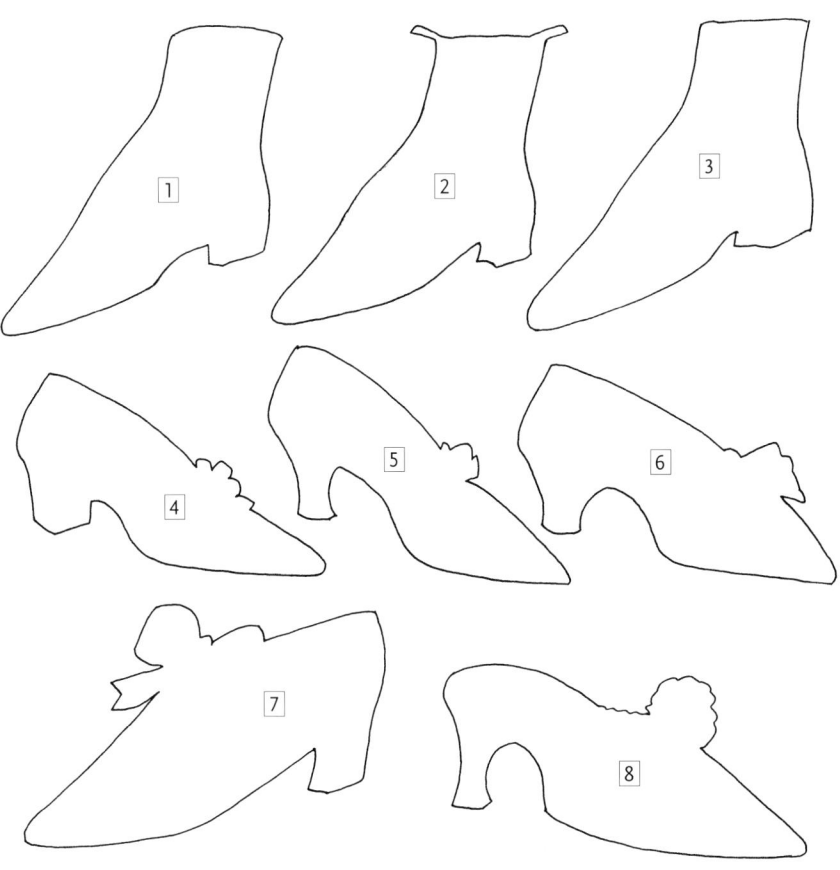

Chaussures et bottines de femmes, 1850-1869

1 **Anglaise**, v. 1850-1858. Semelle en cuir, bout pointu, talon bas en cuir, tige en veau à hauteur de cheville, boutonnage latéral festonné à bord surpiqué, bout droit assorti. 2 **Italienne**, v. 1850-1860. Semelle en cuir, bout pointu, talon bas en cuir, tige en veau à hauteur de cheville avec bout en cuir verni en forme de V, élastiques latéraux, tirants à l'avant et à l'arrière. 3 **Anglaise**, v. 1860-1869. Semelle en cuir, bout pointu, talon bas recouvert de cuir, tige en cuir assortie, bout droit perforé, côtés et arrière en toile à hauteur de cheville, laçage passant par des œillets sur des garants en cuir. 4 **Anglaise**, v. 1850-1859. Semelle en cuir, bout en forme d'amande, talon recouvert de cuir, de hauteur moyenne, tige en veau assortie, empeigne décolletée ornée d'une rosette en ruban de velours, bordure assortie. 5 **Américaine**, v. 1860-1869. Semelle en cuir, bout pointu, talon haut Louis XV, tige en soie, empeigne décolletée, brodée de perles et ornée d'un double nœud assorti, doublure en tissu. 6 **Anglaise**, v. 1860-1869. Semelle en cuir, bout pointu, talon recouvert de soie, de hauteur moyenne, tige assortie, empeigne décolletée ornée d'un ruban en taffetas et d'une boucle ovale dorée, doublure en soie. 7 **Anglaise,** v. 1865-1869. Semelle en cuir, bout pointu, talon haut en cuir, tige en veau assortie, couture festonnée et surpiquée, fermeture par un large ruban en soie sur le cou-de-pied. 8 **Anglaise**, v. 1865-1869. Mule d'intérieur avec semelle fine en cuir, bout pointu, talon haut Louis XV recouvert de soie, tige assortie, bord de l'empeigne décoré de soie ruchée et d'une rosette au milieu, doublure en soie.

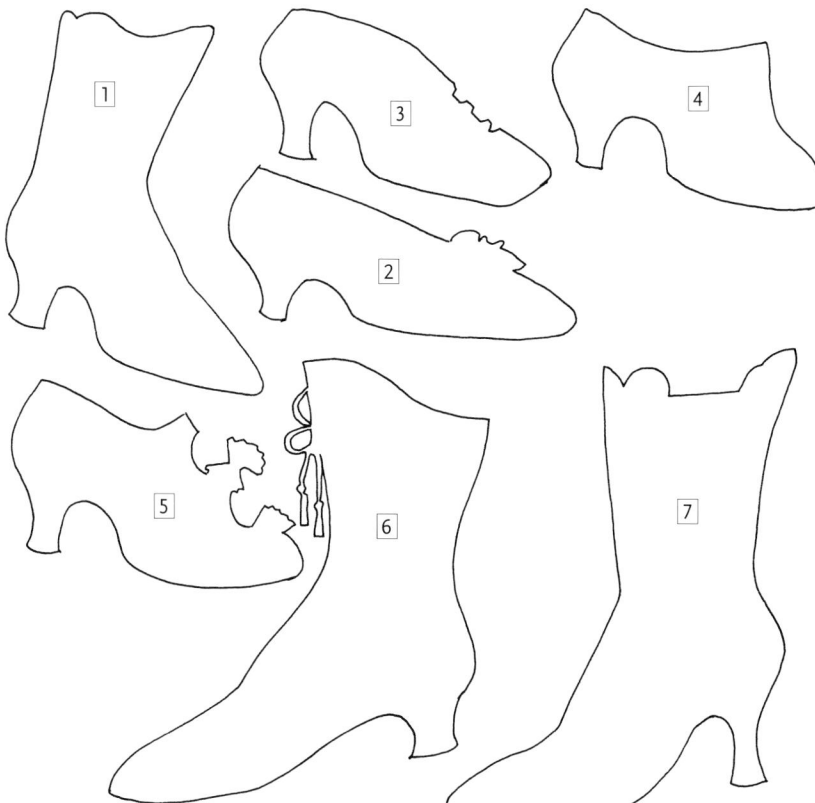

Chaussures et bottes de femmes, 1870-1884

1 **Française**, v. 1875. Botte avec semelle en cuir, bout pointu, talon Louis XV recouvert de soie, de hauteur moyenne, tige assortie à hauteur de mi-mollet, broderies à motifs fleuris sur la jambe ajustée et sur le bout, large bordure en soie, ouverture à lacet assortie sur le devant et nœud plat sur le cou-de-pied. 2 **Anglaise**, v. 1870-1875. Semelle en cuir, bout pointu, talon Louis XV recouvert de soie, de hauteur moyenne, tige assortie, rosette bicolore et boucle sur l'empeigne décolletée, décorations brodées sous les bords gansés. 3 **Anglaise**, v. 1870-1875. Semelle en cuir, large bout carré, talon haut Louis XV recouvert de cuir, tige en veau assortie, empeigne décolletée garnie de quatre brides décoratives. 4 **Anglaise**, v. 1881-1884. Semelle en cuir, bout pointu, talon haut recouvert de veau velours, tige assortie, perforations décoratives sous une couture festonnée, empeigne haute. 5 **Suisse**, v. 1870-1875. Semelle en cuir, bout rond, talon haut Louis XV recouvert de cuir, tige assortie, deux brides à boutonnage latéral sur le cou-de-pied, bride inférieure ornée d'un nœud en soie plissée et d'une boucle en strass, décoration assortie sur l'empeigne décolletée. 6 **Française**, v. 1880-1884. Semelle en cuir, bout pointu, talon de hauteur moyenne, tige en veau à hauteur de cheville avec des détails en dentelle sur le bout, décoration assortie sur le bord supérieur galbé, coutures décoratives de part et d'autre de l'ouverture à lacet, ainsi que du cou-de-pied jusqu'à l'arrière. 7 **Anglaise**, v. 1880-1884. Botte avec semelle en cuir, bout pointu, talon haut Louis XV recouvert de soie, tige assortie à hauteur de mi-mollet, broderies sur le bout se prolongeant sur les côtés, jambe ajustée, bord supérieur festonné, garni de satin, bords assortis autour des élastiques latéraux, nœud avec une boucle sur l'empeigne décolletée.

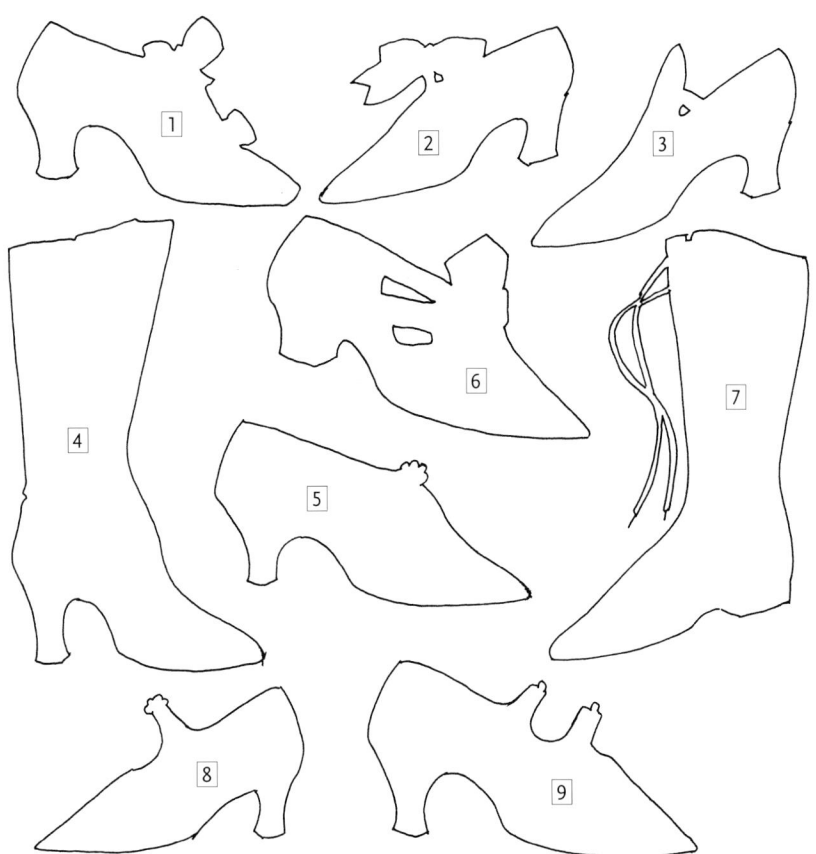

Chaussures et bottes de femmes, 1885-1899

1 **Anglaise**, v. 1885. Semelle en cuir, bout carré, talon haut, tige en veau velours de couleur claire, lacet et nœud en ruban sur l'ouverture centrale, nœud assorti sur l'empeigne. 2 **Anglaise**, v. 1885-1890. Semelle en cuir, bout pointu, talon haut Louis XV recouvert de cuir, partie inférieure de la tige assortie en veau, partie supérieure en veau de couleur claire, lanière assortie avec un nœud en ruban au milieu. 3 **Anglaise**, v. 1885-1890. Semelle en cuir, bout pointu, talon haut Louis XV recouvert de cuir, tige assortie en veau avec une bride en T, fermeture latérale par un bouton. 4 **Anglaise**, v. 1885-1889. Botte avec semelle en cuir, bout pointu, talon haut recouvert de cuir, tige en veau teint assortie à hauteur de mi-mollet, boutonnage latéral en perles, du bord supérieur découpé jusqu'au milieu du cou-de-pied. 5 **Française**, v. 1890-1899. Semelle en cuir, bout pointu, talon haut Louis XV recouvert de satin, tige assortie, broderies de fleurs multicolores en soie, bouton agrémenté de pierres sur l'empeigne décolletée. 6 **Anglaise**, v. 1895-1899. Semelle en cuir, bout pointu, talon recouvert de cuir, de hauteur moyenne, tige en veau assortie, côtés découverts, fermeture par des lanières et une boucle, sur une languette haute et pointue. 7 **Américaine**, v. 1895-1899. Botte avec semelle en cuir, bout rond, talon bas en cuir, tige en cuir à hauteur de mi-mollet avec une surpiqûre sur le bout, bord supérieur en pointe, ouverture à lacet sur le devant, applications de tweed à carreaux sur les côtés de la jambe ajustée, du haut de la tige jusqu'au cou-de-pied. 8 **Anglaise**, v. 1890-1899. Semelle en cuir, bout pointu, talon haut Louis XV recouvert de soie, tige assortie, bride sur le cou-de-pied, fermeture par un bouton orné de pierres au milieu. 9 **Anglaise**, v. 1890-1899. Semelle en cuir, bout pointu, talon haut recouvert de cuir, tige assortie en chevreau doré, deux brides sur le cou-de-pied, fermeture au milieu par des boutons dorés.

Chaussures et bottes de femmes, 1885-1899

1 **Anglaise**, v. 1890-1899. Semelle en cuir, bout pointu, talon haut Louis XV recouvert de velours de soie, tige assortie, empeigne décolletée, bride sur le cou-de-pied, fermeture par un nœud en ruban au milieu. 2 **Anglaise**, v. 1890-1899. Semelle en cuir, bout pointu, talon haut Louis XV recouvert de cuir, tige en veau assortie de couleur claire, empeigne décolletée, bride étroite sur le cou-de-pied, avec un boutonnage latéral. 3 **Anglaise**, v. 1885-1889. Botte avec semelle en cuir, bout pointu, talon recouvert de satin, de hauteur moyenne, tige de couleur contrastée en satin décoré de dentelle, à hauteur de mi-mollet, bord en satin, lacet et ruban assortis sur l'ouverture centrale. 4 **Anglaise**, v. 1895-1899. Botte avec semelle en cuir, bout pointu, talon haut en cuir, avant-pied en cuir jusqu'à une surpiqûre en W, tige en veau velours de couleur claire à hauteur de mi-mollet, boutonnage latéral du bord supérieur jusqu'au cou-de-pied. 5 **Anglaise**, v. 1895-1899. Semelle en cuir, bout pointu, talon haut recouvert de cuir, arrière et avant-pied assortis, comme les bords et les détails sur la tige en veau velours de couleur claire, ouverture latérale festonnée, avec des paires de boutons de couleur contrastée. 6 **Anglaise**, v. 1895-1899. Semelle en cuir, bout pointu, talon haut recouvert de cuir doré, tige en brocart, empeigne décolletée, petite boucle dorée au milieu. 7 **Anglaise**, v. 1895-1899. Semelle en cuir, bout pointu, talon haut recouvert de cuir, tige en veau assortie, fermeture par une lanière avec une boucle, sur une languette haute et pointue. 8 **Anglaise**, v. 1890-1899. Semelle en cuir, bout pointu, talon recouvert de cuir, de hauteur moyenne, tige assortie en cuir verni, rehaussé de ruban gros-grain de couleur contrastée, bords assortis, empeigne décolletée ornée d'un nœud en ruban bicolore.

Chaussures et bottines d'hommes, 1900-1909

Anglaises, vers 1903-1905

Anglaise, vers 1900-1906

Américaine, vers 1900-1909

Anglaises, vers 1905-1909

Américaine, vers 1905

Anglaise, vers 1900-1909

Anglaises, vers 1900-1909

Anglaise, vers 1900-1909

Chaussures et bottes de femmes, 1900-1905

Chaussures et bottes de femmes, 1905-1909

Françaises, vers 1905-1909

Anglaise, vers 1905-1909

Française, vers 1905-1907

Anglaises, vers 1907-1909

Anglaise, vers 1909

Anglaise, vers 1907-1909

Anglaises, vers 1905-1907

Chaussures et bottines d'hommes, 1910-1919

Américaine, vers 1910-1919

Anglaise, vers 1910-1919

Anglaise, vers 1910-1919

Anglaise, vers 1912-1915

Anglaise, vers 1915-1919

Américaine, vers 1913-1919

Américaine, vers 1915-1919

Anglaise, vers 1910-1919

Chaussures et bottes de femmes, 1910-1914

Anglaise, vers 1910-1912

Anglaise, vers 1910

Anglaise, vers 1910-1914

Américaine, vers 1910-1914

Anglaise, vers 1910

Américaine, vers 1914

Anglaise, vers 1914

Française, vers 1914

Chaussures et bottes de femmes, 1915-1919

Française, vers 1915

Française, vers 1917-1918

Française, vers 1919

Américaine, vers 1919

Anglaise, vers 1918

Anglaise, vers 1918

Américaine, vers 1918

Chaussures d'hommes, 1920-1929

Bottines et bottes de femmes, 1920-1929

Américaine, vers 1922

Anglaise, vers 1920-1922

Anglaise, vers 1927

Française, vers 1928-1929

Américaine, vers 1925

Anglaise, vers 1928-1929

Chaussures de femmes, 1920-1923

Anglaise, vers 1920-1922

Américaine, vers 1920

Anglaise, vers 1920-1921

Anglaise, vers 1920-1922

Anglaise, vers 1922

Américaine, vers 1922-1923

Anglaise, vers 1920-1923

Française, vers 1922-1923

Anglaise, vers 1921-1922

Chaussures de femmes, 1924-1926

Américaine, vers 1924

Anglaise, vers 1924

Française, vers 1925

Française, vers 1924-1926

Anglaise, vers 1925

Française, vers 1925

Anglaise, vers 1925

Anglaise, vers 1925-1926

Chaussures de femmes, 1927-1929

Anglaise, vers 1927-1928
Anglaise, vers 1929
Américaine, vers 1928-1929
Américaine, vers 1927-1929
Américaine, vers 1928-1929
Anglaise, vers 1929
Anglaise, vers 1927-1929
Française, vers 1928-1929
Française, vers 1929

Chaussures d'hommes, 1930-1939

Anglaise, vers 1930-1939

Anglaise, vers 1938　　Anglaise, vers 1930-1939　　Anglaise, vers 1935　　Anglaise, vers 1938-1939　　Anglaise, vers 1938

Anglaises, vers 1935-1939　　Américaine, vers 1937　　Américaines, vers 1936-1939

Anglaise, vers 1935-1939　　Anglaise, vers 1937-1939　　Anglaise, vers 1937-1939

Chaussures de femmes, 1930-1932

Chaussures de femmes, 1933-1934

Américaine, vers 1933

Anglaise, vers 1934

Anglaise, vers 1934

Anglaise, vers 1934

Américaines, vers 1934

Anglaise, vers 1933

Suisse, vers 1934

Autrichienne, vers 1934

Chaussures de femmes, 1935-1936

Chaussures et bottines de femmes, 1937-1939

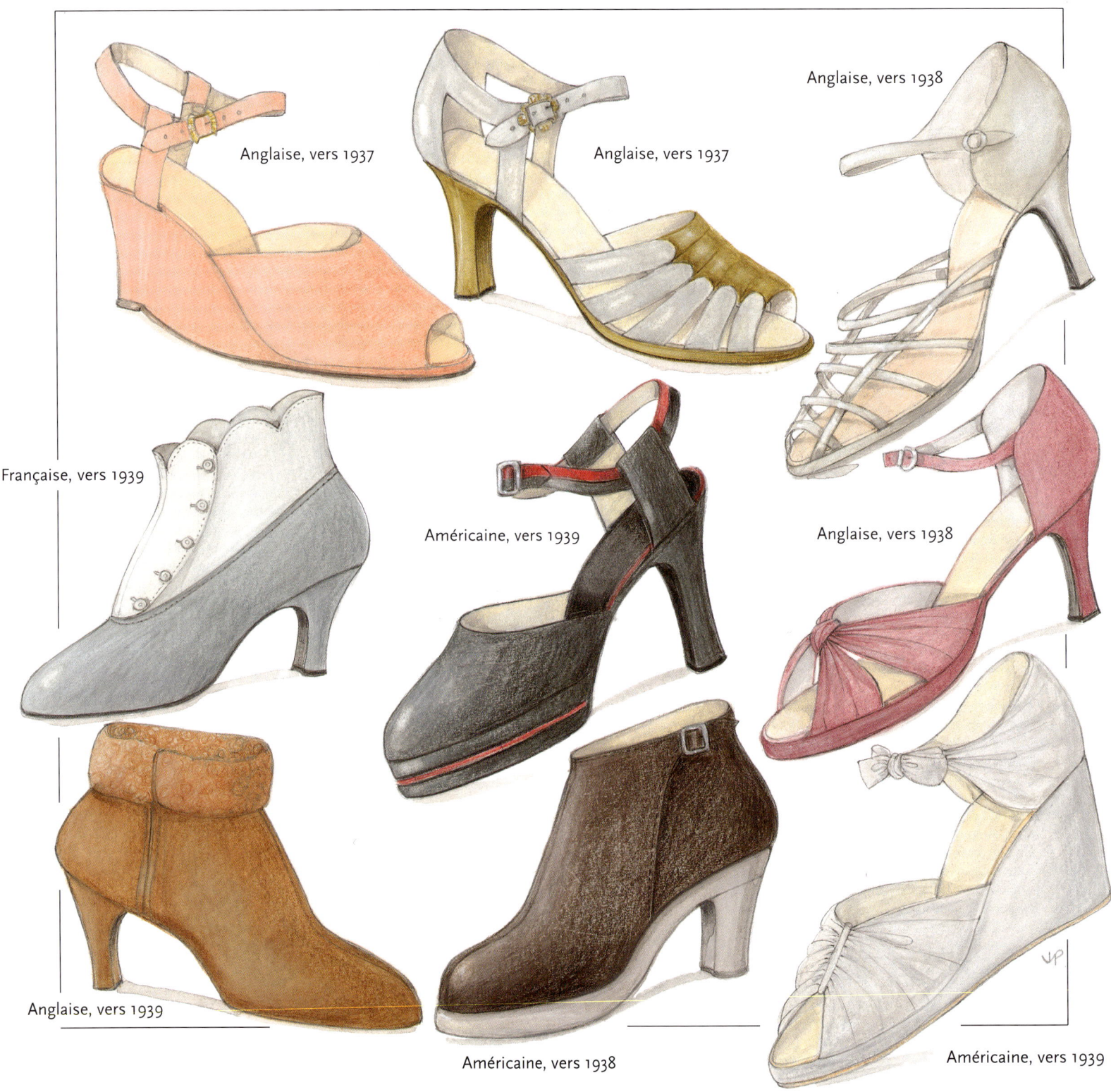

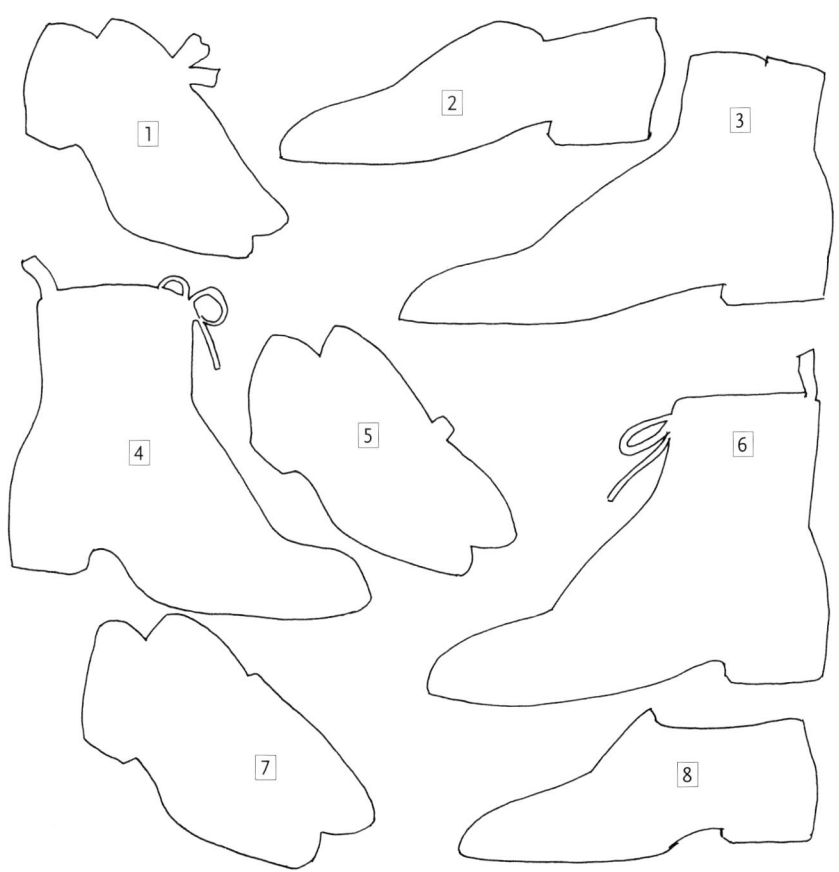

Chaussures et bottines d'hommes, 1900-1909

1 **Anglaises**, v. 1903-1905. Semelle en cuir, bout pointu, talon bas en cuir, tige en veau, bout droit perforé, perforations assorties sur les bordures et autres coutures, lacet à ruban. 2 **Anglaise**, v. 1900-1906. Semelle en cuir, bout pointu, talon bas en cuir, tige en veau, bout droit perforé, empeigne décolletée, empièçement en chevreau de couleur claire, à hauteur de cheville, boutonnage latéral. 3 **Américaine**, v. 1900-1909. Semelle en cuir, bout pointu, talon bas en cuir, tige en veau, bout droit perforé, empeigne décolletée, empièçement en chevreau de couleur claire, à hauteur de cheville, fermeture latérale à pressions. 4 **Américaine**, v. 1905. Semelle en cuir, bout rond, talon haut en cuir, tige en cuir à hauteur de cheville, bout droit perforé, fermeture par un lacet sur le cou-de-pied, avec des crochets en haut, tirant à l'arrière. 5 **Anglaises**, v. 1905-1909. Escarpins du soir avec semelle en cuir, bout pointu, talon bas en cuir, tige en cuir verni, empeigne décolletée décorée d'un nœud plat en ruban de Petersham. 6 **Anglaise**, v. 1900-1909. Chaussure de cricket avec semelle en cuir, bout pointu, talon bas en cuir, tige en veau mat de couleur claire à hauteur de cheville, bout droit perforé, fermeture par un lacet du cou-de-pied jusqu'à la cheville, tirant à l'arrière. 7 **Anglaises**, v. 1900-1909. Semelle en cuir, bout pointu, talon bas en cuir, tige en veau velours lacée sur le cou-de-pied. 8 **Anglaise**, v. 1900-1909. Semelle en cuir, bout pointu, talon bas en cuir, tige en cuir, bout droit perforé, bande surpiquée sur les orteils, sous la fermeture à lacet.

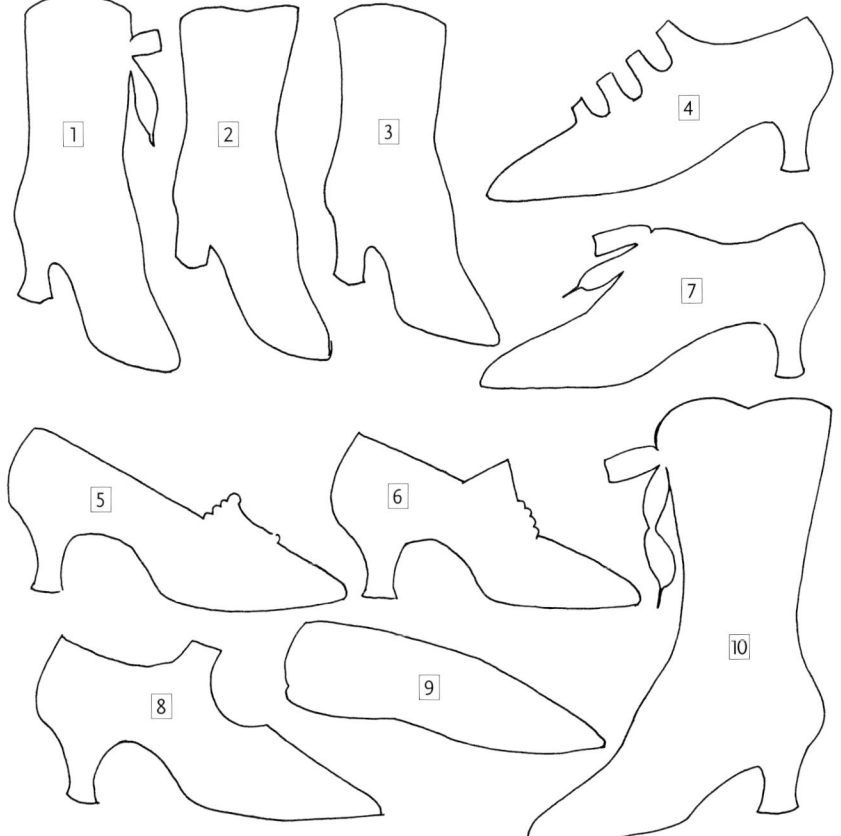

Chaussures et bottes de femmes, 1900-1905

1 **Française**, v. 1900-1905. Botte avec semelle en cuir, bout pointu, talon Louis XV recouvert de cuir verni, de hauteur moyenne, tige assortie, empeigne décolletée, empièçement en chevreau mat à hauteur de mi-mollet, fermeture par un lacet en ruban de soie sur une languette longue, à partir du cou-de-pied. 2 **Anglaise**, v. 1903. Botte avec semelle en cuir, bout pointu, talon recouvert de veau, de hauteur moyenne, tige assortie de couleur claire, à hauteur de mi-mollet, boutonnage latéral sur une bordure de couleur contrastée, à partir de l'empeigne décolletée. 3 **Anglaise**, v. 1900-1903. Botte avec semelle en cuir, bout pointu, talon Louis XV recouvert de veau, de hauteur moyenne, tige assortie à hauteur de mi-mollet, passepoil de couleur contrastée sur le bout, comme sur les coutures et le bord festonné du boutonnage latéral. 4 **Française**, v. 1900-1905. Semelle en cuir, bout pointu, talon Louis XV recouvert de gros-grain, de hauteur moyenne, tige assortie, empeigne décolletée, quatre brides avec fermeture à bouton. 5 **Française**, v. 1905. Semelle en cuir, bout pointu, talon Louis XV recouvert de veau velours, de hauteur moyenne, tige assortie, empeigne décolletée décorée d'une boucle ornée de pierres. 6 **Anglaise**, v. 1905. Semelle en cuir, bout pointu, talon Louis XV recouvert de veau, de hauteur moyenne, tige assortie, empeigne décolletée, lanière à bouton avec une boucle ornée de pierres sur une languette haute. 7 **Anglaise**, v. 1900-1905. Semelle en cuir, bout pointu, talon en veau foncé, de hauteur moyenne, avant-pied assorti, haut de la tige en veau mat clair, fermeture par un laçage en ruban. 8 **Anglaise**, v. 1900-1905. Semelle en cuir, bout pointu, talon Louis XV recouvert de veau, de hauteur moyenne, tige assortie avec une décoration en perles sous et autour de l'empeigne décolletée, ainsi que sur la bride à bouton. 9 **Anglaise**, v. 1900-1905. Pantoufle avec semelle en cuir, bout pointu, talon plat compensé, tige en satin ornée de broderies multicolores en soie. 10 **Française**, v. 1900-1905. Botte avec semelle en cuir, bout pointu, talon Louis XV recouvert de veau, de hauteur moyenne, tige assortie à hauteur de mi-mollet, panneaux latéraux en veau doré, fermeture par un lacet en ruban sur le devant, de l'empeigne décolletée jusqu'au bord supérieur festonné.

Chaussures et bottes de femmes, 1905-1909

1 **Françaises**, v. 1905-1909. Chaussures du soir avec semelle en cuir, bout pointu, talon bas recouvert de satin, empeigne décolletée ornée d'un nœud également en soie. 2 **Française**, v. 1905-1907. Soulier du soir avec semelle en cuir, bout pointu, talon Louis XV épais recouvert de veau, tige assortie, décorations en perles de jais sous et autour de l'empeigne décolletée, ainsi que sur la bride décorative, fermant par un bouton en jais. 3 **Anglaise**, v. 1905-1909. Botte avec semelle en cuir, bout pointu, talon en cuir de hauteur moyenne, tige en veau à hauteur de mi-mollet, bout droit perforé, perforations assorties sur les coutures, fermeture par un lacet en ruban sur une languette longue. 4 **Anglaises**, v. 1905-1907. Semelle en cuir, bout pointu, talon recouvert de chevreau, de hauteur moyenne, tige assortie, empeigne décolletée ornée d'un nœud en ruban de Petersham de couleur contrastée. 5 **Anglaises**, v. 1907-1909. Chaussures d'intérieur avec semelle en cuir, bout pointu, talon Louis XV recouvert de velours, de hauteur moyenne, tige assortie ornée de gros nœuds en taffetas rayé à la base d'une languette haute et pointue. 6 **Anglaise**, v. 1907-1909. Semelle en cuir, bout pointu, talon Louis XV recouvert de veau, de hauteur moyenne, tige assortie avec un empiècement de couleur contrastée entre le bout droit et la couture en forme d'aile, fermeture par un laçage en ruban de soie sur le cou-de-pied, languette longue et pointue. 7 **Anglaise**, v. 1909. Botte avec semelle en cuir, bout pointu, talon Louis XV recouvert de veau, de hauteur moyenne, tige assortie à hauteur de mi-mollet, boutonnage latéral de l'empeigne jusqu'au bord supérieur surpiqué, comme les bords et les autres coutures.

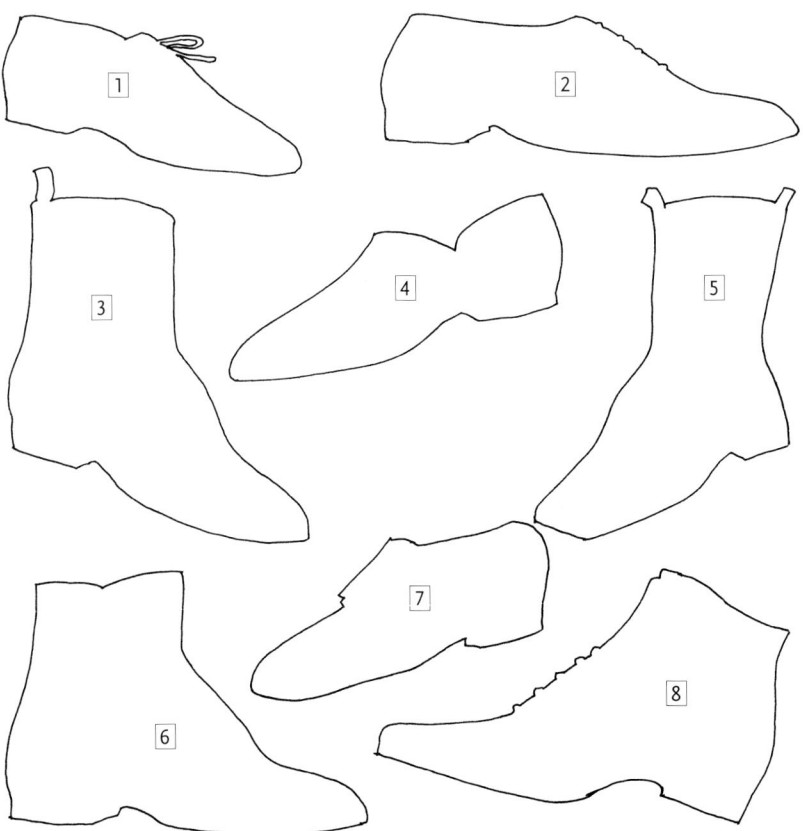

Chaussures et bottines d'hommes, 1910-1919

1 **Américaine**, v. 1910-1919. Semelle en cuir, bout pointu, talon bas en cuir, tige en veau poli de couleur claire, bout droit perforé, empiècement en veau de couleur contrastée avec une bande de veau poli de part et d'autre de la fermeture à lacet. 2 **Anglaise**, v. 1910-1919. Semelle en cuir, bout pointu, talon bas en cuir, tige en veau de couleur claire, bout golf en veau poli de couleur contrastée, perforations assorties à l'arrière, ainsi que sur le bord supérieur et la bordure des garants décoratifs, fermeture à lacet. 3 **Anglaise**, v. 1912-1915. Semelle en cuir, bout pointu, talon bas en cuir, tige en veau poli, bout droit, partie supérieure en toile à hauteur de cheville, boutonnage latéral festonné, tirant à l'arrière. 4 **Anglaise**, v. 1910-1919. Pantoufle avec semelle en cuir, bout pointu, talon bas en cuir, tige en veau, empeigne haute et côtés découverts. 5 **Anglaise**, v. 1915-1919. Semelle en cuir, bout carré, talon bas en cuir, tige en veau, bout droit perforé, perforations assorties de l'empeigne décolletée jusqu'à l'arrière, partie supérieure montant jusqu'à la cheville, élastiques sur les côtés, tirants à l'avant et à l'arrière. 6 **Américaine**, v. 1915-1919. Semelle en cuir, bout pointu, talon en cuir de hauteur moyenne, tige en veau, bout droit, partie supérieure en toile à hauteur de cheville, boutonnage latéral. 7 **Américaine**, v. 1913-1919. Semelle en cuir, bout rond, talon bas en cuir, tige en veau, bout golf, perforations assorties sur les autres coutures, fermeture sous une languette frangée retournée. 8 **Anglaise**, v. 1910-1919. Semelle en cuir, bout carré, talon en cuir de hauteur moyenne, tige en veau à hauteur de cheville, bout droit, laçage sur le cou-de-pied avec des crochets au-dessus.

Chaussures et bottes de femmes, 1910-1914

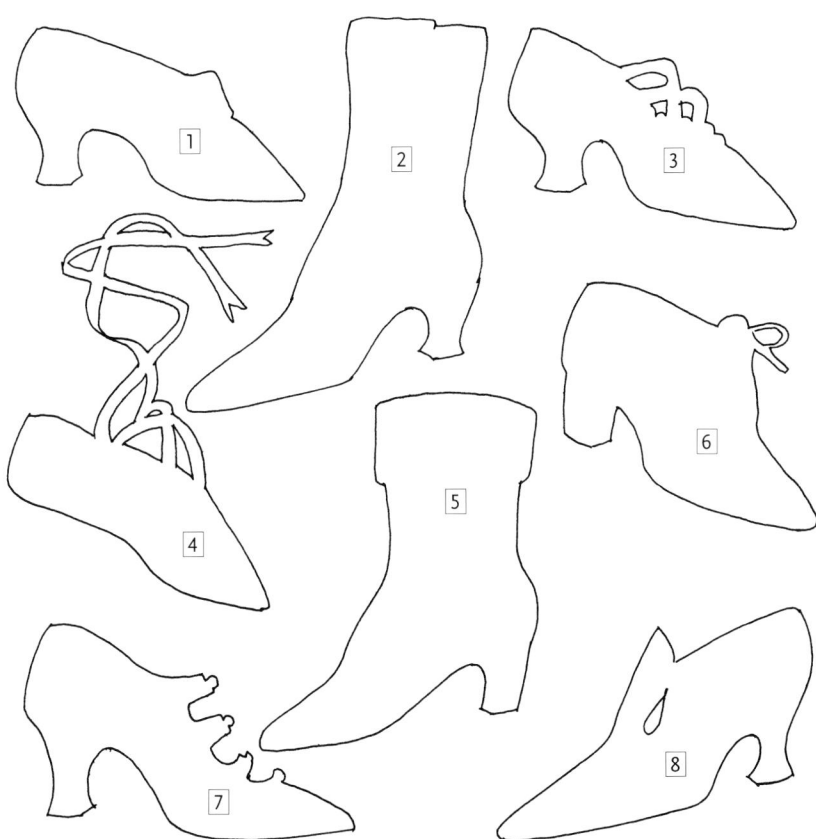

[1] **Anglaise**, v. 1910-1912. Semelle en cuir, bout pointu, talon Louis XV recouvert de veau, de hauteur moyenne, tige assortie, empeigne décolletée ornée d'une boucle carrée agrémentée de pierres. [2] **Anglaise**, v. 1910. Botte avec semelle en cuir, bout pointu, talon Louis XV recouvert de veau, de hauteur moyenne, tige assortie, partie supérieure en veau de couleur claire à hauteur de mi-mollet, boutonnage latéral. [3] **Anglaise**, v. 1910-1914. Semelle en cuir, bout pointu, talon Louis XV recouvert de veau, de hauteur moyenne, tige assortie, empeigne décolletée avec un bord festonné à l'avant, rehaussé de perforations, brides croisées sur le cou-de-pied, bouton d'un côté. [4] **Américaine**, v. 1910-1914. Chaussure de tango avec semelle fine en cuir, sans talon, tige en chevreau fin, empeigne décolletée, ornée d'un petit nœud assorti aux longs rubans croisés sur le cou-de-pied, coulissant par des anneaux et se nouant autour de la cheville. [5] **Anglaise**, v. 1910. Semelle en cuir, bout pointu, talon épais recouvert de veau, de hauteur moyenne, tige assortie à bout décoratif, partie supérieure en veau de couleur claire, à hauteur de cheville, boutonnage latéral, large revers en agneau. [6] **Américaine**, v. 1914. Semelle en cuir, bout pointu, talon en cuir de hauteur moyenne, tige en veau poli, bout droit perforé, perforations assorties sur les coutures, le bord supérieur et le bord des rabats latéraux, en veau de couleur claire, fermeture par un laçage. [7] **Anglaise**, v. 1914. Semelle en cuir, bout pointu, talon haut Louis XV recouvert de veau, tige assortie, empeigne décolletée, rehaussée de trois brides avec des boutons ornementaux en verre doré, bouton assorti sous l'empeigne. [8] **Française**, v. 1914. Semelle en cuir, bout pointu, talon haut Louis XV recouvert de velours, tige assortie, couture décorative et bride en T rehaussées de broderies de couleur contrastée.

Chaussures et bottes de femmes, 1915-1919

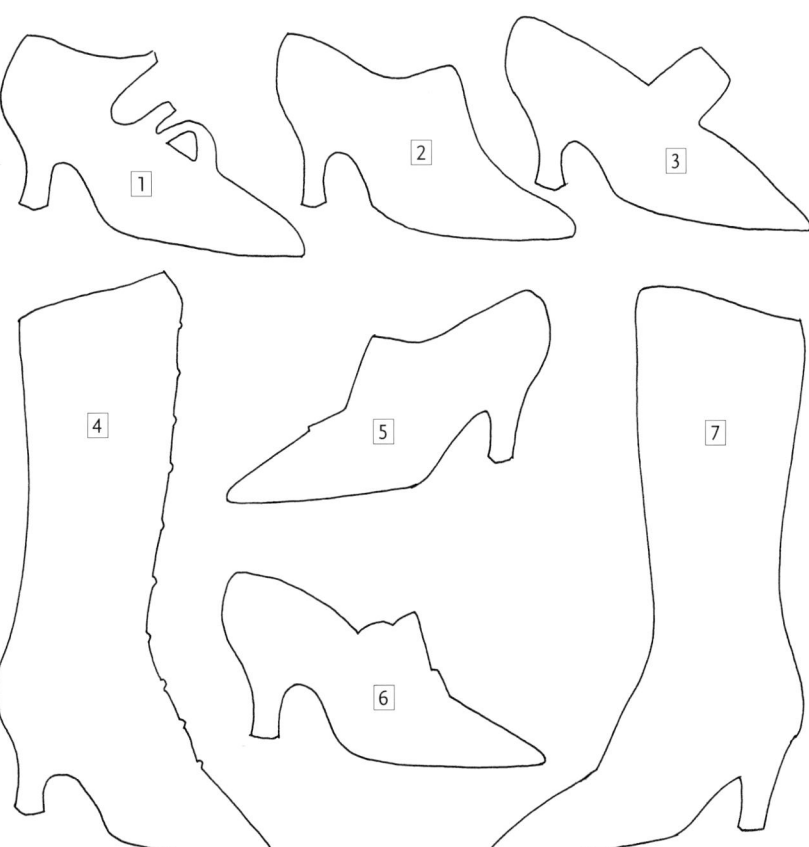

[1] **Française**, v. 1915. Semelle en cuir, bout pointu, talon haut Louis XV recouvert de tissu, tige en soie imprimée assortie, empeigne décolletée, deux brides sur le cou-de-pied fermées par des boutons au milieu, bride assortie autour de la cheville. [2] **Française**, v. 1917-1918. Semelle en cuir, bout pointu, talon haut Louis XV recouvert de veau, tige assortie, empeigne décolletée et festonnée, empiècement en veau de couleur claire, cou-de-pied emboîtant, laçage latéral. [3] **Française**, v. 1919. Semelle en cuir, bout pointu, talon Louis XV recouvert de veau, de hauteur moyenne, tige assortie, empeigne décolletée, large bride de couleur contrastée et ornée de perforations sur le cou-de-pied. [4] **Anglaise**, v. 1918. Botte avec semelle en cuir, bout pointu, talon Louis XV recouvert de veau, de hauteur moyenne, avant-pied assorti, partie supérieure en veau velours de couleur contrastée, à hauteur de mi-mollet, avec un faux double boutonnage. [5] **Américaine**, v. 1919. Semelle en cuir, bout pointu, talon haut Louis XV recouvert de veau, tige assortie, bout droit en veau de couleur contrastée, recouvert de perforations, comme la longue languette frangée, retournée sur l'empeigne haute. [6] **Anglaise**, v. 1918. Semelle en cuir, bout pointu, talon haut recouvert de veau, tige assortie, empeigne décolletée décorée d'une large boucle en métal à la base d'une languette haute à bord décoratif. [7] **Américaine**, v. 1918. Botte avec semelle en cuir, bout pointu, talon haut droit recouvert de veau velours, tige assortie à hauteur de mi-mollet, boutonnage latéral, bout golf de couleur contrastée.

Chaussures d'hommes, 1920-1929

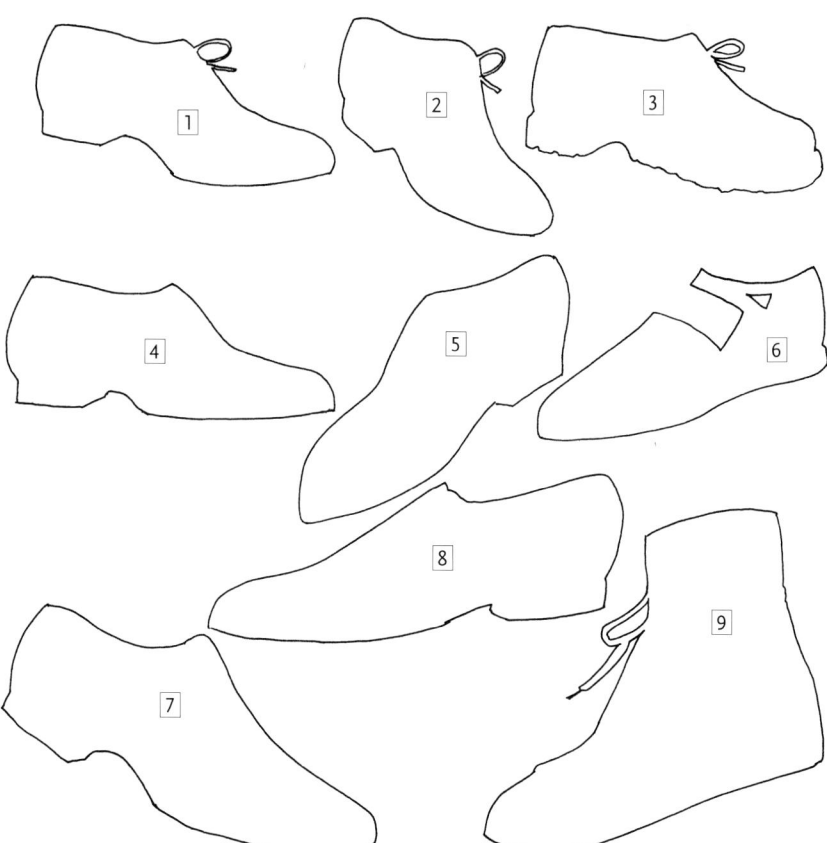

[1] **Américaine**, v. 1925. Semelle en cuir, bout pointu, talon bas en cuir, tige en veau, bande rectiligne sur le bout et bande décorative sur le cou-de-pied, garants de part et d'autre du laçage épousant la même forme, arrière, bord supérieur et languette de couleur foncée, empiècements latéraux de couleur claire. [2] **Américaine**, v. 1928. Semelle en cuir, bout rond, talon bas en cuir, tige en veau de couleur claire, garants de couleur contrastée de part et d'autre du laçage. [3] **Américaine**, v. 1928-1929. Semelle en crêpe à bout rond et talon bas intégré, tige synthétique en similicuir, bout golf, perforations assorties sur les autres coutures, fermeture par un laçage. [4] **Anglaise**, v. 1926. Semelle en cuir, bout rond, talon bas en cuir, tige en veau, bout droit fleuri, perforé et dentelé, empiècements en fausse peau de reptile, fermeture par un laçage. [5] **Française**, v. 1925-1926. Semelle en cuir, bout pointu, talon bas en cuir, tige en veau de couleur claire, empiècement en veau de couleur foncée de la couture du bout golf jusqu'au laçage, arrière également de couleur foncée. [6] **Anglaise**, v. 1928. Sandale de plage à semelle épaisse en caoutchouc et talon bas intégré, tige en caoutchouc moulé, côtés ouverts, bride à boucle sur la cheville, fixée à l'arrière. [7] **Anglaise**, v. 1920-1922. Semelle en cuir, bout pointu, talon bas en cuir, tige en veau foncé poli, empiècement en veau blanc sur les côtés, entre l'arrière et le bord supérieur du bout golf, perforations décoratives, laçage sur une languette foncée. [8] **Anglaise**, v. 1926-1928. Semelle en cuir, bout pointu, talon bas en cuir, tige en toile, bout droit en veau, garants et languette assortis, ainsi que les bandes latérales et l'arrière. [9] **Américaine**, v. 1923. Chaussure de sport à semelle en caoutchouc moulé et talon intégré, bout rond et renforts sur la cheville assortis, tige en toile à hauteur de cheville, garants en cuir de part et d'autre du laçage sur une languette longue en toile.

Bottines et bottes de femmes, 1920-1929

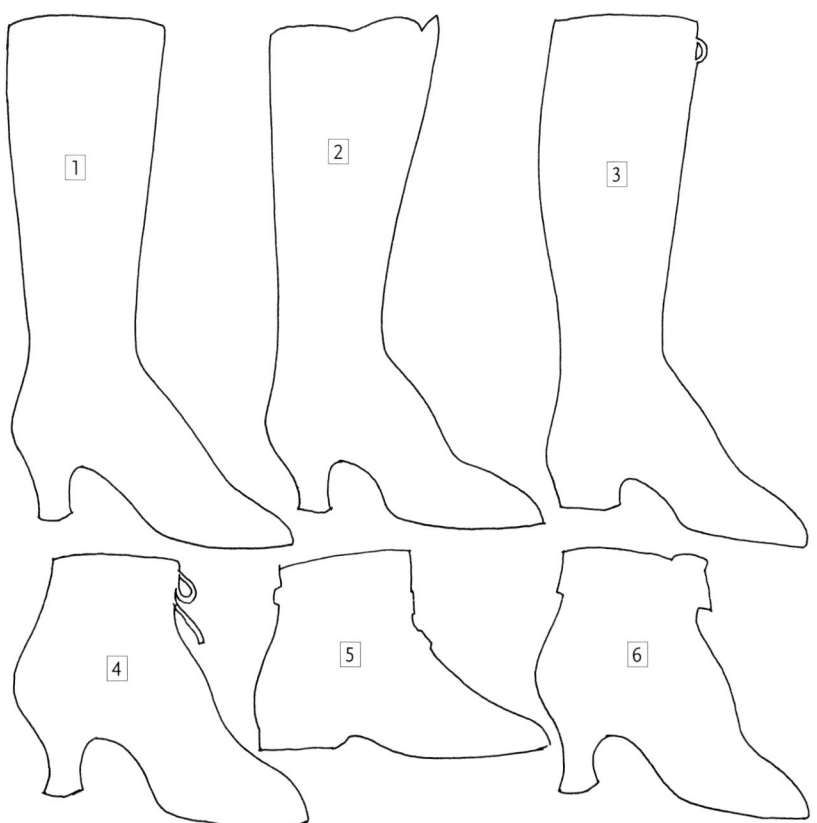

[1] **Américaine**, v. 1922. Botte avec semelle en cuir, bout pointu, talon recouvert de veau, de hauteur moyenne, tige assortie, avec la partie supérieure en imperméable cousue, languette haute et pointue sur le cou-de-pied, jambe ajustée jusqu'au genou, avec une large garniture en veau de couleur contrastée. [2] **Anglaise**, v. 1920-1922. Botte avec semelle en cuir, bout pointu, talon Louis XV recouvert de veau, de hauteur moyenne, tige assortie avec la partie supérieure en imperméable cousue et surpiquée, longue jambe ajustée et galbée au-dessus du genou sur le devant, fermeture Éclair latérale. [3] **Anglaise**, v. 1927. Botte avec semelle en cuir, bout rond, talon en cuir de hauteur moyenne, tige en veau avec la partie supérieure en imperméable cousue et surpiquée, jambe ajustée jusqu'au genou, fermeture Éclair sur le devant. [4] **Française**, v. 1928-1929. Semelle en cuir, bout pointu, talon Louis XV recouvert de veau, de hauteur moyenne, tige assortie à hauteur de cheville, couture du bout golf de couleur claire, perforations assorties sur les autres coutures, les bords et les garants, laçage sur une languette foncée. [5] **Américaine**, v. 1925. Bottine cavalière avec semelle en cuir, bout rond, talon bas en cuir, tige en veau à hauteur de cheville avec un plateau surpiqué, lanière étroite partant de l'arrière et passant sur le cou-de-pied, fermée par une boucle latérale au-dessus d'une fermeture Éclair cachée. [6] **Anglaise**, v. 1928-1929. Semelle en cuir, bout pointu, talon Louis XV recouvert de veau, de hauteur moyenne, tige assortie à hauteur de cheville, couture surpiquée, bords de la languette, du revers et de la collerette assortis.

Chaussures de femmes, 1920-1923

1 **Anglaise**, v. 1920-1922. Semelle en cuir, bout pointu, talon haut recouvert de veau, tige assortie, lanière décorative à boucle à la base d'une languette haute ornée de perforations, motif assorti sur le bout, bords et coutures surpiqués. 2 **Américaine**, v. 1920. Semelle en cuir, bout pointu, talon haut recouvert de veau, tige assortie aux côtés ouverts, empeigne décolletée avec des découpes décoratives laissant apparaître la doublure en chevreau de couleur vive, découpes similaires sur le bord supérieur et la partie supérieure d'une bride en T, fermoir orné de pierres. 3 **Anglaise**, v. 1920-1921. Semelle en cuir, bout pointu, talon recouvert de veau, de hauteur moyenne, tige assortie ornée de nombreuses perforations, fermeture par un laçage sur le cou-de-pied haut. 4 **Anglaise**, v. 1920-1922. Semelle en cuir, bout pointu, talon haut recouvert de veau, tige assortie, empeigne décolletée, languette haute en forme d'éventail et boucle en métal. 5 **Anglaise**, v. 1922. Semelle en cuir, bout pointu, talon haut recouvert de veau, tige assortie, empeigne décolletée, côtés ouverts, deux brides sur la cheville, avec un boutonnage latéral. 6 **Américaine**, v. 1922-1923. Semelle en cuir, bout pointu, talon Louis XV recouvert de veau, de hauteur moyenne, tige assortie, empeigne emboîtante décorée de rayures en ruban gros-grain de couleur contrastée, élastiques latéraux. 7 **Anglaise**, v. 1920-1923. Semelle en cuir, bout pointu, talon haut recouvert de veau, tige assortie, empeigne décolletée avec un gros nœud en taffetas. 8 **Française**, v. 1922-1923. Semelle en cuir, bout pointu, talon haut recouvert de tissu, tige assortie en satin de soie, côtés ouverts, brides croisées de couleur contrastée fixées sur l'empeigne haute, avec un boutonnage latéral. 9 **Anglaise**, v. 1921-1922. Semelle en cuir, bout pointu, talon haut recouvert de veau velours, tige assortie, fermeture par un ruban en satin sur une languette haute et pointue.

Chaussures de femmes, 1924-1926

1 **Américaine**, v. 1924. Semelle en cuir, bout pointu, talon haut recouvert de veau velours, arrière de la tige assortie, comme la large bride décorée d'une demi-boucle ornée de pierres, avant-pied en cuir verni. 2 **Anglaise**, v. 1924. Semelle en cuir, bout pointu, talon recouvert de cuir verni, de hauteur moyenne, tige assortie, empeigne décolletée ornée d'une large bordure en chevreau doré, bride assortie avec fermeture par un bouton, bords de l'arrière assortis. 3 **Française**, v. 1925. Semelle en cuir, bout pointu, talon haut en chevreau doré, double bride en T et bordures assorties, tige en brocart aux côtés ouverts. 4 **Française**, v. 1924-1926. Semelle en cuir, bout pointu, talon haut recouvert de satin, tige assortie aux côtés ouverts, empeigne décolletée rehaussée de brocart doré, bride boutonnée à la cheville, bords de l'arrière et bande descendant sur le talon en brocart assorti. 5 **Anglaise**, v. 1925. Semelle en cuir, bout pointu, talon recouvert de velours, de hauteur moyenne, tige assortie, empeigne décolletée, bordée et ornée de chevreau doré, bride en trois parties et bords du talon assortis. 6 **Française**, v. 1925. Semelle en cuir, bout pointu, talon haut recouvert de soie, tige assortie aux côtés ouverts, empeigne décolletée ornée et bordée de chevreau doré, doubles lanières et bords de l'arrière également en chevreau doré. 7 **Anglaise**, v. 1925-1926. Semelle en cuir, bout pointu, talon haut recouvert de peau de lézard, tige assortie aux côtés ouverts, empeigne décolletée et bride en T avec un boutonnage latéral. 8 **Anglaise**, v. 1925. Semelle en cuir, bout pointu, talon recouvert de peau de reptile, de hauteur moyenne, bout assorti, comme les larges bordures, les détails et la bride à boucle sur la tige en veau.

Chaussures de femmes, 1927-1929

1 **Anglaise**, v. 1927-1928. Semelle en cuir, bout pointu, talon haut en veau peint à la main, tige assortie aux côtés ouverts, empeigne décolletée avec le bord de couleur unie, lanières verticales assorties, comme les bords de l'arrière et la bride sur la cheville, fermeture à boucle. 2 **Anglaise**, v. 1929. Semelle en cuir, bout pointu, talon haut droit recouvert de veau velours, tige assortie, bords en veau de couleur contrastée, fermeture par un laçage sur une languette haute et pointue, assortie, comme le plateau. 3 **Américaine**, v. 1928-1929. Semelle en cuir, bout pointu, talon haut recouvert de veau doré, tige en velours aux côtés ouverts, lanière en veau doré sur le bout ouvert, formant une seule pièce avec la lanière centrale festonnée, rehaussée de découpes décoratives, comme le bord de l'arrière, bride en velours à boucle en métal sur la cheville. 4 **Américaine**, v. 1927-1929. Semelle en cuir, bout pointu, talon haut recouvert de veau, tige assortie aux côtés ouverts, bord de l'empeigne décolletée orné d'un passepoil de couleur contrastée, comme les bords festonnés de l'arrière et de la bride à la cheville, détails assortis sur les orteils. 5 **Américaine**, v. 1928-1929. Semelle en cuir, bout pointu, talon haut Louis XV recouvert de soie, tige assortie aux côtés ouverts, bride en T boutonnée, reliée à des lanières ornées de découpes, bords rehaussés de chevreau doré. 6 **Anglaise**, v. 1929. Semelle en cuir, bout pointu, talon haut recouvert de veau, tige en veau aux côtés ouverts, empeigne décolletée, bord supérieur de l'arrière festonné, bride à boucle à la cheville, bout festonné en veau de couleur contrastée et base du talon assortie. 7 **Anglaise**, v. 1927-1929. Semelle en cuir, bout pointu, talon recouvert de veau, de hauteur moyenne, tige assortie, empeigne décolletée ornée d'une boucle en métal. 8 **Française**, v. 1928-1929. Semelle en cuir, bout pointu, talon haut recouvert de veau, tige assortie, large bride en veau velours de couleur contrastée sur le cou-de-pied, avec des perforations décoratives. 9 **Française**, v. 1929. Semelle en cuir, bout pointu, talon de style Louis XV recouvert de chevreau glacé, de hauteur moyenne, tige assortie, bandes appliquées en chevreau de couleur contrastée, ornées de perforations, en haut de l'empeigne décolletée et sur l'arrière.

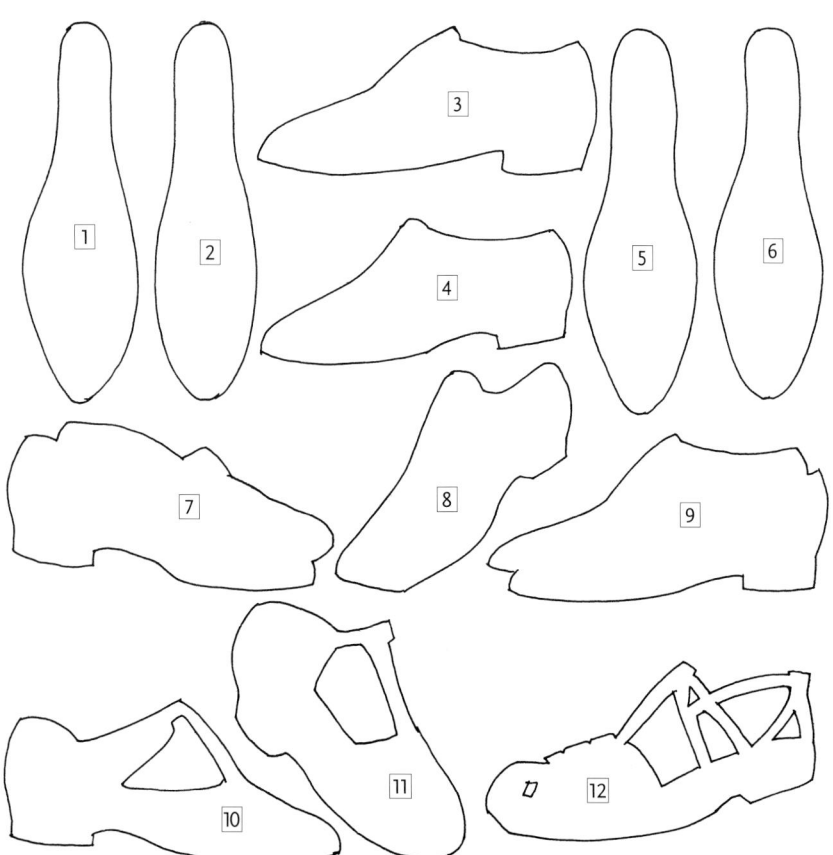

Chaussures d'hommes, 1930-1939

1 **Anglaise**, v. 1938. Semelle en cuir, bout pointu, talon bas en cuir, tige en veau velours mat, bout droit perforé en veau, comme les garants et la languette, perforations décoratives sur les bords et les coutures surpiquées. 2 **Anglaise**, v. 1930-1939. Semelle en cuir, bout pointu, talon bas en cuir, tige en veau, bout golf fleuri, perforations assorties sur les bords, fermeture par un laçage. 3 **Anglaise**, v. 1930-1939. Semelle en cuir, bout rond, talon bas en cuir, tige en veau grainé, bout droit perforé, fermeture par un laçage. 4 **Anglaise**, v. 1935. Semelle en cuir, bout pointu, talon bas en cuir, tige en toile, bout droit perforé en veau, perforations assorties sur la bande sur le cou-de-pied, l'arrière et les garants. 5 **Anglaise**, v. 1938-1939. Semelle en caoutchouc moulé à bout rond et talon bas intégré, tige en veau, laçage au-dessus du plateau. 6 **Anglaise**, v. 1938. Semelle en cuir, bout rond, talon bas en cuir, tige en veau, lanière à boucle couvrante. 7 **Anglaises**, v. 1935-1939. Semelle en cuir, bout rond, talon bas en cuir, tige en veau velours, bande décorative sur une languette haute, plateau, bords et détails surpiqués. 8 **Américaine**, v. 1937. Semelle en cuir, bout carré, talon bas en cuir, tige en veau velours, bout surpiqué, fermeture à lacet, bords et détails surpiqués. 9 **Américaines**, v. 1936-1939. Semelle en cuir, bout pointu, talon bas en cuir, tige en chevreau glacé, panneaux latéraux en veau de couleur contrastée, fermeture à lacet. 10 **Anglaise**, v. 1935-1939. Sandale avec semelle en cuir, bout rond, talon bas en cuir, tige en veau aux côtés découverts, entailles sur les côtés de l'avant-pied, bride en T à boucle. 11 **Anglaise**, v. 1937-1939. Sandale avec semelle en crêpe à bout rond et talon bas intégré, tige en veau mat aux côtés ouverts, découpes sur l'avant-pied, bride en T à boucle. 12 **Anglaise**, v. 1937-1939. Sandale avec semelle en cuir, bout rond, talon bas en cuir, tige en veau aux côtés ouverts, lanière centrale étroite du bout relevé jusqu'à la bride à boucle sur le cou-de-pied, avant-pied rehaussé de découpes d'un côté, bride assortie autour du talon, maintenue par une lanière à l'arrière.

Chaussures de femmes, 1930-1932

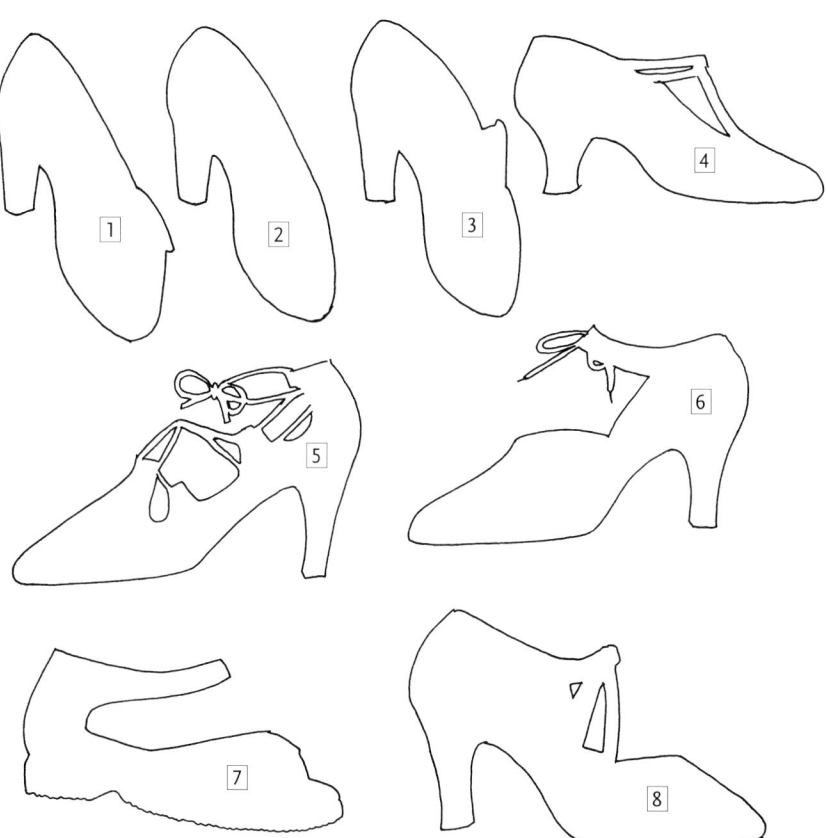

1 **Anglaise**, v. 1932. Semelle en cuir, bout rond, talon haut en cuir, tige en veau, empeigne décolletée avec une languette frangée en veau, perforations et motif décoratifs. 2 **Américaine**, v. 1932. Semelle en cuir, bout rond, talon haut en cuir, tige en veau mat ornée de perforations, détail assorti sur l'arrière en veau poli de couleur contrastée, comme sur la bande couvrant les orteils. 3 **Anglaise**, v. 1932. Semelle en cuir, bout rond, talon haut recouvert de veau, tige assortie, languette haute évasée et ornée de surpiqûres, lanière étroite décorée de perforations. 4 **Suisse**, v. 1930. Semelle en cuir, bout pointu, talon haut recouvert de veau doré, tige en veau de couleur aux côtés découverts, empeigne décolletée, bride en T à bouton en veau doré, lanières assorties sur l'avant-pied orné de broderies, motif identique reproduit sur l'arrière. 5 **Américaine**, v. 1931. Semelle en cuir, bout pointu, talon haut effilé recouvert de velours, tige assortie aux côtés ouverts, découpes sur l'empeigne et sur l'arrière, fine cordelette en soie coulissant sur les bords de l'arrière à l'avant, croisée sur le cou-de-pied et nouée autour de la cheville. 6 **Anglaise**, v. 1932. Semelle en cuir, bout pointu, talon haut recouvert de veau mat, tige assortie, empeigne décolletée, bords rehaussés d'un passepoil de couleur contrastée, motif en veau poli sur l'arrière et sur le bord de la bride à lacet couvrant la cheville. 7 **Américaine**, v. 1930. Sandale de plage avec semelle en crêpe à talon bas intégré, lanières en toile rayée croisées sur le cou-de-pied, arrière découpé assorti, comme la bride à boutonnage latéral autour de la cheville. 8 **Française**, v. 1932. Semelle en cuir, bout pointu, talon haut effilé recouvert de veau mat, tige assortie, empeigne décolletée et bord de l'arrière rehaussés de peau de serpent, lanières assorties entre les côtés ouverts et la bride à boucle sur la cheville.

Chaussures de femmes, 1933-1934

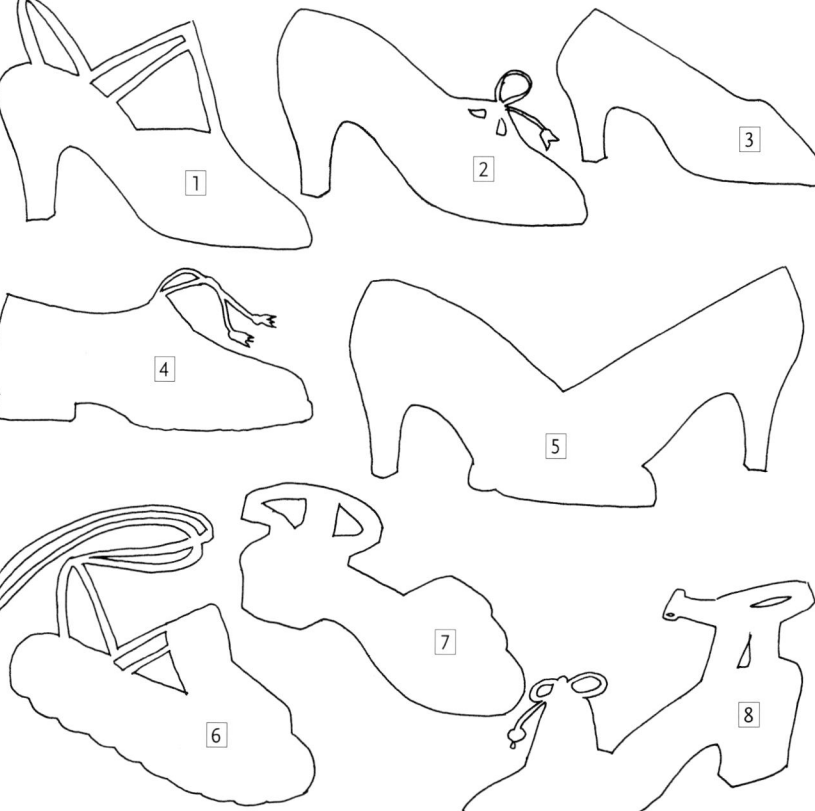

1 **Américaine**, v. 1933. Semelle en cuir, bout rond, talon haut recouvert de soie, avant-pied assorti agrémenté de bandelettes en chevreau doré, bride en T à boucle assortie, comme la bride derrière le talon. 2 **Anglaise**, v. 1934. Semelle en cuir, bout rond, talon haut recouvert de veau, tige assortie, empeigne décolletée festonnée, étroites brides sur le cou-de-pied fermées avec un lacet en cuir, perforations et détails décoratifs. 3 **Anglaise**, v. 1934. Semelle en cuir, bout rond, talon haut recouvert de veau, partie supérieure de la tige assortie, avant-pied en veau mat à bord festonné, bords et coutures passepoilés de couleur contrastée. 4 **Anglaise**, v. 1934. Semelle en crêpe à bout rond et talon bas intégré, tige en veau ornée de perforations, découpes sur les côtés et l'avant-pied laissant apparaître la doublure de couleur, lacet en cuir à glands coulissant sur les bords festonnés de l'avant-pied. 5 **Américaines**, v. 1934. Semelle en cuir, bout rond, talon haut en veau argenté, tige en brocart brodée, agrémentée de rayures asymétriques en veau doré et argenté sur le bord supérieur, de l'arrière du talon jusqu'à l'empeigne décolletée d'un côté, de l'avant du talon jusqu'à l'empeigne de l'autre. 6 **Anglaise**, v. 1933. Sandale avec semelle en cuir et corde, sans talon, large lanière en coton tacheté sur le cou-de-pied, attache assortie au-dessus avec un lacet à ruban se nouant autour de la cheville, coulissant par des anneaux en métal fixés de part et d'autre de la semelle. 7 **Suisse**, v. 1934. Sandale avec semelle en cuir, bout rond, talon bas en cuir, lanières en toile rayée croisées sur le cou-de-pied, attaches latérales et lanière à boucle autour de la cheville assorties. 8 **Autrichienne**, v. 1934. Sandale avec semelle en bois articulée à bout pointu et talon intégré de hauteur moyenne, lanière en toile rayée sur les orteils aux bords gansés et à fermeture par une cordelette, attaches latérales et lanière à boucle autour de la cheville assorties.

Chaussures de femmes, 1935-1936

[1] **Américaine**, v. 1935. Semelle en cuir, bout rond, talon haut recouvert de veau doré, bride asymétrique assortie sur les orteils, comme la bride sur le cou-de-pied et la lanière étroite autour de la cheville. [2] **Française**, v. 1935-1936. Semelle en cuir, bout rond, talon haut recouvert de veau, tige assortie, empeigne décolletée ornée d'une grosse boucle en peau de serpent. [3] **Française**, v. 1936. Semelle en cuir, bout rond, talon haut recouvert de gros-grain, tige assortie aux côtés ouverts, empeigne décolletée avec des découpes latérales, large bride sur la cheville avec une grosse boucle ornée de pierres. [4] **Américaine**, v. 1936. Semelle en cuir, bout rond, talon haut recouvert de brocart, tige assortie à hauteur de cheville, découpes sur le cou-de-pied avec des boutons décoratifs, bout ouvert, fermeture à boucle derrière la cheville. [5] **Anglaise**, v. 1936. Semelle en cuir, bout rond, talon haut et large recouvert de veau, tige assortie aux côtés ouverts, empeigne décolletée bordée de veau argenté et doré, bride à boucle assortie autour de la cheville. [6] **Anglaise**, v. 1935. Semelle en cuir, bout rond, talon haut recouvert de veau, avant-pied assorti, rehaussé de perforations, reste de la tige en veau mat. [7] **Anglaise**, v. 1935. Semelle en cuir, bout rond, talon haut recouvert de veau, tige assortie, languette évasée de couleur contrastée recouverte par une bride étroite sur l'empeigne décolletée, se rétrécissant vers le bout. [8] **Anglaise**, v. 1936. Sandale avec semelle en cuir, bout rond, talon bas en cuir, tige en veau mat aux côtés ouverts, bride sur le bout ouvert, passant sous une lanière horizontale assortie, bride en T à boucle fixée à l'arrière. [9] **Anglaise**, v. 1936. Semelle en cuir, bout rond, talon haut en cuir, tige en veau, empeigne décolletée, panneau fantaisie en veau mat appliqué sur l'avant-pied et les côtés.

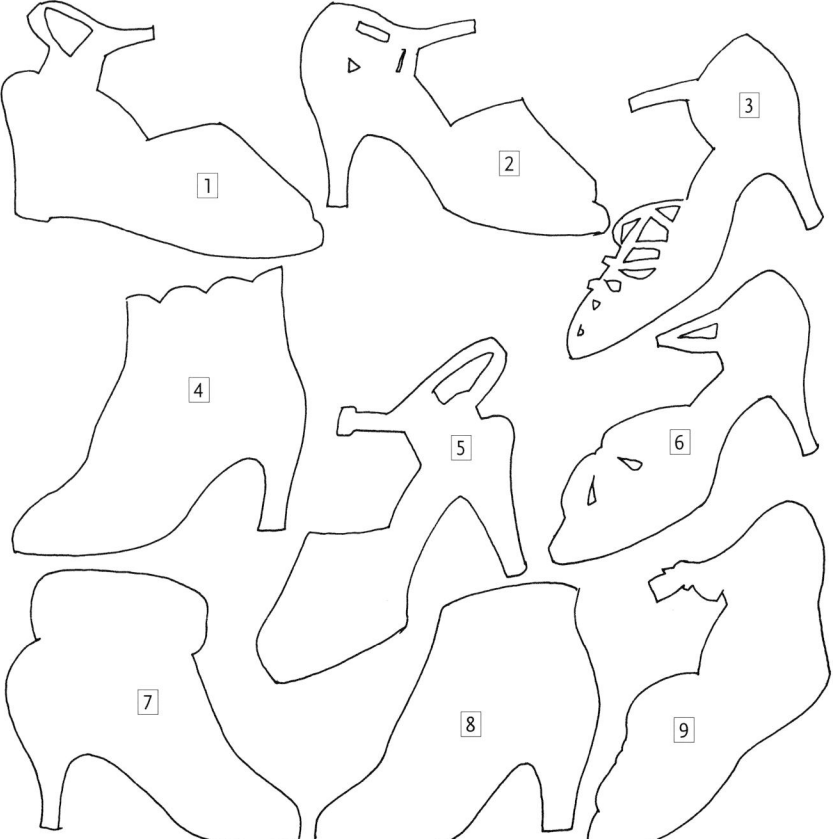

Chaussures et bottines de femmes, 1937-1939

[1] **Anglaise**, v. 1937. Semelle en cuir, bout rond, talon haut compensé recouvert de veau, plate-forme assortie, tige aux côtés ouverts, empeigne décolletée et bout ouvert, bride à boucle autour de la cheville, passant par des attaches latérales. [2] **Anglaise**, v. 1937. Semelle en cuir, bout rond, talon haut recouvert de veau doré, plate-forme assortie, tige aux côtés ouverts composée de brides latérales en veau argenté, attachées à un panneau central formé de lanières en veau doré, arrière en veau argenté avec des découpes latérales, bride à boucle autour de la cheville. [3] **Anglaise**, v. 1938. Semelle en cuir, bout rond, talon haut effilé recouvert de veau argenté, plate-forme assortie, tige aux côtés ouverts composée de fines brides sur les orteils, bride à boucle autour de la cheville, fixée à l'arrière. [4] **Française**, v. 1939. Semelle en cuir, bout rond, talon haut recouvert de veau, tige assortie à hauteur de cheville, surpiqûre sur le bord de l'empeigne décolletée, partie supérieure en veau mat, bord supérieur festonné, boutonnage latéral. [5] **Américaine**, v. 1939. Semelle en cuir, bout rond, talon haut recouvert de veau velours, plate-forme épaisse assortie avec un passepoil appliqué de couleur contrastée, tige aux côtés ouverts, empeigne décolletée, bride à boucle bicolore autour de la cheville, passant par de larges attaches latérales. [6] **Anglaise**, v. 1938. Semelle en cuir, bout rond, talon haut recouvert de soie, plate-forme assortie, tige aux côtés ouverts composée de deux larges brides froncées sous un nœud central, bride à boucle autour de la cheville, fixée à l'arrière. [7] **Anglaise**, v. 1939. Semelle en cuir, bout rond, talon haut recouvert de veau velours, tige assortie à hauteur de cheville, revers en agneau teint, fermeture Éclair latérale. [8] **Américaine**, v. 1938. Semelle en cuir, bout rond, talon épais recouvert de veau, plate-forme épaisse assortie, tige en veau velours à hauteur de cheville, rabat avec une lanière à boucle dissimulant une fermeture Éclair latérale. [9] **Américaine**, v. 1939. Semelle en cuir, bout rond, talon haut compensé recouvert de soie, plate-forme assortie, tige aux côtés ouverts, bout ouvert, empeigne décolletée, froncée sous une barrette étroite dans la même étoffe, fronçage reproduit sur l'arrière, avec fermeture par un nœud décoratif.

Chaussures d'hommes, 1940-1949

Chaussures et bottines de femmes, 1940-1942

Chaussures de femmes, 1943-1944

Chaussures de femmes, 1945-1946

Américaines, vers 1945

Française, vers 1946

Anglaises, vers 1946

Française, vers 1946

Anglaises, vers 1945

Américaine, vers 1945

Anglaises, vers 1945

Chaussures de femmes, 1947-1949

Anglaise, vers 1947

Anglaise, vers 1949

Américaine, vers 1948

Anglaise, vers 1949

Américaine, vers 1949

Française, vers 1949

Anglaise, vers 1948

Anglaise, vers 1947

Anglaise, vers 1949

Chaussures d'hommes, 1950-1959

Chaussures de femmes, 1950-1952

Chaussures et bottines de femmes, 1953-1954

Chaussures de femmes, 1955-1956

Chaussures de femmes, 1957-1959

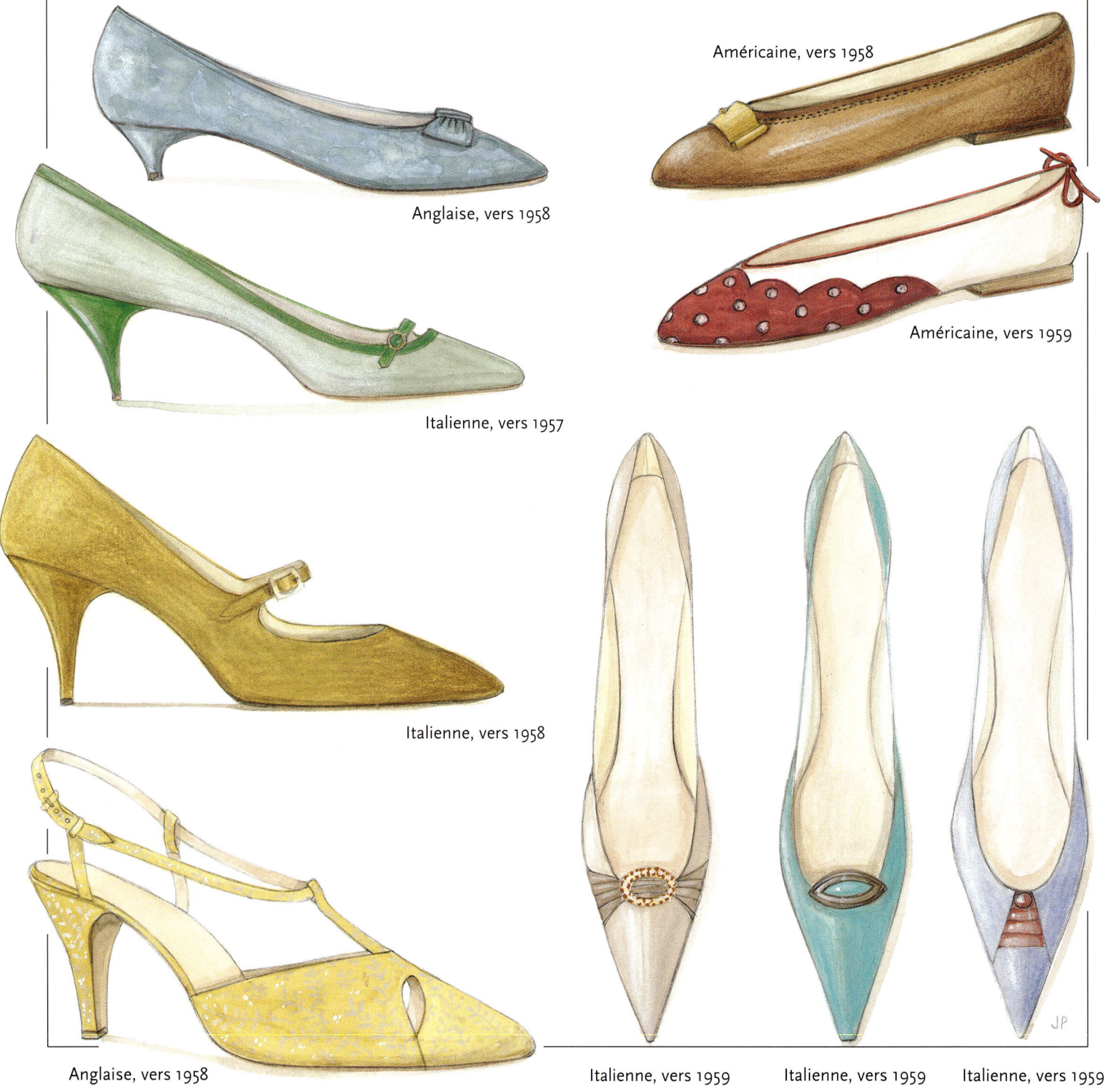

Anglaise, vers 1958

Italienne, vers 1957

Italienne, vers 1958

Anglaise, vers 1958

Américaine, vers 1958

Américaine, vers 1959

Italienne, vers 1959   Italienne, vers 1959   Italienne, vers 1959

Chaussures et bottines d'hommes, 1960-1969

Chaussures de femmes, 1960-1962

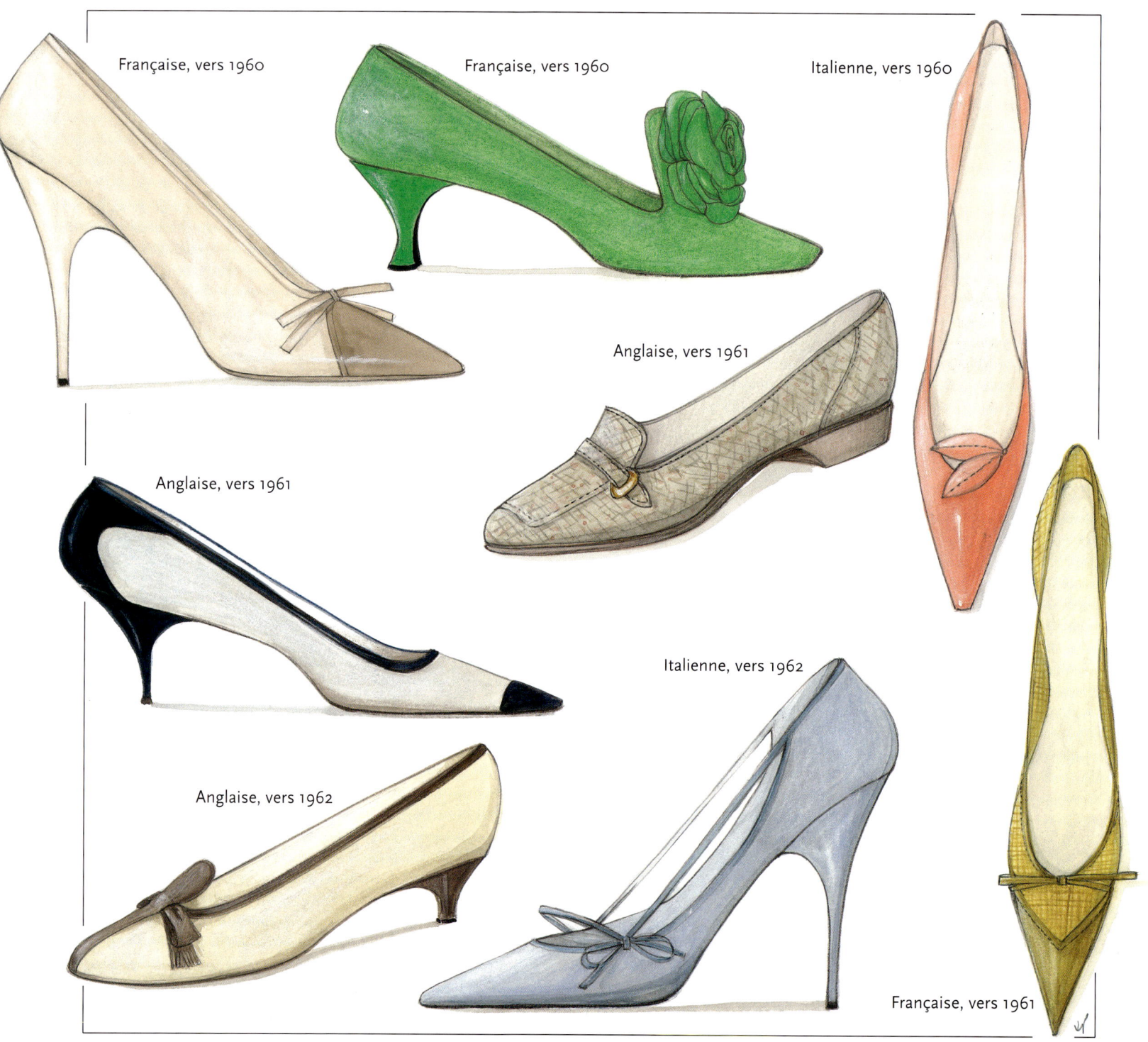

Chaussures de femmes, 1963-1964

Anglaise, vers 1964

Anglaise, vers 1964

Française, vers 1963

Italienne, vers 1963

Anglaise, vers 1964

Anglaise, vers 1963

Française, vers 1963

Anglaise, vers 1963

Italienne, vers 1964

Chaussures de femmes, 1965-1966

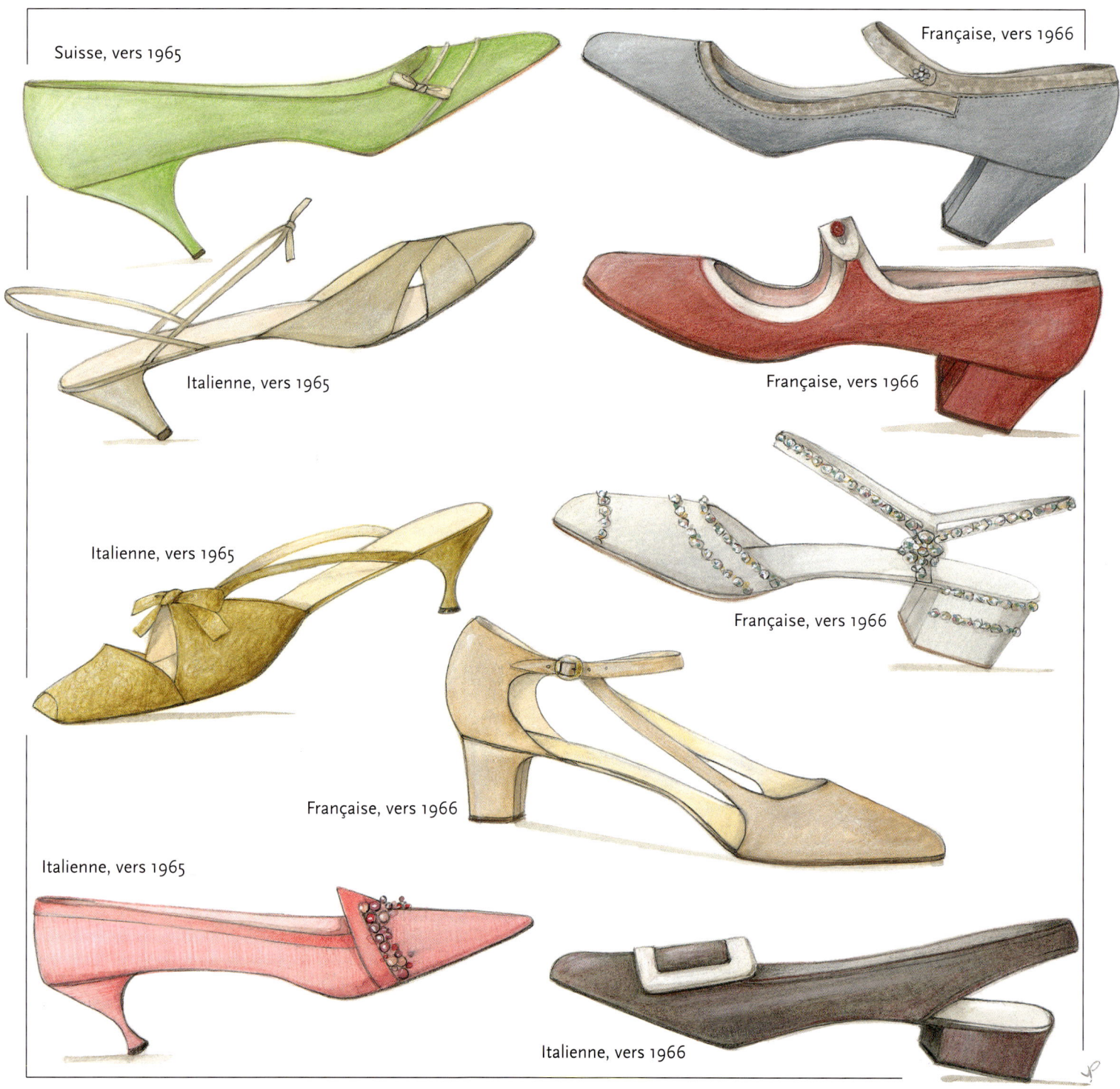

Suisse, vers 1965
Française, vers 1966
Italienne, vers 1965
Française, vers 1966
Italienne, vers 1965
Française, vers 1966
Française, vers 1966
Italienne, vers 1965
Italienne, vers 1966

Chaussures de femmes, 1967-1969

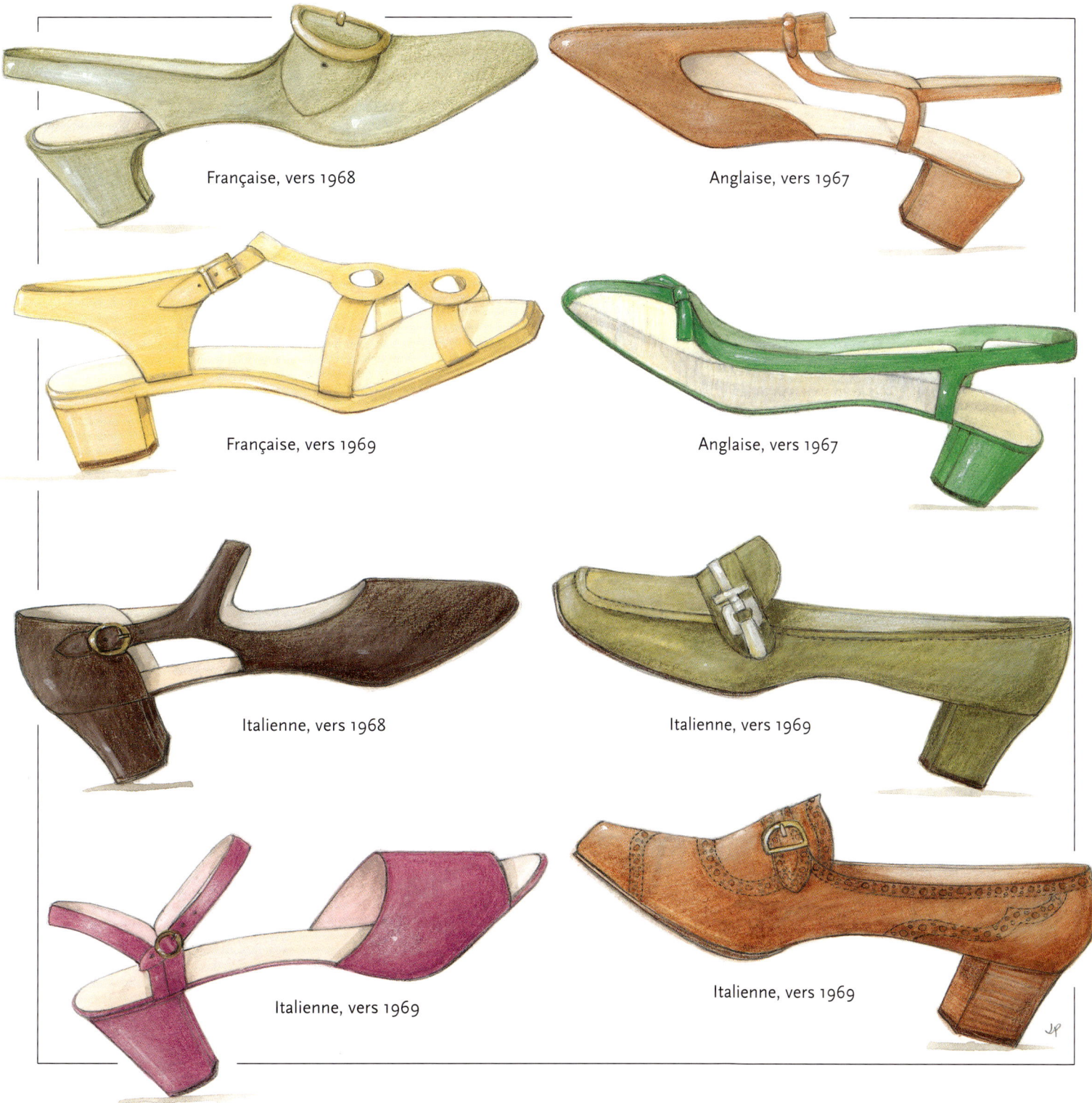

Française, vers 1968

Anglaise, vers 1967

Française, vers 1969

Anglaise, vers 1967

Italienne, vers 1968

Italienne, vers 1969

Italienne, vers 1969

Italienne, vers 1969

Bottes et bottines de femmes, 1960-1969

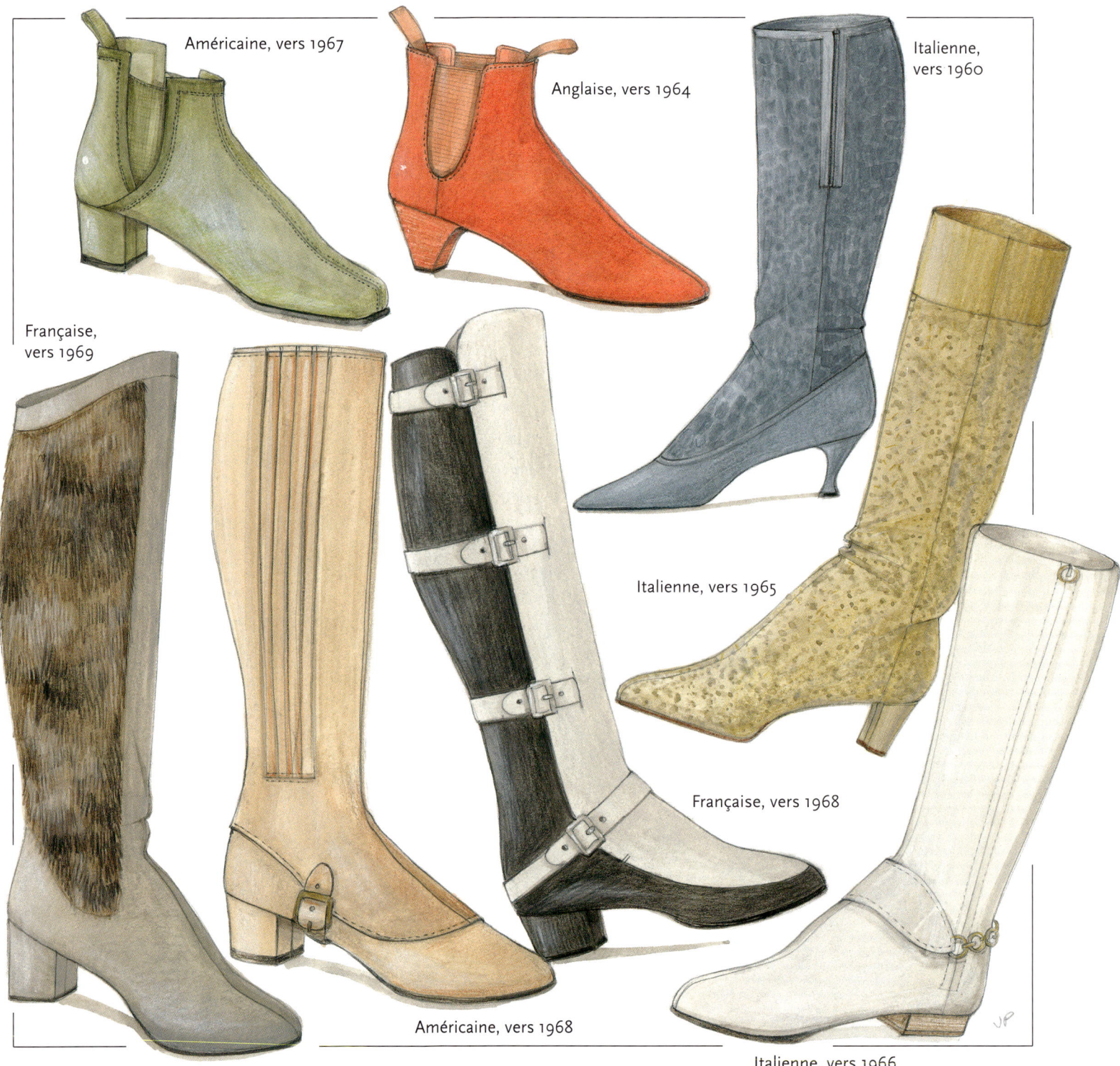

Chaussures d'hommes, 1940-1949

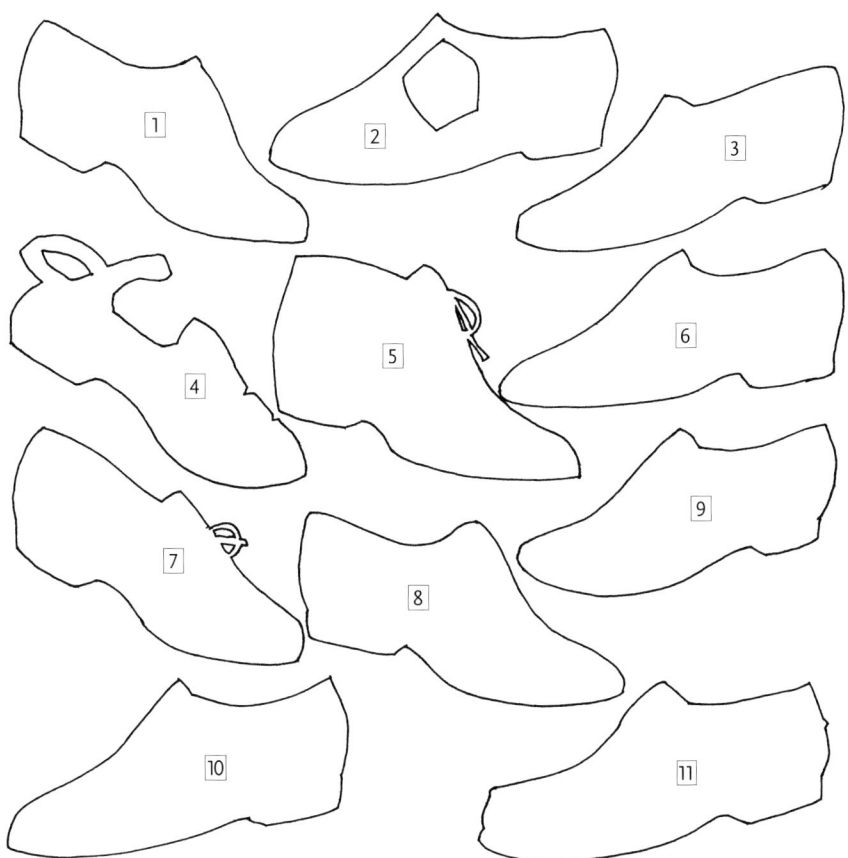

[1] **Anglaise**, v. 1945-1949. Semelle en cuir, bout rond, talon bas en cuir, tige en veau grainé avec un plateau sous le laçage, bords et détails surpiqués. [2] **Anglaise**, v. 1945-1949. Sandale avec semelle en crêpe à bout rond et talon bas intégré, tige en veau aux côtés ouverts, découpes décoratives sur l'avant-pied et les côtés, à l'arrière, bride en T à boucle. [3] **Américaine**, v. 1946-1949. Semelle en cuir, bout rond, talon bas en cuir, tige en veau avec un plateau de couleur contrastée, languette intégrée et bords de couleur assortie, détails surpiqués. [4] **Américaine**, v. 1945-1949. Sandale avec semelle en cuir, bout rond, talon bas en cuir, tige en veau aux côtés ouverts, bout ouvert, découpes latérales sur l'avant-pied, lanière à boucle décorative sous une languette, bride assortie à la cheville. [5] **Américaine**, v. 1940-1949. Semelle en crêpe à bout rond et talon bas intégré, tige en veau velours à hauteur de cheville, laçage sur une languette haute, bords et détails surpiqués. [6] **Anglaise**, v. 1940-1949. Semelle en cuir, bout rond, talon bas en cuir, tige en veau grainé, bout droit perforé, fermeture par un laçage. [7] **Américaine**, v. 1948. Semelle en cuir, bout rond, talon bas en cuir, tige en veau, plateau et languette d'une seule pièce, côtés rehaussés d'un lacet en cuir, nœud assorti sur le devant. [8] **Anglaise**, v. 1943-1949. Semelle en cuir, bout rond, talon bas en cuir, tige en veau, laçage sur une languette haute. [9] **Américaine**, v. 1946-1949. Semelle en cuir, bout rond, talon bas en cuir, tige en veau, avant-pied en peau de serpent avec un bout golf, arrière assorti, fermeture par un laçage. [10] **Française**, v. 1943-1946. Semelle en caoutchouc à bout rond et talon bas intégré, tige en veau ornée de perforations sur les panneaux latéraux, fermeture par un laçage. [11] **Américaine**, v. 1948. Semelle en caoutchouc à bout rond et talon bas intégré, tige en veau velours, bord du plateau surélevé et surpiqué, détail assorti à l'arrière, fermeture par un laçage.

Chaussures et bottines de femmes, 1940-1942

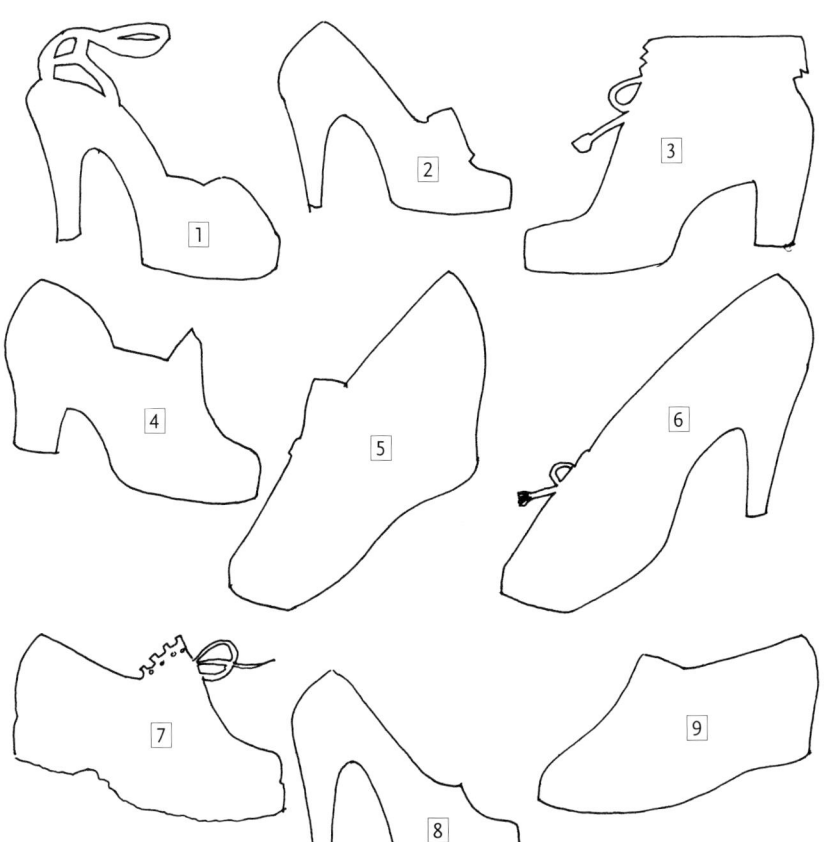

[1] **Américaine**, v. 1942. Semelle en cuir, bout rond, talon haut et plate-forme très épaisse recouverts de veau velours, tige assortie aux côtés ouverts, empeigne décolletée en forme de V, découpes latérales et bout ouvert, attaches latérales et bride à boucle autour de la cheville d'une seule pièce. [2] **Anglaise**, v. 1940. Semelle en cuir, bout rond, talon haut recouvert de veau, languette ornée de clous en laiton sur l'empeigne haute, tige en veau velours. [3] **Anglaise**, v. 1940-1941. Semelle en cuir, bout rond, talon recouvert de veau velours, de hauteur moyenne, partie inférieure de la tige assortie, comme le revers au niveau de la cheville, l'une et l'autre rehaussés de bords crénelés, reste de la tige en cuir de couleur claire, fermeture par un laçage. [4] **Anglaise**, v. 1940. Semelle en cuir, bout rond, talon recouvert de veau, de hauteur moyenne, plate-forme cloutée assortie, comme la tige à panneaux latéraux élastiqués. [5] **Anglaise**, v. 1940-1942. Semelle en cuir, bout carré, talon compensé recouvert de veau et plate-forme assortie, languette longue retournée assortie, cousue sur le bout, reste de la tige en cuir de couleur contrastée, bride à boucle sur le cou-de-pied. [6] **Anglaise**, v. 1942. Semelle en cuir, bout carré, talon haut recouvert de veau, tige assortie, comme le nœud sur le plateau en veau de couleur claire, panneaux latéraux également de couleur claire. [7] **Anglaise**, v. 1942. Semelle en crêpe à bout rond et talon bas intégré, tige en veau avec un plateau à bords crénelés et des perforations décoratives, languette assortie sous un laçage en cuir, bords et détails surpiqués. [8] **Anglaise**, v. 1942. Semelle en cuir, bout rond, talon haut recouvert de veau, tige assortie, empeigne haute, bords rehaussés de peau de serpent. [9] **Américaine**, v. 1941. Semelle en cuir, bout rond, talon compensé recouvert de veau et plate-forme intégrée, tige en veau de couleur contrastée, bords passepoilés et lacet à glands assortis sur une ouverture latérale.

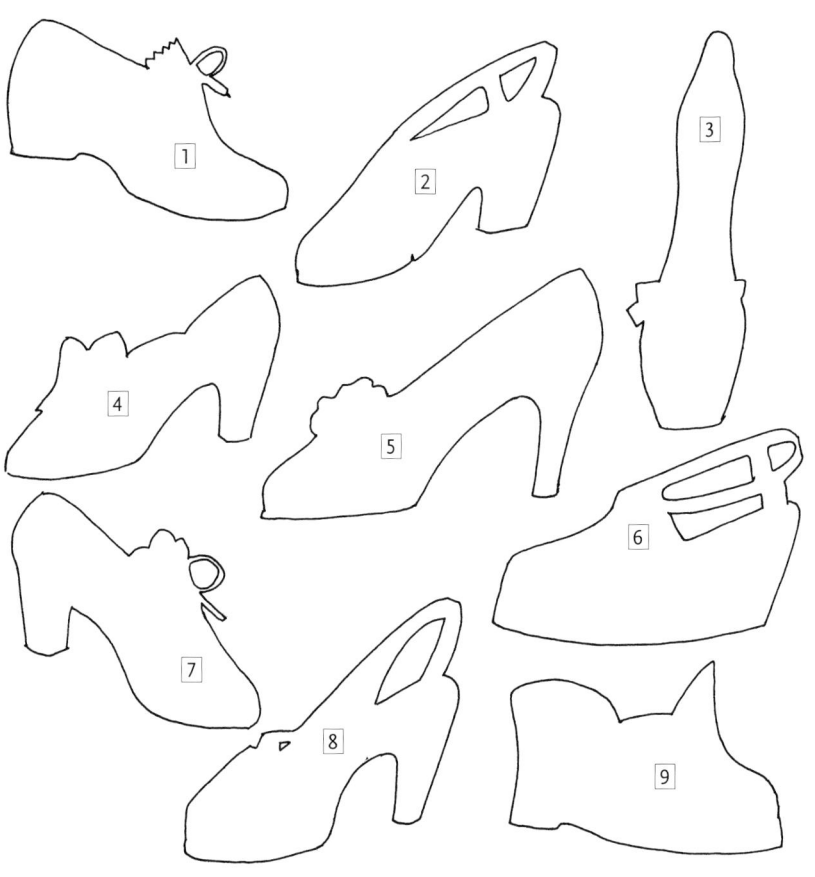

Chaussures de femmes, 1943-1944

1 **Anglaise**, v. 1943. Semelle en cuir, bout rond, talon compensé en bois poli, tige en veau grainé, languette haute à bord crénelé, bords des garants assortis, fermeture par un laçage. 2 **Anglaise**, v. 1944. Semelle à plate-forme articulée en bois, à talon haut intégré, larges brides en veau croisées sur le cou-de-pied, découvrant le bout, passant par des attaches latérales et se rétrécissant derrière la cheville, perforations décoratives. 3 **Française**, v. 1944. Semelle en cuir, bout carré, tige en veau mat de couleur foncée, bout droit, nœud décoratif et bords passepoilés en veau de couleur claire. 4 **Française**, v. 1943. Semelle en cuir, bout rond, talon haut recouvert de veau velours, tige assortie, bords festonnés et bords du gros nœud vertical de couleur contrastée. 5 **Américaine**, v. 1943. Semelle en cuir, bout rond, talon haut recouvert de veau, plate-forme fine assortie, tige agrémentée d'une grosse rosette sur l'empeigne décolletée. 6 **Anglaise**, v. 1944. Semelle en cuir, bout rond, talon haut compensé en liège, plate-forme assortie, tige en veau aux côtés ouverts, bride cousue sur le bord de l'empeigne haute, passant par des attaches latérales et se fermant par une boucle derrière la cheville. 7 **Anglaise**, v. 1944. Semelle en cuir, bout rond, talon recouvert de veau velours, de hauteur moyenne, tige assortie, ouverture ovale sur une languette haute à bord festonné, nœud et passepoil en veau de couleur contrastée. 8 **Anglaise**, v. 1944. Semelle en cuir, bout rond, talon haut recouvert de veau velours, plate-forme épaisse à découpes décoratives, tige assortie sans arrière et à bout ouvert, motifs identiques sous l'empeigne décolletée et festonnée, lanière à boucle derrière la cheville. 9 **Française**, v. 1944. Mule avec semelle en cuir, bout rond, talon haut compensé recouvert de veau, à plate-forme intégrée, tige assortie, empeigne haute formant une pointe.

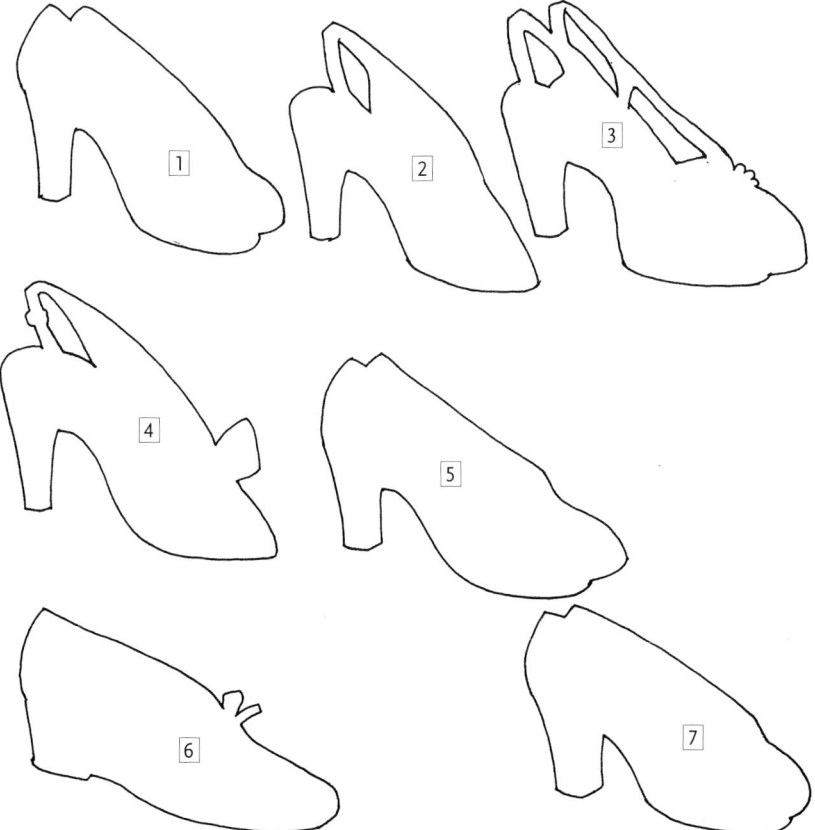

Chaussures de femmes, 1945-1946

1 **Américaines**, v. 1945. Semelle en cuir, bout rond, talon haut recouvert de veau, bout assorti avec des perforations, motif identique à l'arrière et sur les bords, reste de la tige en veau velours de couleur contrastée. 2 **Française**, v. 1946. Semelle en cuir, bout rond, talon haut recouvert de veau doré, tige en plastique transparent sans arrière et à bout ouvert, bords ornés de veau doré, lanière à boucle assortie derrière la cheville. 3 **Anglaises**, v. 1946. Semelle en cuir, bout rond, talon haut recouvert de veau, larges bordures assorties, lanière à boucle derrière la cheville, fleurs décoratives sur l'avant-pied en mailles de nylon. 4 **Française**, v. 1946. Semelle en cuir, bout rond, talon haut recouvert de velours, tige assortie sans arrière et à bout ouvert, gros nœud orné de perles sur l'empeigne décolletée, lanière à boucle derrière la cheville. 5 **Anglaises**, v. 1945. Semelle en cuir, bout rond, talon haut recouvert de veau, tige assortie, empeigne décolletée, perforations décoratives et détails surpiqués. 6 **Américaine**, v. 1945. Semelle en cuir, bout rond, talon bas compensé recouvert de peau de serpent, plate-forme fine, tige en veau velours de couleur contrastée, côtés rehaussés d'un passepoil en veau de couleur assortie à celle de la peau de serpent, nœud assorti au milieu de l'empeigne décolletée. 7 **Anglaises**, v. 1945. Semelle en cuir, bout rond, talon haut en cuir, tige en veau grainé, empeigne décolletée, arrière et bout agrémentés de perforations et de surpiqûres.

Chaussures de femmes, 1947-1949

[1] **Anglaise**, v. 1947. Semelle en cuir, bout rond, talon haut recouvert de veau, tige assortie avec des lignes de piqûres décoratives sur les côtés et sous l'empeigne décolletée. [2] **Anglaise**, v. 1949. Semelle en cuir, bout rond, talon haut recouvert de veau velours, tige assortie, empeigne décolletée garnie de deux lanières et trois brides à boucle. [3] **Américaine**, v. 1948. Semelle en cuir, bout rond, talon bas compensé recouvert de veau velours et plate-forme d'une seule pièce, tige assortie aux côtés ouverts, empeigne décolletée en forme de cœur, bride à boucle autour de la cheville, passant par l'arrière montant, de forme décorative. [4] **Anglaise**, v. 1949. Semelle en cuir, bout rond, talon bas recouvert de veau, talon compensé et plate-forme, brides assorties sur le cou-de-pied à partir du bout ouvert, bride en T reliée à la lanière à boucle derrière la cheville. [5] **Américaine**, v. 1949. Semelle en cuir, bout rond, talon bas recouvert de veau, tige assortie, empeigne décolletée garnie de lanières s'entrecroisant jusqu'à la cheville, fermeture par une boucle latérale. [6] **Anglaise**, v. 1947. Semelle en cuir, bout rond, talon haut recouvert de veau doré, tige assortie aux côtés ouverts, bout ouvert, attaches latérales maintenant une bride de forme évasée autour de la cheville, fermeture par une boucle. [7] **Française**, v. 1949. Semelle en cuir, bout rond, talon haut recouvert de veau doré, arrière assorti, comme la bride à boucle sur le cou-de-pied et la lanière centrale maintenant les brides transversales en mailles dorées. [8] **Anglaise**, v. 1948. Semelle en cuir, bout rond, talon bas recouvert de veau velours et plate-forme en une seule pièce, tige unie assortie, empeigne emboîtante, lanière à boucle derrière la cheville. [9] **Anglaise**, v. 1949. Semelle en cuir, bout rond, talon haut recouvert de veau velours, tige assortie à hauteur de cheville, arrière en forme d'ailes, découpes décoratives sur les côtés, ouverture au-dessus de l'empeigne décolletée, ornée d'un nœud en ruban de soie.

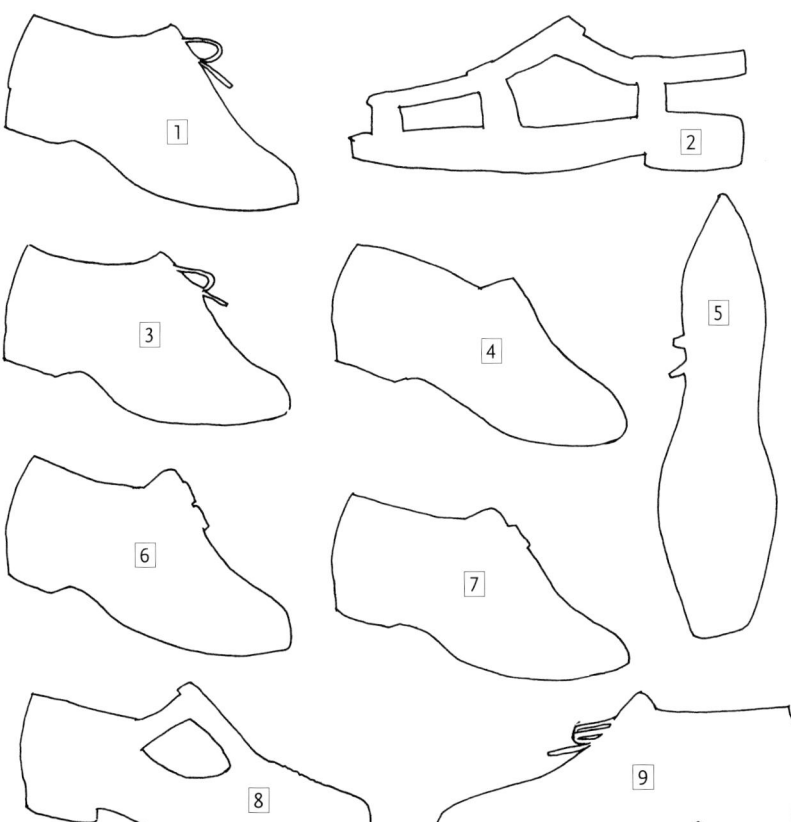

Chaussures d'hommes, 1950-1959

[1] **Anglaise**, v. 1950-1955. Semelle en crêpe à bout rond et talon bas intégré, tige en veau, avant-pied composé de bandelettes tressées en veau, arrière, languette et bords de couleur assortie, panneaux latéraux de couleur contrastée, fermeture par un laçage. [2] **Anglaise**, v. 1957-1959. Sandale avec semelle en caoutchouc à bout rond et talon bas intégré, tige composée de brides en veau sur les orteils et le cou-de-pied, reliées à une lanière à boucle passant par des attaches latérales, et se fermant derrière la cheville. [3] **Anglaise**, v. 1950-1955. Semelle en caoutchouc à bout rond et talon bas intégré, tige en veau, faux bout fleuri, perforations assorties à l'arrière et sur les garants, fermeture par un laçage. [4] **Américaine**, v. 1956-1959. Semelle en cuir, bout rond, talon bas en cuir, tige en veau, plateau à languette intégrée de couleur contrastée. [5] **Anglaise**, v. 1959. Semelle en cuir, bout carré asymétrique, tige en veau, fermeture à lacet par deux œillets. [6] **Anglaise**, v. 1950-1953. Semelle en crêpe à bout rond et talon bas intégré, tige en veau grainé à plateau, deux brides à boucle sur le cou-de-pied. [7] **Anglaise**, v. 1950-1953. Semelle en caoutchouc à bout rond et talon bas intégré, tige en veau à plateau, patte à boucle sur le cou-de-pied, bords et détails surpiqués. [8] **Anglaise**, v. 1959. Sandale avec semelle en cuir, bout rond, talon bas en cuir, tige en veau aux côtés découverts, plateau incluant un panneau composé de bandelettes tressées en veau, à la base d'une bride en T à boucle. [9] **Américaine**, v. 1956-1959. Semelle en crêpe à bout rond et talon bas intégré, tige en veau velours avec l'avant-pied uni, côtés emboîtants et fermeture à lacet par deux œillets.

Chaussures de femmes, 1950-1952

1 **Anglaise**, v. 1950. Semelle en cuir, bout rond, talon haut recouvert de veau, tige assortie aux côtés ouverts, empeigne décolletée bordée de cuir verni, nœud assorti. 2 **Anglaise**, v. 1952. Semelle en cuir, bout rond, talon bas en velours de veau, tige assortie à plateau, empeigne décolletée ornée d'un nœud assorti. 3 **Anglaise**, v. 1952. Semelle en cuir, bout en forme d'amande, talon très haut recouvert de chevreau, tige assortie composée de fines lanières s'entrecroisant à partir des côtés ouverts sur les orteils et le cou-de-pied, bride à boucle derrière la cheville. 4 **Française**, v. 1952. Semelle en cuir, bout en forme d'amande, talon haut recouvert de veau, tige assortie aux côtés découverts, empeigne décolletée ornée d'un nœud assorti au milieu. 5 **Américaine**, v. 1952. Semelle en cuir, bout rond, talon haut recouvert de cuir verni, tige assortie sans arrière, empeigne décolletée et pointue, bordée de veau velours, détail assorti sur le bout ouvert, bride élastiquée sur le cou-de-pied. 6 **Américaine**, v. 1951. Sandale avec semelle en cuir, bout rond, talon bas compensé recouvert de veau, tige assortie composée de fines lanières s'entrecroisant sur les orteils, agrémentées de trois fleurs de couleur en veau, lanière derrière la cheville et bride à boucle devant. 7 **Anglaise**, v. 1950. Semelle en caoutchouc, bout rond, talon compensé recouvert de toile, de hauteur moyenne, tige assortie aux côtés ouverts, empeigne décolletée, bout ouvert, bride attachée sur le côté, à l'avant, passant sur le cou-de-pied et derrière la cheville. 8 **Anglaise**, v. 1950. Semelle en cuir, bout en forme d'amande, talon haut recouvert de veau velours, plate-forme fine, tige assortie sans arrière et à bout ouvert, découpes de couleur contrastée jusqu'au bord de l'empeigne décolletée, côtés fermés se prolongeant par une lanière à boucle derrière la cheville. 9 **Anglaise**, v. 1952. Semelle en cuir, bout en forme d'amande, talon haut recouvert de veau, tige assortie composée de larges brides croisées formant un bout ouvert, côtés et arrière fermés.

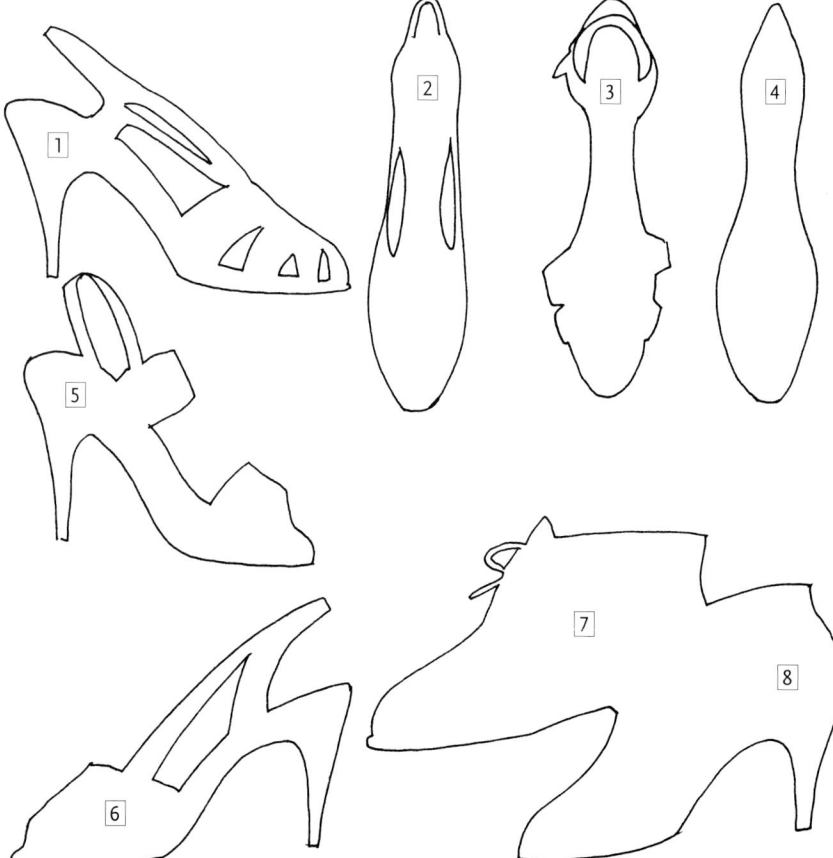

Chaussures et bottines de femmes, 1953-1954

1 **Italienne**, v. 1954. Semelle en cuir, bout en forme d'amande, talon haut recouvert de veau, tige assortie composée de brides évasées sur les orteils, empeigne décolletée, attaches latérales et lanière étroite derrière la cheville, fermeture à boucle. 2 **Américaine**, v. 1953. Semelle en cuir, bout en forme d'amande, talon haut recouvert de veau, tige assortie, empeigne décolletée asymétrique, bout ouvert, bordures perforées de couleur contrastée, étroites lanières fixées aux côtés, à l'avant, et passant derrière la cheville par des attaches latérales. 3 **Française**, v. 1953. Semelle en cuir, bout en forme d'amande, talon haut recouvert de veau, tige assortie composée de deux brides asymétriques en veau sur les orteils, lanière à boucle derrière la cheville. 4 **Anglaise**, v. 1954. Semelle en cuir, bout en forme d'amande, talon haut recouvert de veau, tige assortie avec un faux rabat formant un bout ouvert, bordures de couleur contrastée, bouton décoratif au milieu. 5 **Française**, v. 1954. Semelle en cuir, bout en forme d'amande, talon haut recouvert de velours, tige assortie aux côtés ouverts, empeigne décolletée ornée de perles en cristal, bout ouvert, lanière étroite derrière la cheville avec une boucle incrustée de pierres, reliée à une large bride sur le cou-de-pied. 6 **Italienne**, v. 1954. Semelle en cuir, bout en forme d'amande, talon haut recouvert de veau, tige assortie composée de brides de largeurs différentes sur les orteils et d'une lanière asymétrique passant derrière la cheville, avec une fermeture à boucle. 7 **Américaine**, v. 1953. Semelle en crêpe à bout rond et talon bas intégré, tige en veau velours à hauteur de cheville, avant-pied uni, laçage par des crochets sur une languette, doublure en agneau. 8 **Anglaise**, v. 1953. Semelle en cuir, bout en forme d'amande, talon haut recouvert de veau velours, large bordure assortie, tige de couleur contrastée à hauteur de cheville, piqûres décoratives sur les côtés et l'avant-pied.

Chaussures de femmes, 1955-1956

[1] **Américaine**, v. 1955. Semelle en cuir, bout en forme d'amande, talon haut recouvert de plastique brillant multicolore, tige assortie aux côtés ouverts, empeigne décolletée, large bout ouvert, bride sur le cou-de-pied avec fermeture par une boucle ornée de pierres. [2] **Anglaise**, v. 1956. Semelle en cuir, bout rond, talon bas recouvert de veau grainé, tige assortie, couture centrale du bout jusqu'en haut de la languette, fermeture par un lacet. [3] **Américaine**, v. 1955. Semelle en cuir, bout en forme d'amande, talon haut recouvert de coton à carreaux, tige assortie aux côtés ouverts, empeigne décolletée à bord supérieur pointant vers le haut et bord inférieur pointant vers le large bout ouvert, lanière à boucle derrière la cheville. [4] **Italienne**, v. 1956. Semelle en cuir, bout en forme d'amande, talon aiguille haut recouvert de veau, tige assortie, empeigne décolletée asymétrique, à découpe décorative, bout ouvert, bords de couleur contrastée. [5] **Anglaise**, v. 1956. Semelle en cuir, bout carré, talon en cuir de hauteur moyenne, tige en veau, empeigne décolletée et pointue, surpiqûre et perforations décoratives sur l'avant-pied et les côtés. [6] **Italienne**, v. 1955. Semelle en cuir, bout en forme d'amande, talon aiguille haut recouvert de veau, tige assortie avec des découpes sur l'avant-pied, empeigne décolletée et pointue, bout ouvert en V, bords et détails surpiqués. [7] **Italienne**, v. 1955. Semelle en cuir, bout en forme d'amande, talon bas recouvert de veau, tige assortie, empeigne décolletée asymétrique, bouton décoratif d'un côté, bords et détails surpiqués. [8] **Anglaise**, v. 1955. Semelle en cuir, bout en forme d'amande, talon recouvert de veau, de hauteur moyenne, détail assorti sous une boucle en cuivre ovale ornant l'empeigne décolletée, reste de la tige en veau de couleur contrastée, sans arrière et à bout ouvert, lanière à boucle derrière la cheville, doublure de couleur vive.

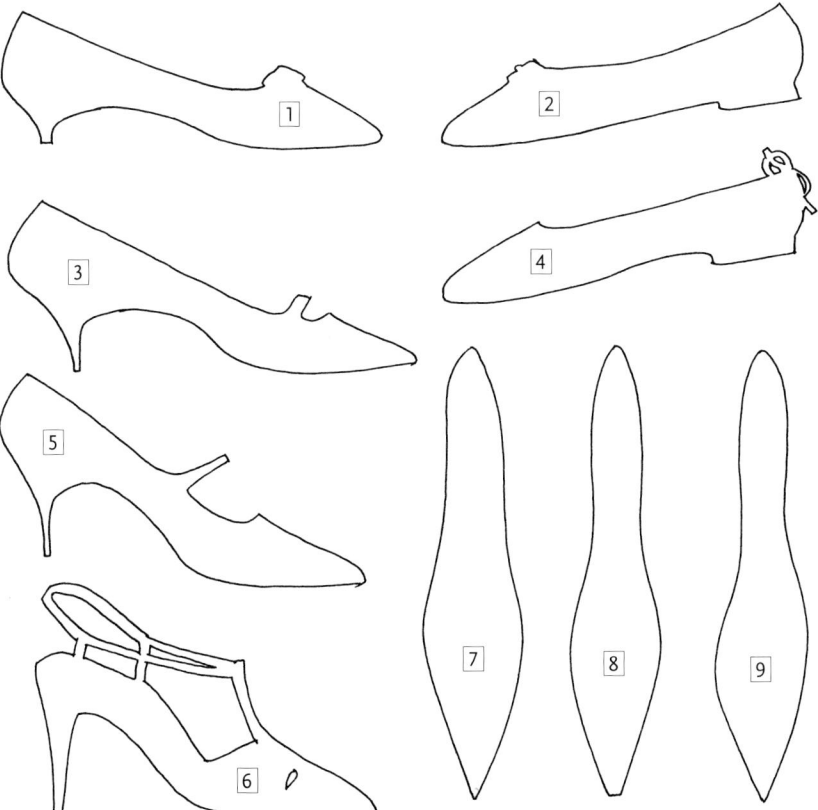

Chaussures de femmes, 1957-1959

[1] **Anglaise**, v. 1958. Semelle en cuir, bout pointu, talon aiguille bas recouvert de soie imprimée, tige assortie, empeigne décolletée avec un nœud assorti froncé au milieu. [2] **Américaine**, v. 1958. Semelle en cuir, bout pointu, talon plat recouvert de veau, tige assortie, boucle en métal sur l'empeigne décolletée. [3] **Italienne**, v. 1957. Semelle en cuir, bout pointu, talon aiguille recouvert de veau, de hauteur moyenne, bride à boucle assortie sur l'empeigne décolletée, comme les bords de la tige en veau à effet perlé, de couleur contrastée. [4] **Américaine**, v. 1959. Semelle en cuir, bout pointu, talon plat en cuir, tige en veau de couleur claire, empeigne décolletée, avant-pied de couleur contrastée avec des perforations et une couture festonnée, nœud assorti à l'arrière, comme les bords. [5] **Italienne**, v. 1958. Semelle en cuir, long bout pointu, talon aiguille haut recouvert de veau doré, tige assortie, empeigne décolletée, bride à boucle sur le cou-de-pied. [6] **Anglaise**, v. 1958. Semelle en cuir, bout pointu, talon haut recouvert de brocart, tige assortie aux côtés ouverts, empeigne décolletée à découpes décoratives sur les côtés, fines lanières autour de la cheville, fixées sur les côtés, fermeture par une boucle. [7] **Italienne**, v. 1959. Semelle en cuir, long bout pointu, talon aiguille haut en cuir verni de couleur claire, tige assortie, empeigne décolletée, ruban de soie plissé passant dans la boucle ovale incrustée de pierres. [8] **Italienne**, v. 1959. Semelle en cuir, long bout carré et étroit, talon aiguille haut recouvert de veau à effet perlé, tige assortie, empeigne décolletée ornée d'une boucle en métal. [9] **Italienne**, v. 1959. Semelle en cuir, long bout pointu, talon aiguille haut recouvert de veau à effet perlé, tige assortie, détail en veau plissé de couleur contrastée et bouton décoratif sous l'empeigne décolletée.

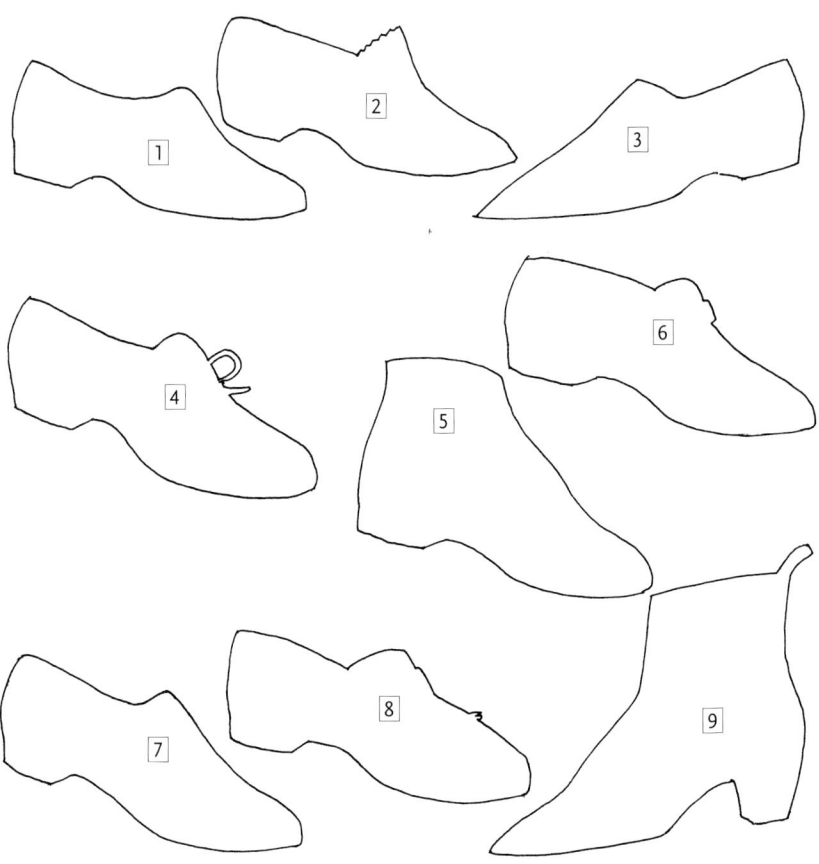

Chaussures et bottines d'hommes, 1960-1969

[1] **Italienne**, v. 1960. Semelle en cuir, bout rond, talon bas en cuir, tige en veau avec un plateau surpiqué, comme les élastiques latéraux. [2] **Anglaise**, v. 1960. Semelle en cuir, bout pointu, talon en cuir de hauteur moyenne, tige en fausse peau de serpent, lanière à boucle en veau insérée dans une languette assortie, au-dessus de l'empeigne. [3] **Anglaise**, v. 1965-1969. Semelle en cuir, long bout pointu, talon en cuir de hauteur moyenne, tige en veau avec un faux plateau, laçage latéral, coutures et détails surpiqués. [4] **Anglaise**, v. 1960-1965. Semelle en caoutchouc à bout rond et talon bas intégré, tige en faux veau velours, plateau orné d'un lacet en similicuir de couleur contrastée, détails assortis sur les côtés, comme le nœud sous une languette haute. [5] **Italienne**, v. 1964. Semelle en crêpe à bout rond et talon bas intégré, tige en toile à hauteur de cheville, laçage sur une languette haute, doublure en cuir. [6] **Française**, v. 1969. Semelle en caoutchouc à bout carré et talon bas intégré, tige en veau, plateau et languette de couleur contrastée, lanière à boucle. [7] **Anglaise**, v. 1963-1968. Semelle en cuir, bout rond, talon bas en cuir, tige en veau velours à plateau, laçage sur une languette, bords et détails surpiqués. [8] **Italienne**, v. 1969. Semelle en caoutchouc à bout rond et talon bas intégré, tige en veau, plateau à bord surélevé et surpiqué, patte avec un lacet à glands sur une languette, bords et détails surpiqués. [9] **Italienne**, v. 1964-1966. Semelle en cuir, bout pointu, talon haut en cuir, tige en veau à hauteur de cheville, larges élastiques latéraux, tirant à l'arrière.

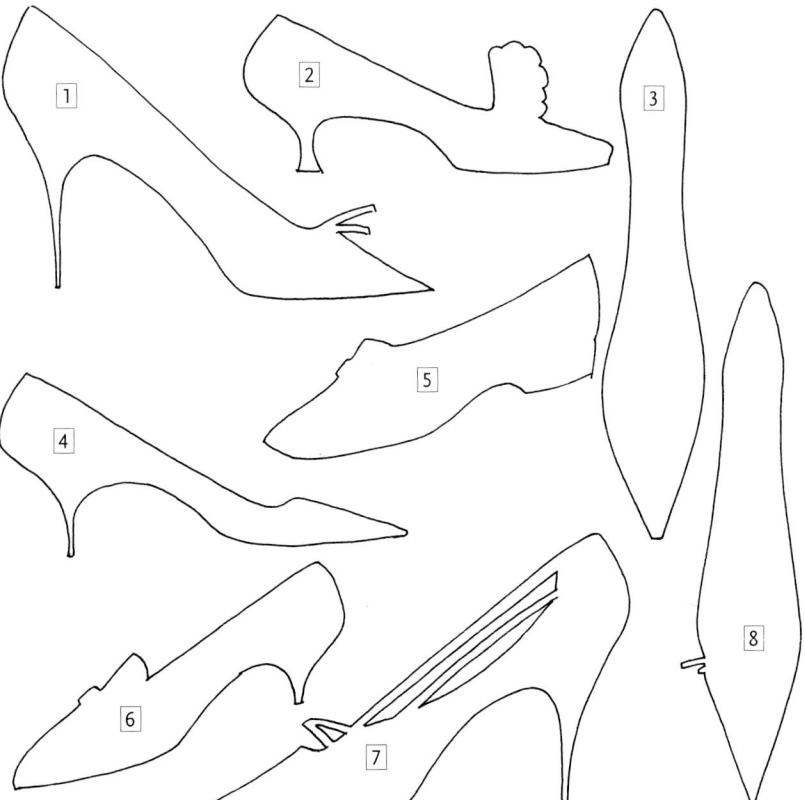

Chaussures de femmes, 1960-1962

[1] **Française**, v. 1960. Semelle en cuir, bout pointu, talon aiguille très haut recouvert de veau, tige assortie, empeigne décolletée ornée d'un nœud assorti, bout de couleur contrastée. [2] **Française**, v. 1960. Semelle en cuir, bout carré, talon Louis XV recouvert de tissu, de hauteur moyenne, tige assortie, empeigne décolletée, languette haute décorée d'une rose assortie. [3] **Italienne**, v. 1960. Semelle en cuir, bout carré étroit, talon aiguille haut recouvert de veau, tige en chevreau glacé de couleur, empeigne décolletée garnie de feuilles. [4] **Anglaise**, v. 1961. Semelle en cuir, long bout pointu, talon aiguille recouvert de veau, de hauteur moyenne, bout droit assorti en veau de couleur contrastée, comme l'arrière et la bordure de la tige. [5] **Anglaise**, v. 1961. Semelle en caoutchouc à bout en forme d'amande et talon bas intégré, tige en veau grainé, plateau surpiqué, lanière à boucle sur une languette haute. [6] **Anglaise**, v. 1962. Semelle en cuir, bout en forme d'amande, talon bas recouvert de veau, bande assortie au centre à partir de l'extrémité du bout, se prolongeant par une languette décorative avec un nœud frangé, bordure de la tige en veau de couleur contrastée. [7] **Italienne**, v. 1962. Semelle en cuir, bout pointu, talon aiguille haut recouvert de veau, tige assortie aux côtés découverts, empeigne décolletée, fine bride sur les orteils, lanières et nœud assortis sur les côtés. [8] **Française**, v. 1961. Semelle en cuir, bout très pointu, talon aiguille haut recouvert de veau, tige en mailles dorées, empeigne décolletée, bout en veau doré, nœud au milieu et bords assortis.

Chaussures de femmes, 1963-1964

1 **Anglaise**, v. 1964. Semelle en cuir, bout rond, talon bas recouvert de cuir, tige assortie, empeigne décolletée, bride à fermeture par un nœud. 2 **Anglaise**, v. 1964. Semelle en cuir, bout rond, talon en cuir de hauteur moyenne, tige en veau, plateau avec une couture surélevée de la languette haute jusqu'à l'extrémité du bout, bords et détails surpiqués. 3 **Française**, v. 1963. Semelle en cuir, bout en forme d'amande, talon plat en cuir, tige en veau, bords des côtés découverts et de l'empeigne carrée élastiqués. 4 **Italienne**, v. 1963. Semelle en cuir, bout en forme d'amande, talon bas recouvert de veau bicolore, tige assortie, empeigne décolletée de coupe droite. 5 **Anglaise**, v. 1964. Semelle en cuir, long bout en forme d'amande, talon haut recouvert de soie, tige assortie, empeigne décolletée en forme de V, large bride sur le cou-de-pied, fermeture par une boucle incrustée de perles. 6 **Anglaise**, v. 1963. Semelle en cuir, long bout en forme d'amande, talon épais recouvert de veau, de hauteur moyenne, bords assortis, comme le nœud derrière la cheville, tige de couleur contrastée, sans arrière. 7 **Française**, v. 1963. Semelle en cuir, bout carré, talon haut recouvert de veau, partie arrière de la tige et languette assorties, avant-pied et nœud décoratif en veau velours de couleur contrastée. 8 **Anglaise**, v. 1963. Semelle en cuir, bout en forme d'amande, talon aiguille recouvert de cuir verni, de hauteur moyenne, avant-pied assorti, bout ouvert, bordure et lanière à boucle de couleur contrastée derrière la cheville. 9 **Italienne**, v. 1964. Semelle en cuir, bout pointu, talon aiguille très haut recouvert de veau, haut de l'empeigne assorti, avec des découpes et des boutons décoratifs de couleur contrastée, comme le bout, les côtés découverts et l'arrière.

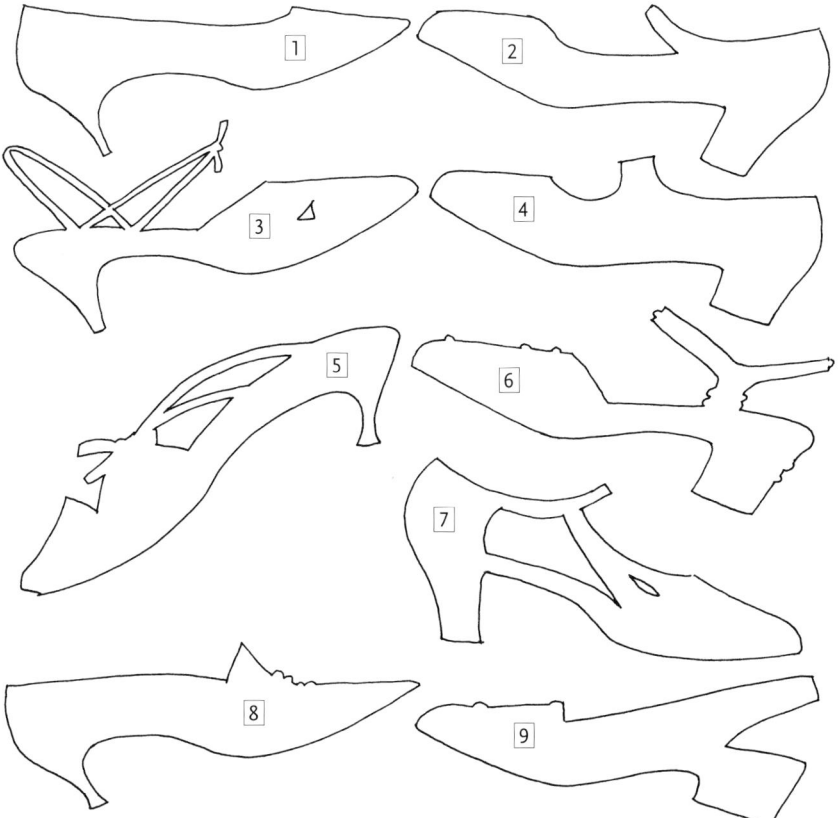

Chaussures de femmes, 1965-1966

1 **Suisse**, v. 1965. Semelle en cuir, bout pointu, talon aiguille recouvert de veau, de hauteur moyenne, tige assortie, empeigne décolletée, coutures passepoilées et petit nœud latéral de couleur contrastée. 2 **Française**, v. 1966. Semelle en cuir, long bout rond, talon épais recouvert de veau, de hauteur moyenne, tige assortie, empeigne décolletée, bords et bride à bouton en fausse peau de lézard. 3 **Italienne**, v. 1965. Semelle en cuir, bout en forme d'amande, talon bas recouvert de veau, tige assortie composée de brides couvrant partiellement l'avant-pied, fines lanières sur le cou-de-pied et autour de la cheville. 4 **Française**, v. 1966. Semelle en cuir, bout rond, talon bas recouvert de veau, tige assortie, empeigne décolletée, bride à bouton de couleur contrastée, comme les bords. 5 **Italienne**, v. 1965. Semelle en cuir, bout étroit et carré, talon aiguille de style Louis XV recouvert de soie, de hauteur moyenne, tige assortie sans arrière, avant-pied en deux parties, bout découpé fermé et nœud au milieu de l'empeigne, fines lanières latérales. 6 **Française**, v. 1966. Semelle en cuir, bout rond, talon épais et bas recouvert de veau argenté agrémenté de perles, avant-pied assorti, comme les brides sur le cou-de-pied et autour de la cheville, côtés ouverts. 7 **Française**, v. 1966. Semelle en cuir, bout en forme d'amande, talon épais recouvert de veau, de hauteur moyenne, tige assortie aux côtés ouverts, empeigne décolletée, bride à boucle reliée à des lanières latérales. 8 **Italienne**, v. 1965. Semelle en cuir, bout pointu, talon aiguille de style Louis XV recouvert de soie, de hauteur moyenne, tige assortie, bords rehaussés de satin de même couleur, empeigne pointue ornée de perles. 9 **Italienne**, v. 1966. Semelle en cuir, bout rond, talon bas recouvert de veau, tige assortie sans arrière, grande boucle décorative sur l'empeigne décolletée, large lanière derrière la cheville.

Chaussures de femmes, 1967-1969

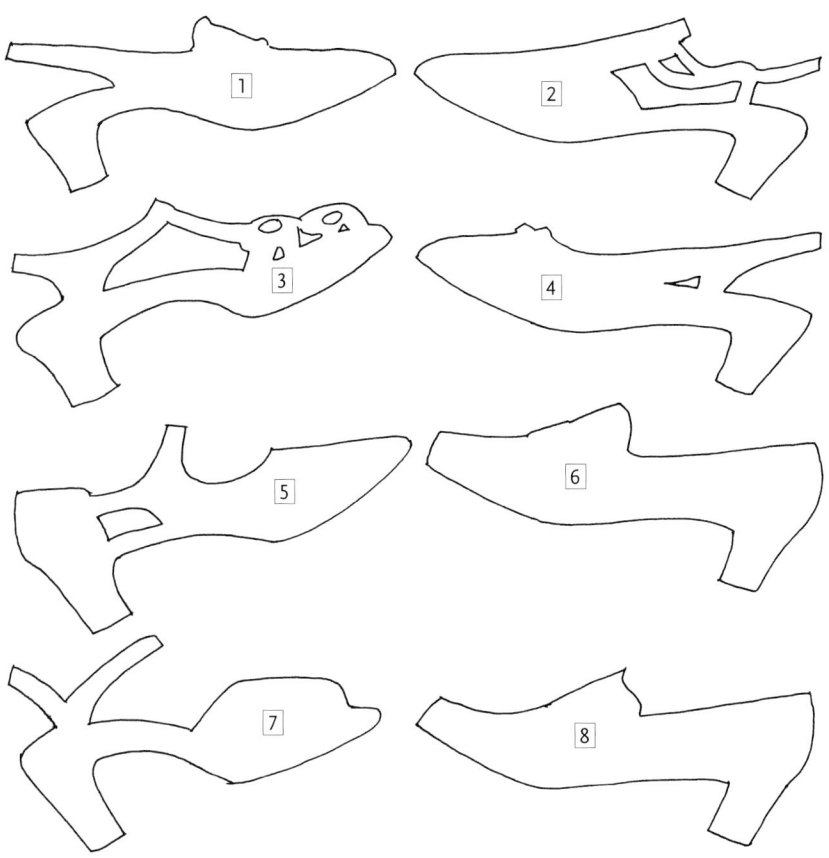

1 **Française**, v. 1968. Semelle en cuir, bout rond, talon épais recouvert de veau, de hauteur moyenne, tige assortie sans arrière, large patte à boucle sur le cou-de-pied, lanière derrière la cheville. 2 **Anglaise**, v. 1967. Semelle en cuir, bout en forme d'amande, talon épais recouvert de veau, de hauteur moyenne, tige assortie, bride en T intégrée sur l'empeigne décolletée, lanières étroites sur les côtés et derrière la cheville. 3 **Française**, v. 1969. Semelle en cuir, bout carré, talon épais recouvert de veau, de hauteur moyenne, plate-forme fine et tige assorties, brides sur les orteils ornées de découpes, bride en T et lanière à boucle autour de la cheville. 4 **Anglaise**, v. 1967. Semelle en cuir, bout en forme d'amande, talon épais recouvert de veau, de hauteur moyenne, lanière assortie autour de la cheville, comme le nœud sur l'empeigne décolletée et les bords de la tige, en plastique transparent. 5 **Italienne**, v. 1968. Semelle en cuir, bout en forme d'amande, talon épais recouvert de veau velours, de hauteur moyenne, tige assortie aux côtés ouverts, empeigne décolletée, large bride sur le cou-de-pied et lanière latérale à boucle. 6 **Italienne**, v. 1969. Semelle en cuir, bout carré, talon épais recouvert de veau, de hauteur moyenne, tige assortie, large patte avec une barrette décorative entre le plateau et la languette, bords et détails surpiqués. 7 **Italienne**, v. 1969. Semelle en cuir, bout en forme d'amande, talon haut recouvert de veau, tige assortie aux côtés ouverts, empeigne découpée et bout ouvert, bride à boucle attachée à une lanière derrière la cheville. 8 **Italienne**, v. 1969. Semelle en cuir, large bout carré, talon épais en cuir, de hauteur moyenne, tige en veau, patte à boucle sur une languette haute, bout droit perforé, arrière, bords et détails décorés de fausses perforations.

Bottes et bottines de femmes, 1960-1969

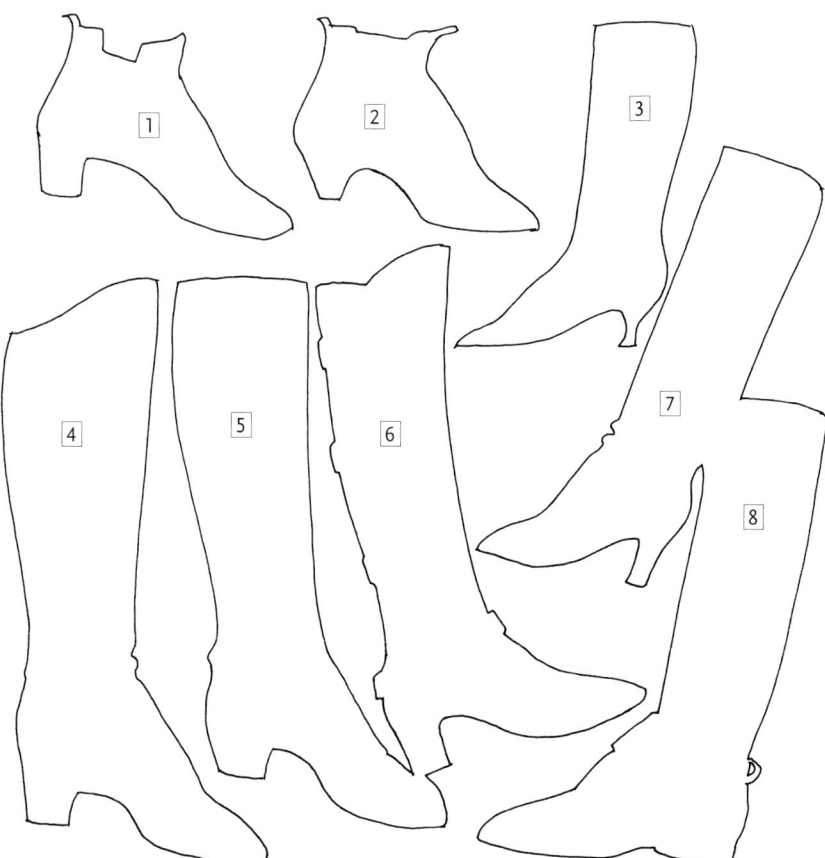

1 **Américaine**, v. 1967. Bottine avec semelle en cuir, bout carré, talon épais recouvert de veau, tige assortie à hauteur de cheville, aux côtés enveloppants, larges élastiques latéraux, bords et détails surpiqués, tirant à l'arrière. 2 **Anglaise**, v. 1964. Bottine avec semelle en cuir, bout en forme d'amande, talon en cuir de hauteur moyenne, tige en veau à hauteur de cheville, élastiques latéraux, tirants à l'avant et à l'arrière. 3 **Italienne**, v. 1960. Semelle en cuir, bout pointu, talon aiguille de style Louis XV recouvert de veau, de hauteur moyenne, chaussure et détails assortis sur la tige en fausse peau de serpent à hauteur de genou, élastique dissimulé. 4 **Française**, v. 1969. Semelle en cuir, bout rond, talon épais recouvert de veau, de hauteur moyenne, tige assortie montant au-dessus du genou, panneaux latéraux en fourrure. 5 **Américaine**, v. 1968. Jambière en veau velours montant au-dessus du genou, bride à boucle sous le cou-de-pied, conçue pour s'adapter sur une chaussure ou une botte basse, panneaux latéraux élastiqués du bord supérieur jusqu'au niveau de la cheville. 6 **Française**, v. 1968. Semelle en cuir, bout rond, talon épais recouvert de veau, de hauteur moyenne, arrière assorti de la tige montant au-dessus du genou, devant de couleur contrastée, comme les quatre lanières à boucle. 7 **Italienne**, v. 1965. Semelle en cuir, bout en forme d'amande, talon recouvert de veau, de hauteur moyenne, large bande assortie au niveau du genou, au-dessus de la jambe en veau grainé de coupe droite. 8 **Italienne**, v. 1966. Semelle en cuir, bout rond, talon bas en cuir, tige en veau à hauteur de genou, jambe de coupe droite, fermeture Éclair latérale, empiècement décoratif en cuir sur le cou-de-pied, avec une chaîne derrière le talon.

Chaussures et bottes d'hommes, 1970-1979

Italienne, vers 1970-1972

Italienne, vers 1974-1976

Italienne, vers 1972-1973

Italienne, vers 1977-1979

Italienne, vers 1977-1979

Anglaise, vers 1975

Anglaise, vers 1972

Italienne, vers 1977

Italienne, vers 1978

Chaussures et bottes de femmes, 1970-1972

Américaine, vers 1970-1971

Française, vers 1970

Américaines, vers 1970-1972

Américaine, vers 1971-1972

Américaine, vers 1972

Anglaise, vers 1972

Françaises, vers 1970

Italienne, vers 1970

Chaussures et bottes de femmes, 1973-1974

Chaussures et bottes de femmes, 1975-1976

Anglaise, vers 1975

Anglaise, vers 1975-1976

Italienne, vers 1976

Anglaise, vers 1975

Anglaise, vers 1975

Italienne, vers 1976

Italienne, vers 1976

Chaussures et bottes de femmes, 1977-1979

Chaussures et bottines d'hommes, 1980-1989

Italienne, vers 1982-1983

Américaine, vers 1980-1982

Américaine, vers 1983-1985

Anglaise, vers 1987-1989

Italienne, vers 1986-1987

Italienne, vers 1987-1988

Italienne, vers 1988-1989

Italienne, vers 1988-1989

Italienne, vers 1989

Chaussures et bottes de femmes, 1980-1982

Anglaise, vers 1981-1982

Française, vers 1981

Française, vers 1981-1982

Française, vers 1982

Française, vers 1980

Italienne, vers 1982

Italienne, vers 1980

Italienne, vers 1980

Chaussures de femmes, 1983-1984

Italienne, vers 1983

Anglaise, vers 1983

Italienne, vers 1983

Italienne, vers 1984

Anglaise, vers 1983

Italienne, vers 1983

Italienne, vers 1984

Italiennes, vers 1984

Chaussures et bottes de femmes, 1985-1986

Chaussures de femmes, 1987-1989

Chaussures et bottines d'hommes, 1990-2003

Italienne, vers 1995-1997

Américaine, vers 1999-2000

Anglaise, vers 1996-1998

Italienne, vers 2000-2003

Anglaise, vers 1990-1993

Anglaise, vers 1994-1996

Anglaise, vers 1999-2003

Américaine, vers 1995-1999

Chaussures et bottes de femmes, 1990-1992

Chaussures et bottes de femmes, 1993-1994

Chaussures et bottines de femmes, 1995-1996

Française, vers 1996

Anglaise, vers 1995

Anglaise, vers 1996

Anglaise, vers 1996

Espagnole, vers 1996

Italienne, vers 1996

Française, vers 1995

Anglaise, vers 1995

Chaussures et bottes de femmes, 1997-1999

Chaussures et bottes de femmes 2000-2005

Française, vers 2005

Italienne, vers 2005

Américaine, vers 2003

Anglaise, vers 2004

Italienne, vers 2004

Italiennes, vers 2005

Italiennes, vers 2004

Italienne, vers 2003

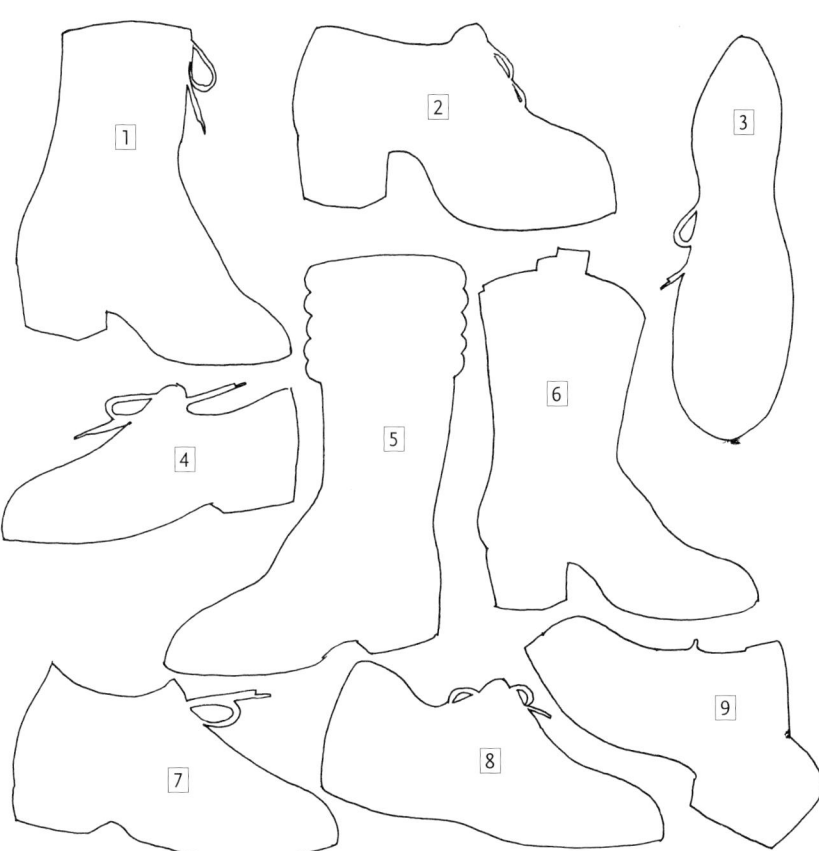

Chaussures et bottes d'hommes, 1970-1979

[1] **Italienne**, v. 1970-1972. Botte avec semelle en cuir, bout rond, talon en cuir de hauteur moyenne, tige en veau à hauteur de mi-mollet, large laçage par de gros œillets sur toute la longueur de la languette. [2] **Italienne**, v. 1974-1976. Semelle composite à plate-forme avec bout rond et talon haut intégré, tige en veau, large bout, arrière et garants de couleur contrastée, fermeture par un laçage. [3] **Italienne**, v. 1977-1979. Semelle en cuir, bout rond, talon recouvert de veau, de hauteur moyenne, tige assortie, panneaux décoratifs s'entrecroisant sur les orteils et sous le laçage, bords et détails surpiqués. [4] **Italienne**, v. 1972-1973. Semelle en cuir, bout rond, talon en cuir de hauteur moyenne, tige en veau avec des empiècements de couleur contrastée sur les orteils, passepoils, surpiqûres et lacet assortis. [5] **Italienne**, v. 1977-1979. Botte avec semelle en cuir, bout rond, talon en cuir de hauteur moyenne, tige en veau à hauteur de mi-mollet, jambe de coupe droite, garniture rembourrée en haut. [6] **Anglaise**, v. 1975. Botte avec semelle en cuir, bout rond, talon haut en plastique façon cuir, tige en veau à hauteur de mi-mollet, bord supérieur incurvé vers l'avant et l'arrière, tirants latéraux de couleur contrastée, comme le panneau rehaussé d'une étoile au centre, motif identique et de même couleur sur les orteils. [7] **Anglaise**, v. 1972. Semelle épaisse en crêpe à talon bas intégré, tige en veau velours, couture centrale surpiquée de l'extrémité du bout jusqu'en haut de la languette, lacet également en veau velours. [8] **Italienne**, v. 1977. Chaussure de sport avec semelle en caoutchouc de couleur, à bout rond et talon bas compensé intégré, tige en cuir et toile avec l'arrière montant, laçage par des œillets et des anneaux sur l'empeigne haute, détails surpiqués. [9] **Italienne**, v. 1978. Sabot avec semelle à plate-forme épaisse en bois, à large bout rond et semelle intégrée, agrémentée de clous en cuir et métal, tige en cuir, détails surpiqués sur l'empeigne haute.

Chaussures et bottes de femmes, 1970-1972

[1] **Américaines**, v. 1970-1972. Bottes avec semelle composite, bout rond, talon épais s'élargissant à la base, de hauteur moyenne, tige ajustée en plastique extensible imitant le cuir, montant au-dessus du genou, détails surpiqués. [2] **Américaine**, v. 1970-1971. Semelle en cuir, bout en forme d'amande, talon épais et haut recouvert de veau, tige assortie aux côtés découverts, empeigne décolletée, bride à boucle sur la cheville, passant par des découpes latérales. [3] **Française**, v. 1970. Semelle composite, bout en forme d'amande, talon épais et haut recouvert de veau, tige assortie aux côtés ouverts, empeigne décolletée, bride lacée sur le cou-de-pied formant une seule pièce avec l'arrière. [4] **Américaine**, v. 1971-1972. Semelle en cuir, bout en forme d'amande, talon épais et bas recouvert de veau velours, tige assortie, empeigne décolletée, large bride à boucle autour de la cheville, reliée à une extension fixée à l'arrière. [5] **Américaine**, v. 1972. Semelle épaisse composite à plate-forme recouverte de veau, bout carré, talon haut, tige assortie comprenant une bride sur les orteils et une lanière asymétrique sur le cou-de-pied, fermeture par une boucle sur le côté. [6] **Anglaise**, v. 1972. Semelle épaisse composite à plate-forme recouverte de toile, avec bout rond et talon compensé ouvert intégré, brides en toile rayée s'entrecroisant sur les orteils, bride à boucle assortie sur le cou-de-pied, comme la lanière derrière la cheville. [7] **Françaises**, v. 1970. Bottes avec semelle en cuir, bout rond, talon bas en cuir, tige en veau à hauteur de genou, garniture surpiquée en haut, bout et arrière assortis. [8] **Italienne**, v. 1970. Semelle en cuir, bout en forme d'amande, talon bas en cuir, tige en veau à hauteur de cheville, renforts de couleur contrastée sur les chevilles, garants et bords assortis.

Chaussures et bottes de femmes, 1973-1974

[1] **Anglaise**, v. 1973. Semelle composite à plate-forme démesurée en liège recouverte de veau, bout rond, talon épais et très haut, tige assortie, garants multicolores, fermeture par un lacet. [2] **Française**, v. 1973. Semelle composite à bout rond, plate-forme en bois recouverte de toile de jute, à talon compensé intégré ouvert, tige en veau à motif de patchwork multicolore, bout ouvert, empeigne haute, lanière à boucle derrière la cheville. [3] **Allemande**, v. 1973. Semelle en cuir, bout en forme d'amande, plate-forme recouverte de veau, talon épais et très haut, bout assorti, comme l'arrière et la bride à boucle autour de la cheville, tige aux côtés ouverts, empeigne décolletée en veau de couleur contrastée. [4] **Anglaises**, v. 1973. Bottes avec semelle composite à plate-forme démesurée recouverte de veau velours, bout rond, talon épais et très haut, tige assortie, ajustée à la jambe, à hauteur de genou, fermeture Éclair à l'arrière, au milieu. [5] **Française**, v. 1974. Semelle en cuir, bout rond, talon épais recouvert de veau, de hauteur moyenne, tige en veau à motif de patchwork multicolore, sans arrière, large lanière sur les côtés et derrière la cheville. [6] **Allemande**, v. 1974. Mule avec semelle à bout rond, plate-forme et talon en bois, tige en cuir, empeigne haute, bout ouvert. [7] **Italienne**, v. 1974. Semelle en cuir, bout en forme d'amande, talon droit très haut, tige assortie, empeigne décolletée. [8] **Française**, v. 1974. Semelle en cuir, bout en forme d'amande, talon épais recouvert de veau velours, de hauteur moyenne, rayure de couleur contrastée appliquée de part et d'autre, bande assortie au milieu de la tige, de l'extrémité du bout jusqu'en haut de la languette.

Chaussures et bottes de femmes, 1975-1976

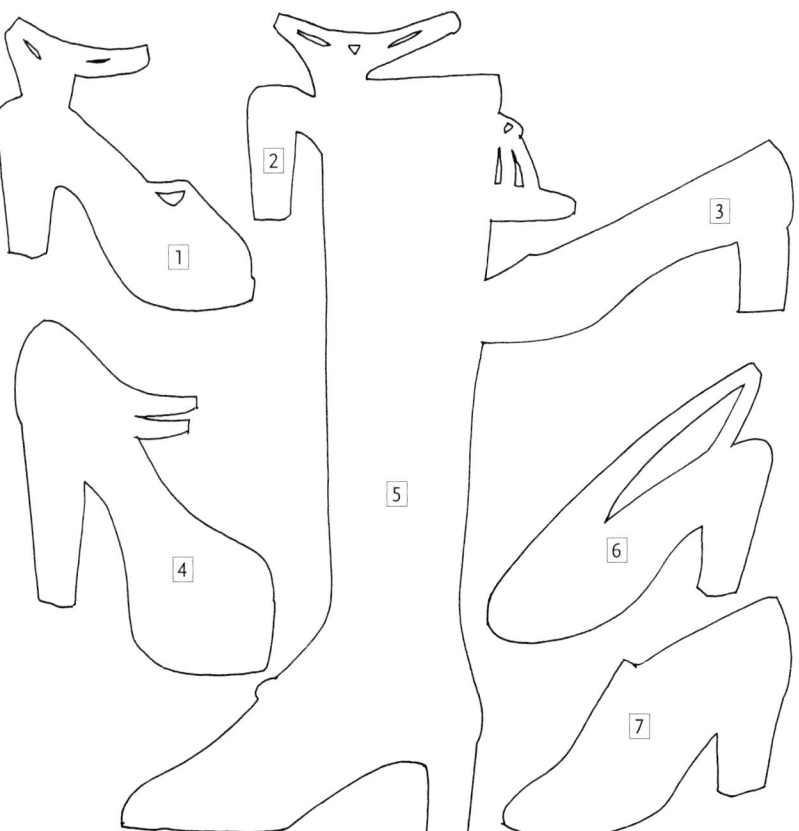

[1] **Anglaise**, v. 1975. Semelle composite à bout rond, plate-forme recouverte de veau, talon épais et haut, tige assortie sans arrière, empeigne décolletée, rabat asymétrique sur des brides étroites couvrant les orteils, attaches latérales, bride à boucle autour de la cheville. [2] **Anglaise**, v. 1975-1976. Semelle composite à bout rond, plate-forme recouverte de veau, talon épais et haut, tige assortie aux côtés ouverts, empeigne décolletée, brides sur les orteils passant par un anneau métallique, lanières à boucle autour de la cheville, fixée par des attaches latérales. [3] **Italienne**, v. 1976. Semelle en cuir, bout en forme d'amande, talon épais et haut recouvert de veau, pièce décorative en métal entre l'arrière de la tige et le haut du talon, pièce assortie au bout, tige à empeigne décolletée. [4] **Anglaise**, v. 1975. Semelle composite à bout rond, plate-forme démesurée recouverte de plastique façon cuir, talon très haut en similicuir, tige en plastique imitant le cuir, empeigne décolletée, bout agrémenté d'un motif de couleur contrastée, deux brides à boucle assorties sur le cou-de-pied. [5] **Italienne**, v. 1976. Botte avec semelle en cuir, bout en forme d'amande, talon droit haut recouvert de veau, tige assortie en veau imprimé à hauteur de genou, lanière et boutons décoratifs sur le cou-de-pied. [6] **Anglaise**, v. 1975. Semelle en cuir, bout rond, plate-forme recouverte de veau, talon épais et haut, bout et haut de l'empeigne assortis, lanière à boucle derrière la cheville et empiècement sur les orteils de couleur contrastée, tige sans arrière. [7] **Italienne**, v. 1976. Semelle en cuir, bout carré, plate-forme recouverte de veau, talon haut en similicuir, tige assortie en veau, empiècement et languette de couleur contrastée sous une fermeture à boucle.

Chaussures et bottes de femmes, 1977-1979

[1] **Anglaise**, v. 1977. Botte avec semelle en cuir, bout en forme d'amande, talon droit haut recouvert de veau, tige ajustée assortie à hauteur de genou, fausse bride à la cheville avec une boucle décorative en métal. [2] **Anglaise**, v. 1978. Botte avec semelle en cuir, bout en forme d'amande, talon droit haut recouvert de veau, pièce décorative en métal insérée à l'arrière, en haut du talon, tige en veau ajustée à la jambe, à hauteur de genou, bords et détails surpiqués. [3] **Française**, v. 1979. Semelle en cuir, bout en forme d'amande, talon droit très haut recouvert de veau, tige assortie composée de brides sur les orteils, attaches latérales et bride à boucle autour de la cheville. [4] **Italienne**, v. 1979. Semelle en cuir, bout en forme d'amande, talon droit haut recouvert de veau mat, tige assortie, bout de couleur contrastée avec des bords découpés, arrière assorti. [5] **Française**, v. 1978. Semelle en cuir, bout en forme d'amande, talon droit très haut recouvert de veau, tige assortie aux côtés ouverts, empeigne décolletée et pointue, bride à boucle autour de la cheville, attachée à l'arrière. [6] **Italienne**, v. 1979. Semelle en cuir, bout en forme d'amande, talon conique haut recouvert de veau, tige assortie aux côtés ouverts, empeigne décolletée, découpes décoratives sur l'arrière, longues lanières se nouant autour de la cheville. [7] **Française**, v. 1977. Botte avec semelle en cuir, bout rond, talon en similicuir de hauteur moyenne, tige en veau mat à hauteur de mi-mollet, devant et garniture décorative en haut de couleur contrastée, bords et détails surpiqués. [8] **Italienne**, v. 1979. Semelle en cuir, bout pointu, talon haut en similicuir, tige en veau ajustée à la jambe, à hauteur de genou, surpiqûres sur le cou-de-pied et autour de la cheville.

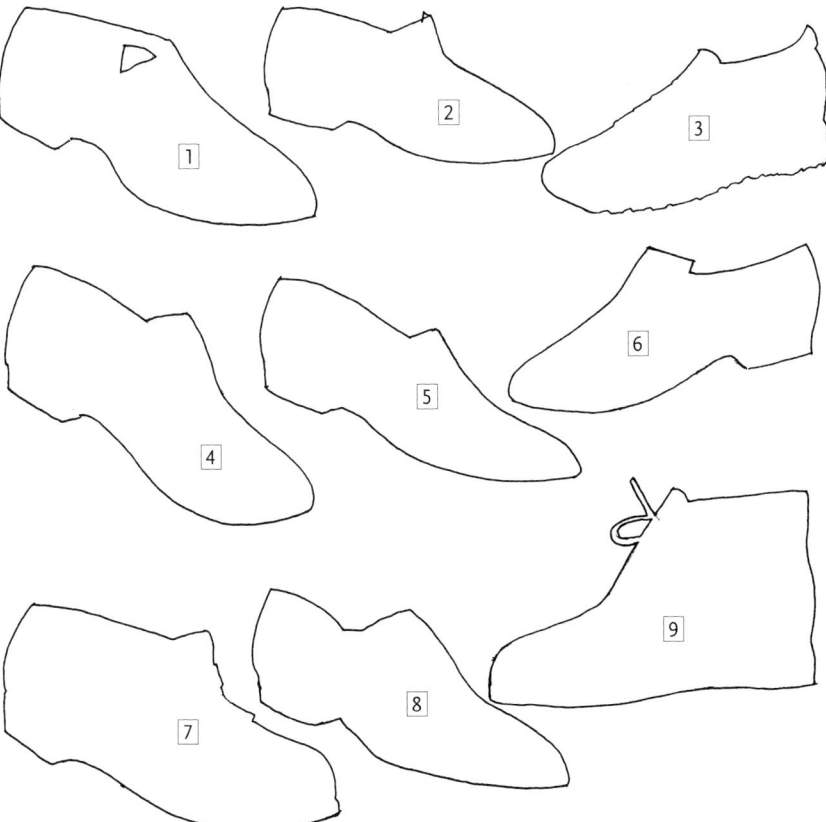

Chaussures et bottines d'hommes, 1980-1989

[1] **Américaine**, v. 1980-1982. Semelle en cuir, bout en forme d'amande, talon bas en cuir, tige en veau aux côtés découverts, plateau aux bords surpiqués, bride à boucle assortie et détails surpiqués sur l'arrière. [2] **Italienne**, v. 1982-1983. Semelle en cuir, bout en forme d'amande, talon bas en cuir, tige en veau, passepoil de couleur contrastée sur le cou-de-pied, motif appliqué assorti en forme de feuille de part et d'autre d'une languette et sur l'arrière. [3] **Américaine**, v. 1983-1985. Chaussure de sport avec semelle en caoutchouc crénelé, à bout rond recourbé et talon bas intégré, tige en caoutchouc, toile et veau velours, détails en cuir de couleur contrastée, fermeture par un laçage sur une languette. [4] **Italienne**, v. 1986-1987. Semelle en cuir, bout en forme d'amande, talon bas en cuir, tige en veau à plateau composé de bandes de cuir entrecroisées, motifs assortis sur les côtés, du bout à l'arrière. [5] **Italienne**, v. 1987-1988. Semelle en cuir, bout en forme d'amande, talon bas en cuir, tige en peau de lézard, avant-pied et languette en une seule pièce, bords en veau. [6] **Anglaise**, v. 1987-1989. Semelle composite à bout en forme d'amande et talon bas intégré, tige en veau, avant-pied et languette en une seule pièce, panneaux élastiqués sur les côtés, bords et détails surpiqués. [7] **Italienne**, v. 1988-1989. Semelle composite à bout rond et talon bas intégré, tige en veau velours à plateau, languette frangée retournée, recouverte par une large patte sur le cou-de-pied. [8] **Italienne**, v. 1989. Semelle en cuir, bout en forme d'amande, talon bas en cuir, tige en veau, surpiqûre sur le cou-de-pied, bords de l'empeigne haute assortis, comme ceux des côtés découverts. [9] **Italienne**, v. 1988-1989. Semelle épaisse en crêpe à bout rond et talon compensé intégré, tige en veau velours à hauteur de cheville, empiècement à la base, du bout jusqu'à l'arrière du talon, fermeture par un laçage, bords et détails surpiqués.

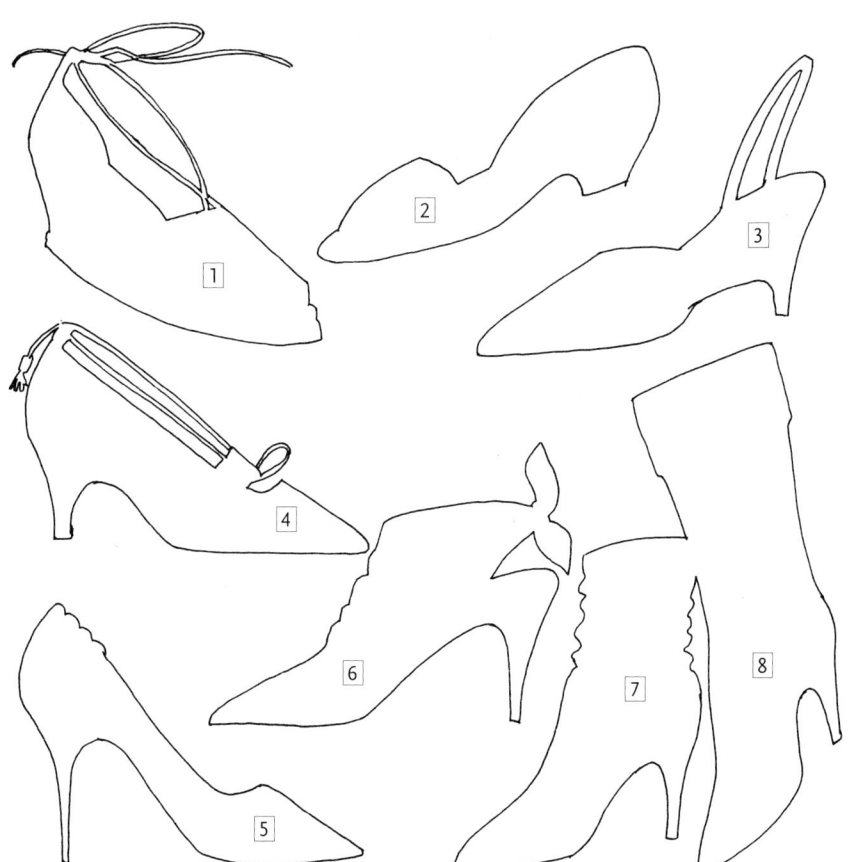

Chaussures et bottes de femmes, 1980-1982

[1] **Française**, v. 1981-1982. Semelle composite à bout en forme d'amande, rehaussée d'une cordelette, talon haut compensé recouvert de veau, tige aux côtés ouverts, bout ouvert, deux panneaux horizontaux assortis sur l'avant-pied et un panneau de couleur contrastée, comme l'arrière et les longs lacets attachés sur le haut de l'empeigne et se nouant autour de la cheville. [2] **Anglaise**, v. 1981-1982. Semelle en cuir, bout en forme d'amande, talon bas compensé recouvert de veau, tige asymétrique assortie, motif ruché d'un côté, au-dessus du bout ouvert, empeigne décolletée, un côté ouvert. [3] **Française**, v. 1981. Semelle en cuir, bout pointu, talon compensé recouvert de cuir, de hauteur moyenne, tige assortie aux côtés ouverts, empeigne décolletée et pointue, lanière étroite derrière la cheville, avec un élastique à l'arrière. [4] **Française**, v. 1982. Semelle en cuir, bout pointu, talon recouvert de veau, de hauteur moyenne, tige assortie, empeigne décolletée, lacet rond se terminant par des glands, coulissant par des attaches fixées sur les côtés et à l'arrière. [5] **Italienne**, v. 1980. Semelle en cuir, bout pointu, talon aiguille très haut recouvert de veau, tige assortie, bords de l'empeigne décolletée et arrière en forme de coquille rehaussés de chevreau de couleur contrastée. [6] **Française**, v. 1980. Semelle à bout pointu, talon haut recouvert de veau velours, tige assortie sans arrière, drapé au-dessus de la couture de l'empeigne, noué en foulard derrière la cheville. [7] **Italienne**, v. 1982. Botte avec semelle à bout pointu, talon droit haut recouvert de veau velours, tige assortie à hauteur de mi-mollet, drapé au niveau de la jambe, au-dessus de la couture de l'empeigne haute. [8] **Italienne**, v. 1980. Botte avec semelle à bout pointu, talon haut recouvert de veau, tige assortie à hauteur de genou, couture de l'empeigne galbée, revers orné de piqûres décoratives, reproduites à mi-mollet.

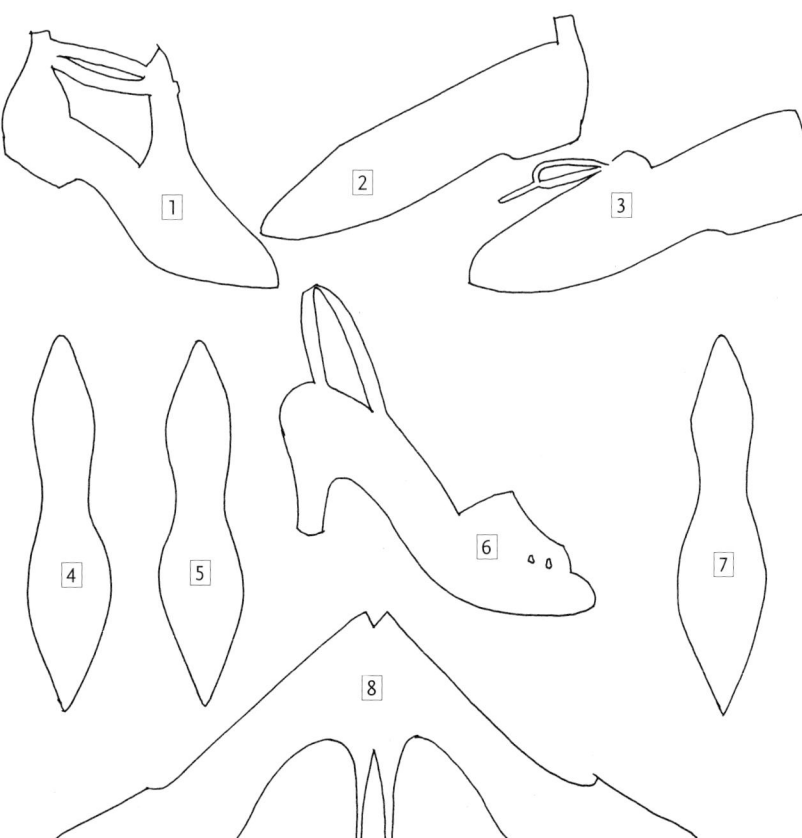

Chaussures de femmes, 1983-1984

[1] **Italienne**, v. 1983. Semelle en cuir, bout en forme d'amande, talon bas en cuir, tige en veau velours aux côtés ouverts, bride en T se fermant à l'arrière, bords perforés et surpiqués. [2] **Anglaise**, v. 1983. Semelle en cuir, bout en forme d'amande, talon bas en cuir, tige en veau, empeigne décolletée, partie inférieure de couleur contrastée, comme l'arrière, se prolongeant par une extension. [3] **Italienne**, v. 1983. Semelle en cuir, bout en forme d'amande, talon bas en cuir, tige en veau, fermeture par un laçage sur une languette, garants se prolongeant jusqu'à l'extrémité du bout, bords et détails passepoilés et surpiqués. [4] **Italienne**, v. 1983. Semelle en cuir, bout pointu, talon aiguille haut recouvert de veau, tige assortie, décorée de motifs en cuir multicolores du bout jusqu'à l'arrière, empeigne décolletée et pointue. [5] **Italienne**, v. 1984. Semelle en cuir, bout pointu, talon aiguille haut recouvert de veau, tige assortie, bout et languette en veau de couleur contrastée. [6] **Anglaise**, v. 1983. Semelle en cuir, bout en forme d'amande, talon recouvert de veau, de hauteur moyenne, tige assortie aux côtés ouverts, empeigne décolletée et brides asymétriques sur le bout ouvert, lanière à boucle derrière la cheville. [7] **Italienne**, v. 1984. Semelle en cuir, bout pointu, talon aiguille haut recouvert de veau, bout de la tige assorti, motifs de feuilles de couleur contrastée appliqués sous l'empeigne décolletée, côtés et arrière assortis. [8] **Italiennes**, v. 1984. Semelle en cuir, bout pointu, talon aiguille très haut recouvert de veau, rayures asymétriques assorties appliquées sous l'empeigne décolletée, sur l'avant-pied de la tige en veau de couleur contrastée.

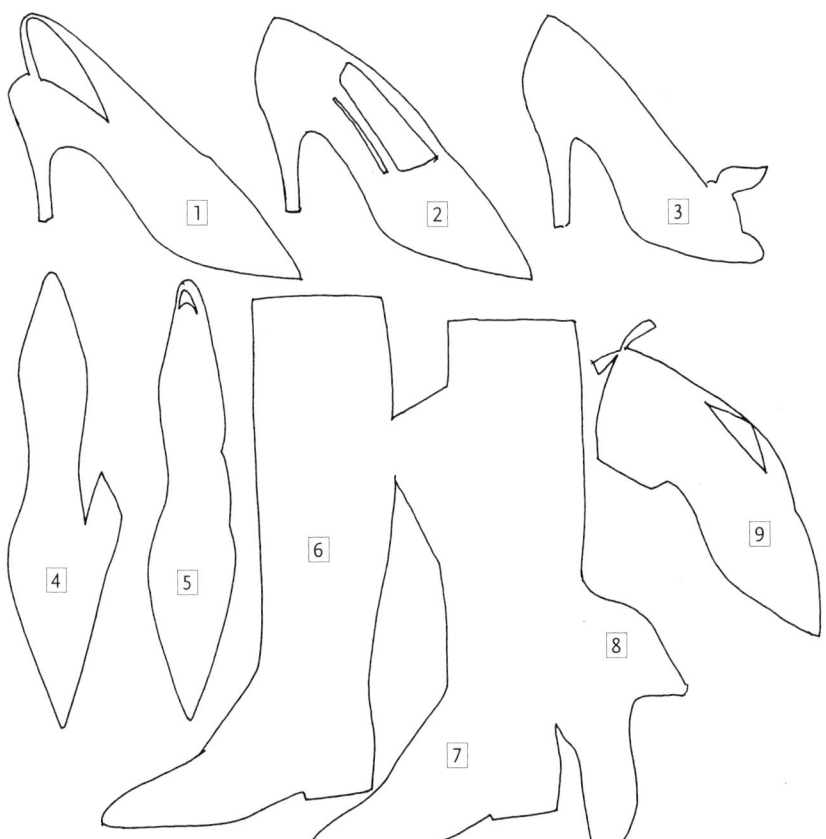

Chaussures et bottes de femmes, 1985-1986

[1] **Française**, v. 1985. Semelle en cuir, bout pointu, talon effilé recouvert de veau, de hauteur moyenne, bout assorti, tige de couleur contrastée, empeigne décolletée, lanière à boucle derrière la cheville. [2] **Anglaise**, v. 1985. Semelle composite, bout pointu, talon haut effilé recouvert de veau, tige assortie aux côtés ouverts, bord de l'empeigne décolletée de couleur contrastée, lanières latérales assorties attachées à l'arrière, fermeture par un bouton. [3] **Anglaise**, v. 1985. Semelle composite, bout en forme d'amande, talon haut effilé recouvert de veau, tige assortie, effet de drapé et nœud sur le bout ouvert. [4] **Italienne**, v. 1986. Semelle en cuir, bout pointu, talon aiguille haut recouvert de veau, tige assortie, empeigne décolletée et pointue simulant un rabat, ornement en veau agrémenté d'une broche d'un côté. [5] **Italienne**, v. 1986. Semelle en cuir, bout pointu, talon aiguille haut recouvert de soie, tige assortie, empeigne décolletée ruchée d'un côté, lanière asymétrique en satin enfilée devant dans un ruban de soie, passant derrière la cheville et reliée au bord opposé festonné. [6] **Italienne**, v. 1986. Botte avec semelle en cuir, bout rond, talon bas en cuir, tige en veau velours grainé à hauteur de genou, jambe droite rehaussée d'une lanière en cuir verticale à boucle, enfilée de la cheville jusqu'au bord supérieur. [7] **Italienne**, v. 1986. Botte avec semelle en cuir, bout rond, talon bas en cuir, tige en veau à hauteur de genou, jambe droite rehaussée d'une patte à bouton. [8] **Anglaise**, v. 1985. Botte avec semelle en cuir, bout pointu, talon cylindrique recouvert de veau, de hauteur moyenne, tige assortie à hauteur de mi-mollet, rayure horizontale de couleur contrastée appliquée sous le bord supérieur, rayure verticale festonnée assortie sur l'extérieur de la jambe, de coupe droite. [9] **Italienne**, v. 1986. Semelle en cuir, bout pointu, talon bas en cuir, tige en soie, rubans dorés du milieu de l'empeigne décolletée jusqu'à l'arrière, agrémenté d'un nœud.

Chaussures de femmes, 1987-1989

[1] **Italienne**, v. 1988. Semelle en cuir, bout en forme d'amande, talon conique très haut recouvert de veau velours, tige assortie, avant-pied et languette en une seule pièce, détail assorti à l'arrière. [2] **Italienne**, v. 1988. Semelle en cuir, bout rond, talon bas recouvert de cuir verni, tige assortie aux côtés découpés, empeigne décolletée ornée d'un nœud en velours tacheté. [3] **Anglaise**, v. 1987. Semelle composite, bout pointu, talon aiguille très haut recouvert de soie imprimée, tige assortie, empeigne décolletée. [4] **Italienne**, v. 1989. Semelle en cuir, bout en forme d'amande, talon en cuir de hauteur moyenne, tige en veau sans arrière, empeigne étroite, large lanière derrière la cheville. [5] **Italienne**, v. 1987. Semelle composite à bout en forme d'amande et talon bas intégré, tige en fausse peau d'animal, bout ouvert, lanière asymétrique derrière la cheville, avec un élastique sur le côté, à l'arrière, un côté ouvert. [6] **Italienne**, v. 1987. Semelle en cuir, bout en forme d'amande, talon conique haut recouvert de velours, tige en velours aux côtés ouverts, large lanière en gros-grain de couleur contrastée derrière la cheville et bride assortie sur le cou-de-pied, avec une boucle incrustée de pierres. [7] **Française**, v. 1987. Semelle en cuir, bout pointu, talon haut compensé recouvert de veau velours, tige assortie, empeigne décolletée, motifs en chevreau de couleur contrastée appliqués sur les côtés et l'arrière. [8] **Italienne**, v. 1987. Semelle en cuir, bout pointu, talon compensé en deux parties, de hauteur moyenne, tige en veau sans arrière, empeigne décolletée et pointue, large lanière élastiquée derrière la cheville, haut du talon assorti, bout pointu en chevreau argenté, bas du talon assorti.

Chaussures et bottines d'hommes, 1990-2003

[1] **Anglaise**, v. 1996-1998. Sandale avec semelle en caoutchouc crénelé, à bout rond et talon bas intégré, tige en veau composée de deux larges lanières réglables sur les orteils, bride avec une fermeture Velcro sur une patte rembourrée, large lanière derrière la cheville. [2] **Italienne**, v. 1995-1997. Semelle en cuir, bout rond, talon bas en cuir, tige en veau, garants et large bordure supérieure de couleur contrastée, fermeture par un laçage. [3] **Américaine**, v. 1999-2000. Semelle en caoutchouc crénelée, à bout rond et talon bas intégré, tige en veau velours à hauteur de cheville, fermeture par un laçage, renfort en cuir de couleur contrastée à la cheville, tirant à l'arrière, bords et détails surpiqués. [4] **Italienne**, v. 2000-2003. Semelle composite, bout rond, talon bas, tige en cuir avec deux coutures surpiquées sur l'avant-pied, patte rehaussée d'une décoration en métal sur le cou-de-pied, languette haute. [5] **Anglaise**, v. 1990-1993. Semelle en caoutchouc à bout rond et talon bas intégré, tige en veau à hauteur de cheville, fermeture par un rabat latéral avec une lanière à boucle, tirant à l'arrière. [6] **Anglaise**, v. 1994-1996. Semelle en caoutchouc composite, à bout rond et talon bas intégré, tige en veau à hauteur de cheville, plateau surpiqué recouvert par une patte ornée d'une découpe sur le cou-de-pied, languette haute, élastiques latéraux, bord supérieur rembourré. [7] **Anglaise**, v. 1999-2003. Semelle composite, bout carré, talon bas, tige en veau à hauteur de cheville, couture surpiquée sur le devant, au milieu, de l'extrémité du bout jusqu'en haut de la languette, fermeture par un laçage, tirant à l'arrière. [8] **Américaine**, v. 1995-1999. Semelle composite à bout rond et talon bas intégré, tige en veau avec un plateau de couleur contrastée, languette haute et patte ornée d'une découpe sur le cou-de-pied.

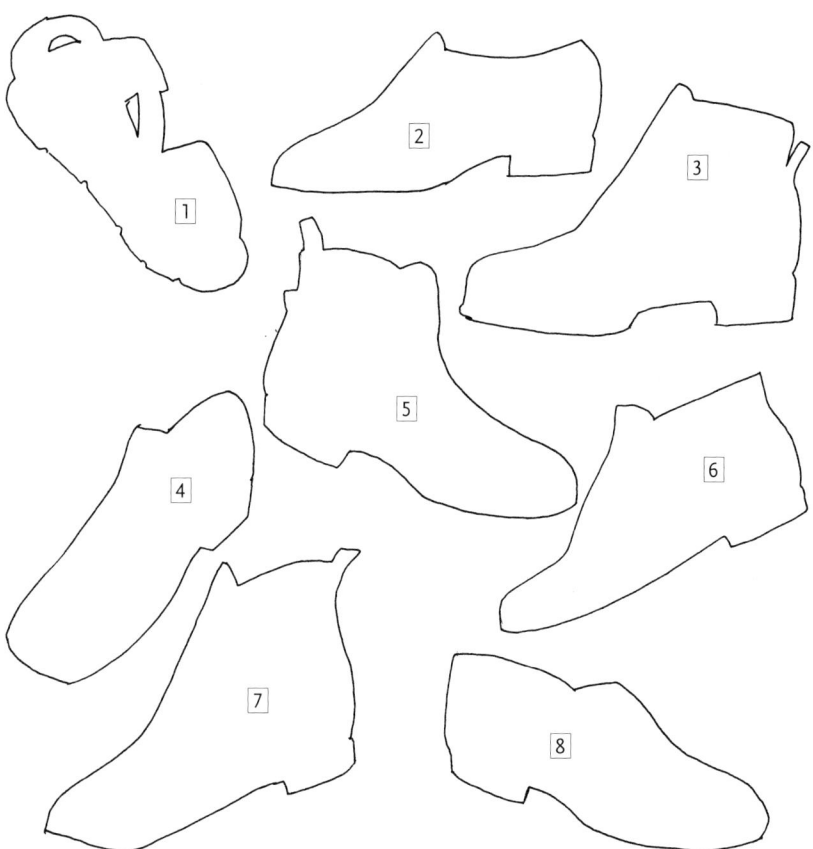

Chaussures et bottes de femmes, 1990-1992

[1] **Française**, v. 1990. Semelle crénelée de fabrication artisanale, à bout rond et talon bas intégré, bout assorti sur la tige en veau velours de couleur claire, fermeture à lacet sur une languette haute, bords et détails surpiqués. [2] **Française**, v. 1990. Semelle en cuir, bout en forme d'amande, talon bas en cuir, tige en soie imprimée, empeigne décolletée étroite. [3] **Française**, v. 1990. Semelle en cuir, bout en forme d'amande, talon bas recouvert de veau, tige en soie tachetée, empeigne décolletée étroite, ornée d'un bouton en perles. [4] **Française**, v. 1991. Semelle en cuir, bout pointu, tige en faux veau velours à hauteur de cheville, brodée de papillons, feuilles et fleurs multicolores, côtés élastiques, tirant à l'arrière. [5] **Française**, v. 1990. Semelle en cuir, bout pointu, talon haut effilé recouvert de veau, tige assortie aux côtés ouverts, empeigne décolletée et pointue, fermeture par un nœud à la cheville. [6] **Anglaise**, v. 1991. Semelle composite, bout pointu, talon bas de style Louis XV recouvert de veau, tige assortie à hauteur de cheville, côtés enveloppants avec des élastiques dissimulés, empeigne haute et pointue, arrière assorti. [7] **Française**, v. 1991. Botte avec semelle en cuir, bout pointu, talon bas, tige en veau à hauteur de mi-mollet, bout droit, fermeture à lacet passant par des crochets, de l'empeigne décolletée jusqu'en haut de la jambe rayée, tirant à l'arrière. [8] **Française**, v. 1992. Semelle en cuir, bout pointu, talon bas recouvert de veau, tige tressée assortie, sans arrière, deux lanières derrière la cheville et trois lanières latérales. [9] **Anglaise**, v. 1991. Mule avec semelle en cuir, bout pointu, talon de style Louis XV recouvert de brocart, de hauteur moyenne, tige assortie, avant-pied, côtés et languette haute et pointue ornés de broderies de fleurs multicolores. [10] **Italienne**, v. 1991. Semelle en cuir, bout pointu, talon aiguille haut recouvert de veau doré, bords de la tige assortis, tige en chevreau à motif de patchwork multicolore, empeigne décolletée.

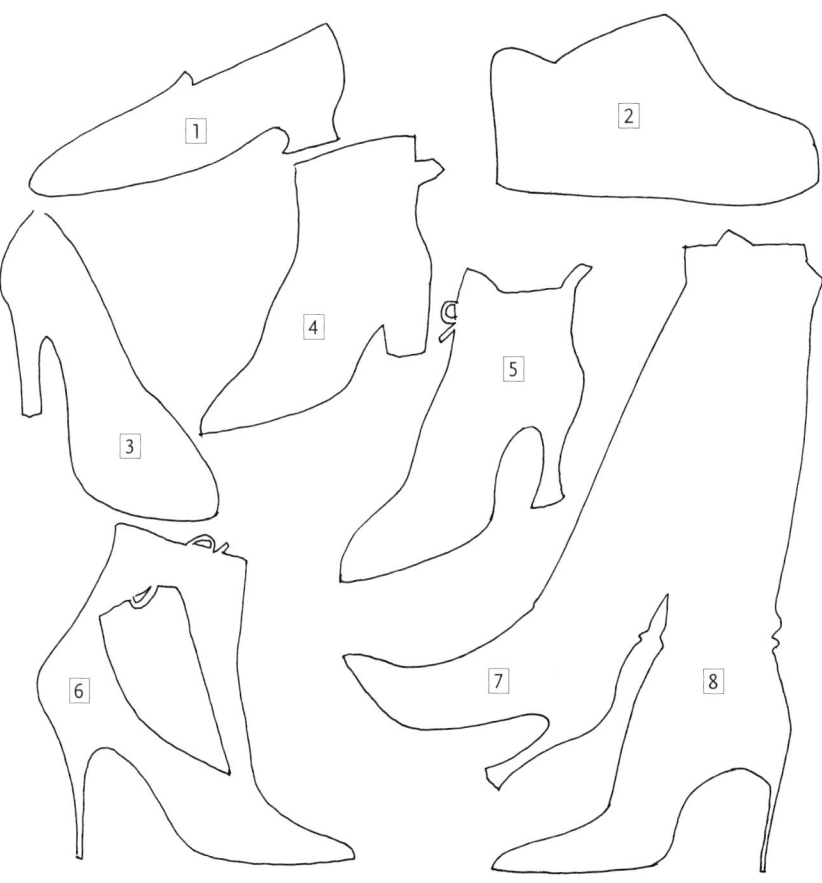

Chaussures et bottes de femmes, 1993-1994

[1] **Anglaise**, v. 1994. Semelle composite, bout en forme d'amande, talon bas recouvert de veau, tige assortie à empeigne décolletée et languette courte. [2] **Française**, v. 1993. Espadrille avec semelle de fabrication artisanale à bout rond, haute plate-forme et talon haut compensé recouverts de corde, tige en cuir sans arrière, bout ouvert, empeigne haute. [3] **Française**, v. 1993. Semelle en cuir, bout rond, plate-forme fine recouverte de veau, talon droit assorti, de hauteur moyenne, tige assortie, empeigne décolletée étroite. [4] **Anglaise**, v. 1993. Semelle en cuir, bout pointu, talon carré bas recouvert de veau, tige assortie à hauteur de cheville, couture centrale du bout jusqu'au bord supérieur, lanière à boucle attachée à une bande latérale, avec un faux boutonnage. [5] **Américaine**, v. 1993. Semelle composite, bout pointu, plate-forme fine recouverte de veau, talon assorti de style Louis XV, de hauteur moyenne, tige à hauteur de cheville, fermeture par un laçage sur une languette haute, tirant décoratif à l'arrière. [6] **Anglaise**, v. 1994. Semelle composite, bout pointu, talon aiguille haut recouvert de veau, tige assortie à hauteur de cheville, fermeture par un laçage latéral, panneaux découpés de chaque côté. [7] **Anglaise**, v. 1994. Botte avec semelle composite, bout pointu, talon haut incurvé recouvert de soie, tige assortie en soie extensible à hauteur de genou, jambe ajustée. [8] **Italienne**, v. 1994. Botte avec semelle en cuir, talon aiguille très haut recouvert de veau argenté, long bout pointu assorti, comme les bords de la fermeture Éclair sur la jambe ajustée, tige en plastique transparent à hauteur de genou.

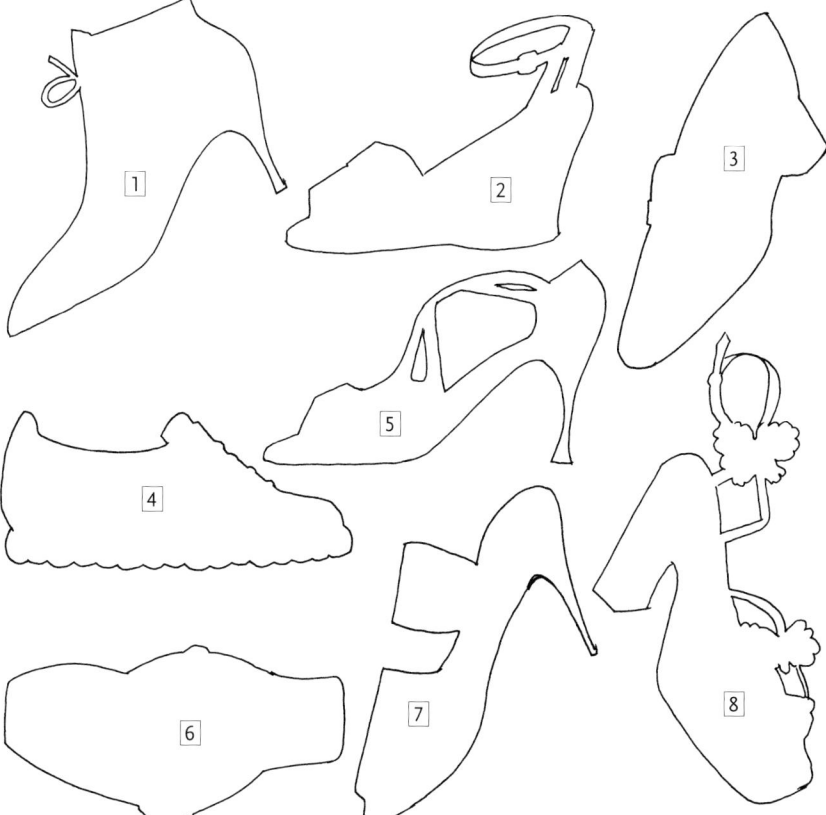

Chaussures et bottines de femmes, 1995-1996

[1] **Française**, v. 1996. Semelle en cuir, bout pointu, plate-forme fine recouverte de veau, talon haut effilé assorti, partie avant de la tige en fausse peau d'animal, fermeture par un laçage sur une languette haute, arrière de la tige et bord supérieur en plastique transparent. [2] **Anglaise**, v. 1995. Semelle composite, bout rond, plate-forme recouverte de veau, comme le talon haut compensé, bandes latérales assorties et lanière à boucle autour de la cheville, deux brides en plastique transparent sur les orteils et le cou-de-pied. [3] **Anglaise**, v. 1996. Semelle en cuir, bout rond, talon recouvert de veau, de hauteur moyenne, tige assortie avec un plateau surpiqué, languette haute sous une patte sur le cou-de-pied. [4] **Espagnole**, v. 1996. Chaussure de sport avec semelle en caoutchouc à coussin d'air, avec bout rond et talon bas intégré, tige en cuir, bout décoratif, fermeture à lacet sur une languette haute, renforts autour de la cheville et sur l'arrière, bords et détails surpiqués. [5] **Anglaise**, v. 1996. Semelle composite, bout rond, plate-forme fine recouverte de fausse peau de poney, talon haut effilé assorti, comme la tige aux côtés ouverts, empeigne décolletée, bout ouvert, lanières s'entrecroisant sur le cou-de-pied avec une fermeture à boucle d'un côté. [6] **Italienne**, v. 1996. Sandale avec semelle en cuir, sans talon, bout carré, doublure en veau, tige composée d'une courte lanière entre les orteils, reliée à une large bande ornée de pierres multicolores sur le cou-de-pied. [7] **Française**, v. 1995. Semelle en cuir, bout pointu, talon aiguille très haut recouvert de veau velours, tige assortie aux côtés ouverts, empeigne décolletée, bout ouvert, large bride assortie sur le cou-de-pied, doublure en chevreau doré. [8] **Anglaise**, v. 1995. Semelle composite, bout carré, plate-forme fine recouverte de veau doré, talon épais et haut assorti, comme les fines lanières entrecroisées, ornées de papillons en pierres.

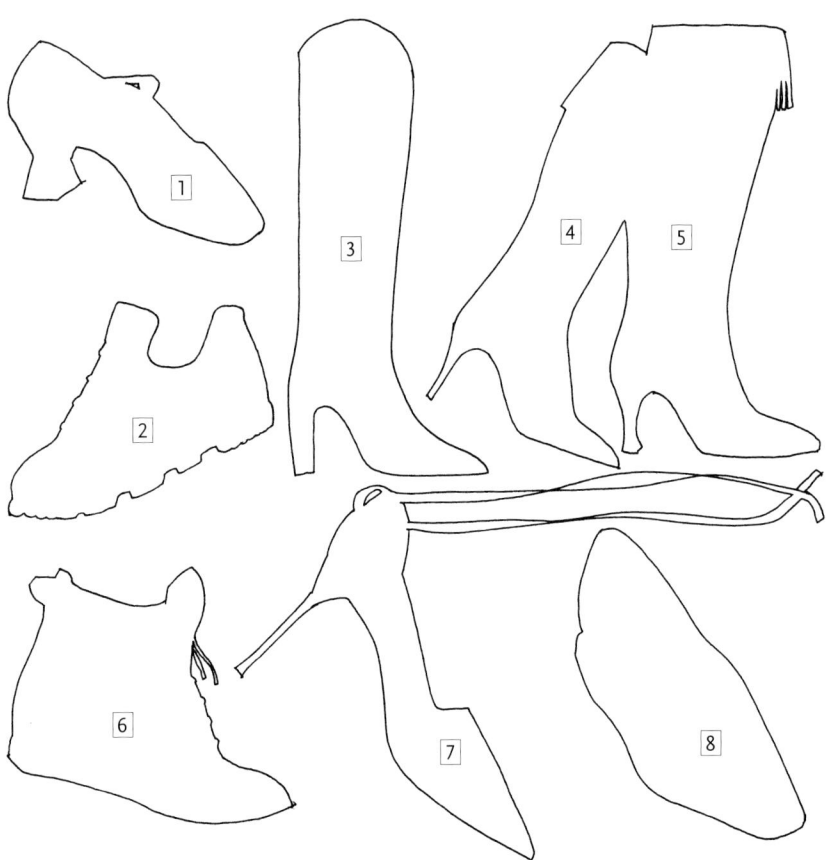

Chaussures et bottes de femmes, 1997-1999

1 **Italienne**, v. 1998. Semelle en cuir, bout carré étroit, talon géométrique bicolore recouvert de veau, de hauteur moyenne, tige assortie, empeigne décolletée, bride à boucle autour de la cheville. 2 **Américaine**, v. 1997. Chaussure de sport avec semelle en caoutchouc crénelée, bout rond et talon bas intégré, talon compensé et plate-forme de couleur contrastée, tige en veau velours de couleur claire à plateau, laçage de couleur contrastée sur une languette haute, contrefort rembourré, bords et détails surpiqués. 3 **Française**, v. 1997. Botte avec semelle en cuir, bout pointu allongé, talon droit haut recouvert de satin, tige assortie en satin extensible à hauteur de genou, jambe de coupe droite, agrémentée d'un dragon brodé en soie de couleur. 4 **Anglaise**, v. 1999. Botte avec semelle en cuir, bout pointu allongé, talon haut effilé incrusté de pierres multicolores, revers assorti sur la tige en velours frappé, à hauteur de genou, jambe ajustée. 5 **Anglaise**, v. 1999. Botte avec semelle en cuir, bout pointu allongé, talon de style Louis XV recouvert de veau, de hauteur moyenne, tige à hauteur de genou, lanières en cuir entrecroisées enserrant la jambe ajustée, revers frangé. 6 **Américaine**, v. 1997. Chaussure de sport avec semelle de fabrication artisanale, à bout rond et talon bas intégré, partie inférieure de la tige assortie, bord décoratif et découpes, partie principale de la tige en tissu imitant le veau velours, à hauteur de cheville, petit plateau, fermeture par un lacet sur une languette haute, détails et bords surpiqués. 7 **Anglaise**, v. 1997. Semelle en cuir, bout pointu, talon aiguille très haut en métal, recouvert de soie dans sa partie supérieure, tige assortie aux côtés ouverts, empeigne décolletée, avant-pied orné de perles, arrière assorti, long ruban attaché en haut, s'enroulant autour de la jambe. 8 **Anglaise**, v. 1999. Semelle épaisse en crêpe, à bout carré et talon compensé intégré, tige en veau velours, nœud en cuir d'un côté de l'empeigne haute à effet de rabat, couture surpiquée d'un côté, détail assorti sur un côté à l'arrière.

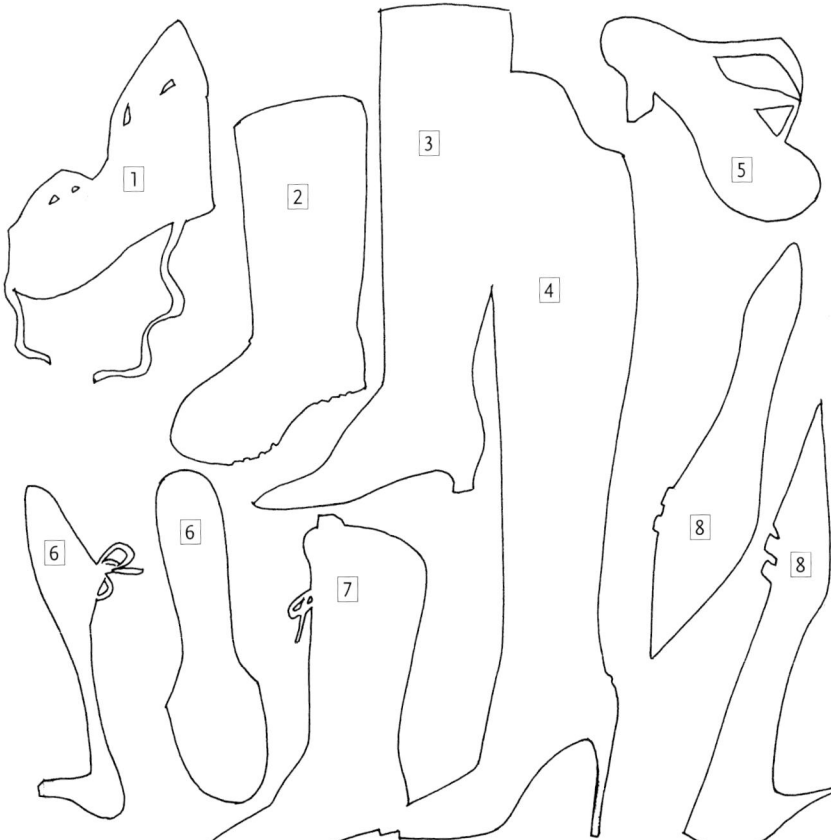

Chaussures et bottes de femmes, 2000-2005

1 **Française**, v. 2005. Semelle en cuir, large bout rond, haute plate-forme et talon compensé recouverts de corde, tige composée de brides en cuir s'entrecroisant sur le cou-de-pied, arrière en tissu, longs rubans fixés en haut, s'enroulant autour de la jambe. 2 **Anglaise**, v. 2004. Botte avec semelle épaisse composite et crénelée, à large bout rond et talon bas intégré, tige en peau de mouton à hauteur de mi-mollet, coutures extérieures surpiquées. 3 **Italienne**, v. 2005. Semelle en cuir, bout allongé, talon bas recouvert de veau, tige ajustée en veau ouvragé, à hauteur de genou, fermeture Éclair à l'arrière. 4 **Italienne**, v. 2003. Semelle en cuir, bout pointu, plate-forme recouverte de veau grainé et rehaussée de clous en métal, talon aiguille très haut assorti, tige montant au-dessus du genou, fermeture Éclair latérale dissimulée, contrefort orné de clous. 5 **Américaine**, v. 2003. Sandale avec semelle en plastique, large bout rond, talon bas en plastique, tige composée de brides en plastique reliées à une lanière entre les orteils. 6 **Italiennes**, v. 2004. Mules avec semelle en cuir, bout rond, talon bas recouvert de veau, tige composée de panneaux en peau de serpent, empeigne décolletée avec un nœud décoratif sur la découpe. 7 **Italienne**, v. 2004. Botte avec semelle en caoutchouc, à bout rond et talon bas intégré, tige en veau à hauteur de mi-mollet, bandes décoratives et bord supérieur de couleur contrastée, fermeture à lacet sur une languette longue. 8 **Italiennes**, v. 2005. Semelle en cuir, bout pointu allongé, talon aiguille haut recouvert de veau, tige assortie, deux brides ornées de perles sur l'empeigne décolletée et pointue, bords et fausses surpiqûres de couleur contrastée.

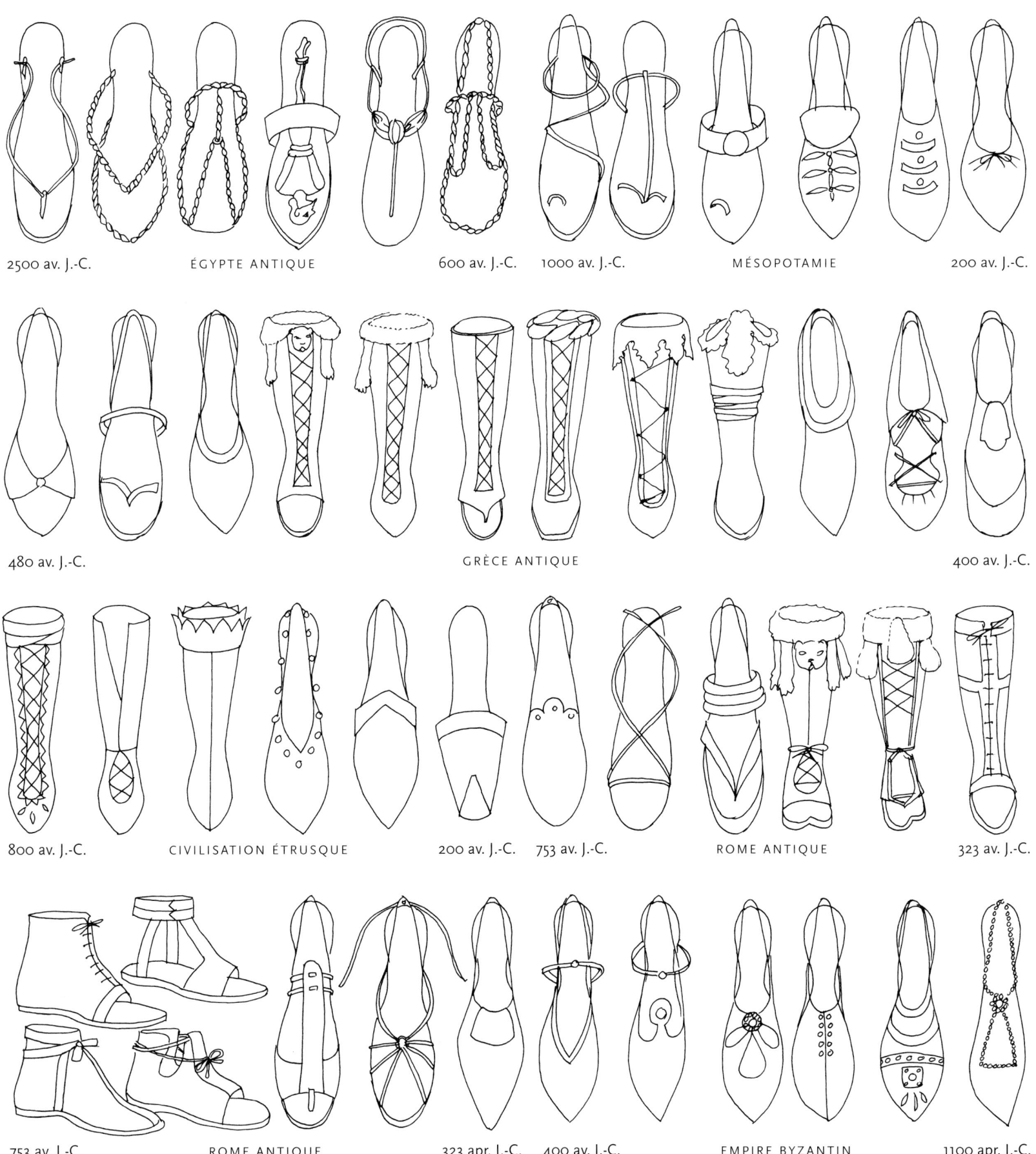

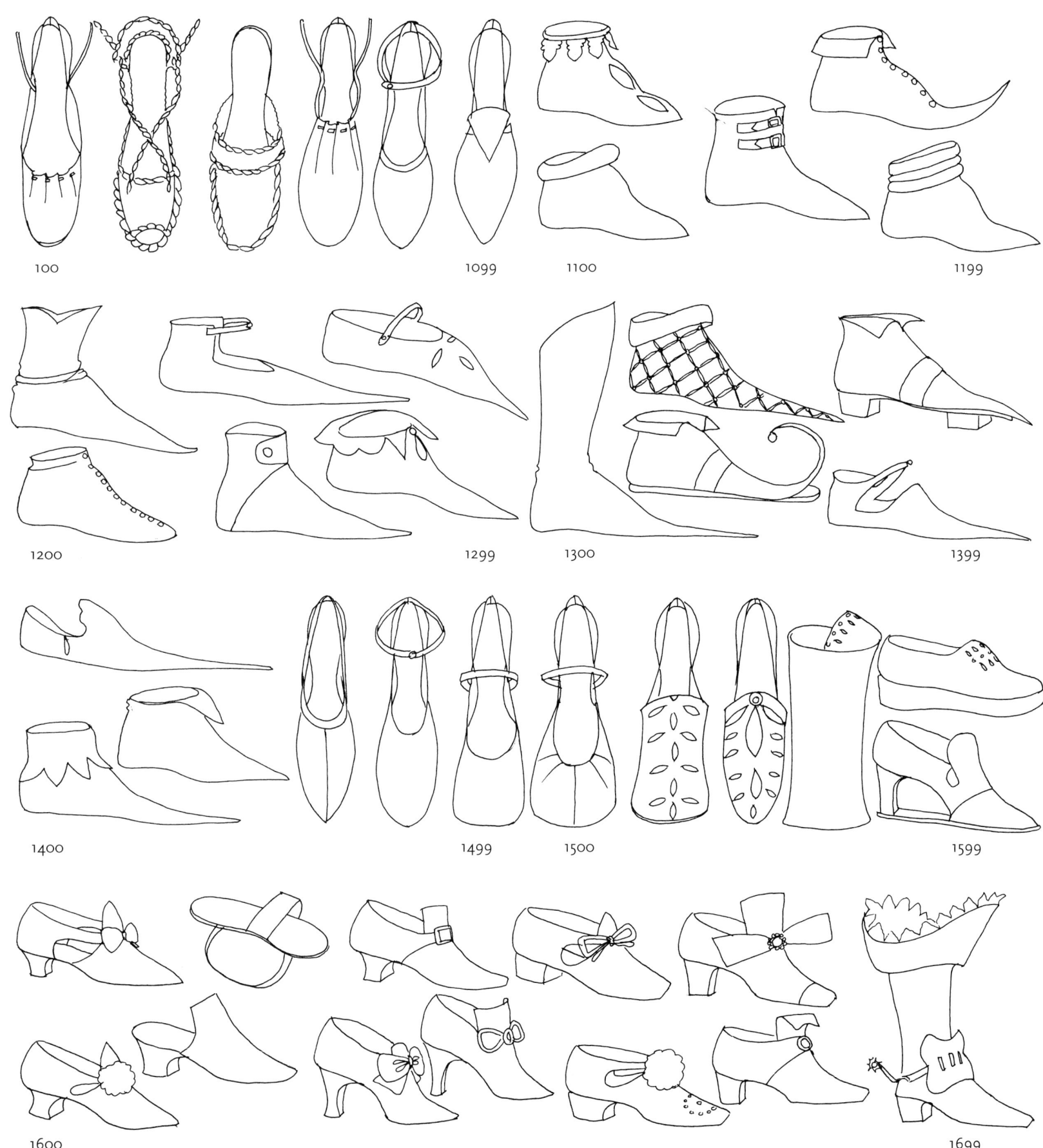

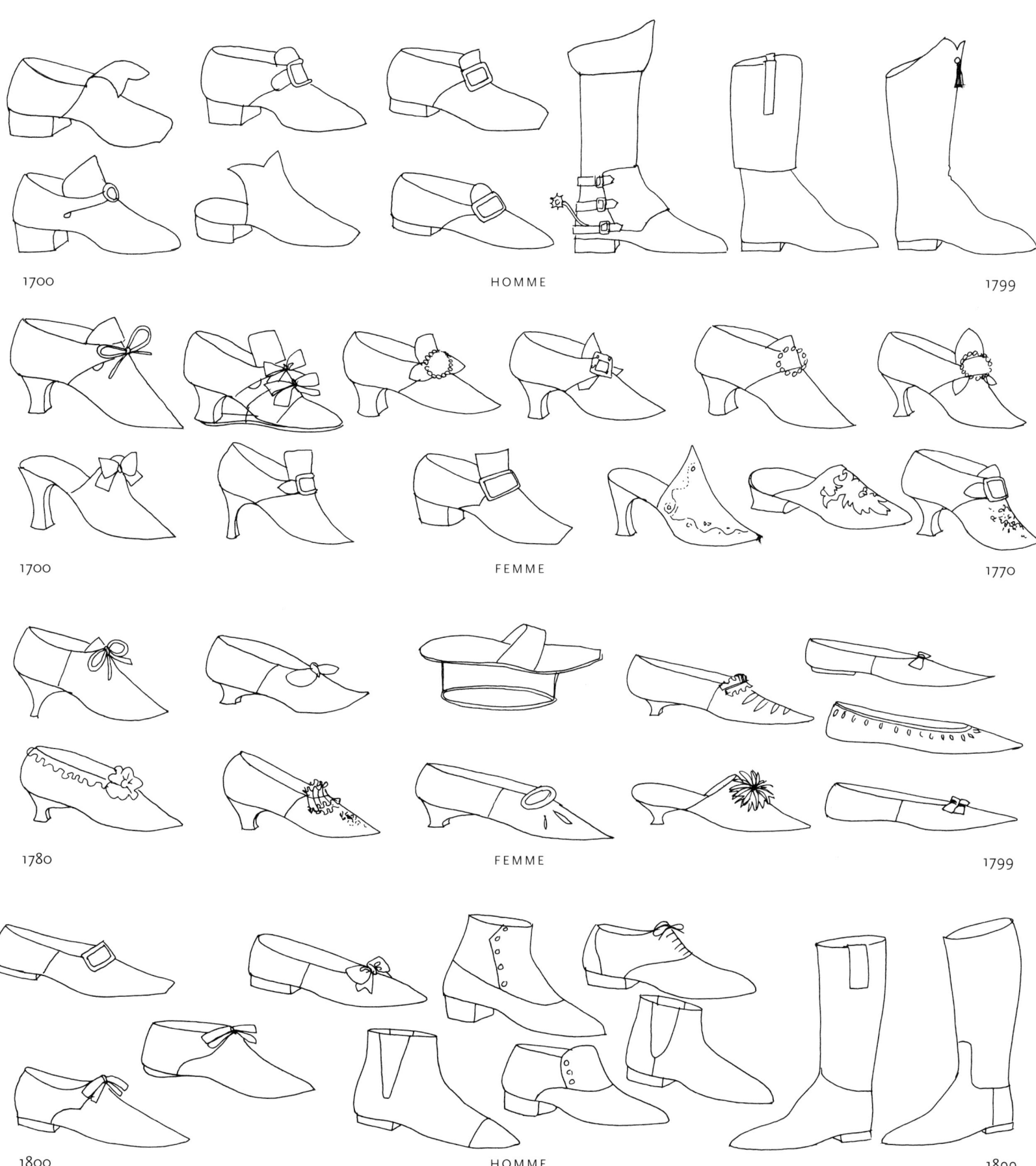

1700   HOMME   1799

1700   FEMME   1770

1780   FEMME   1799

1800   HOMME   1899

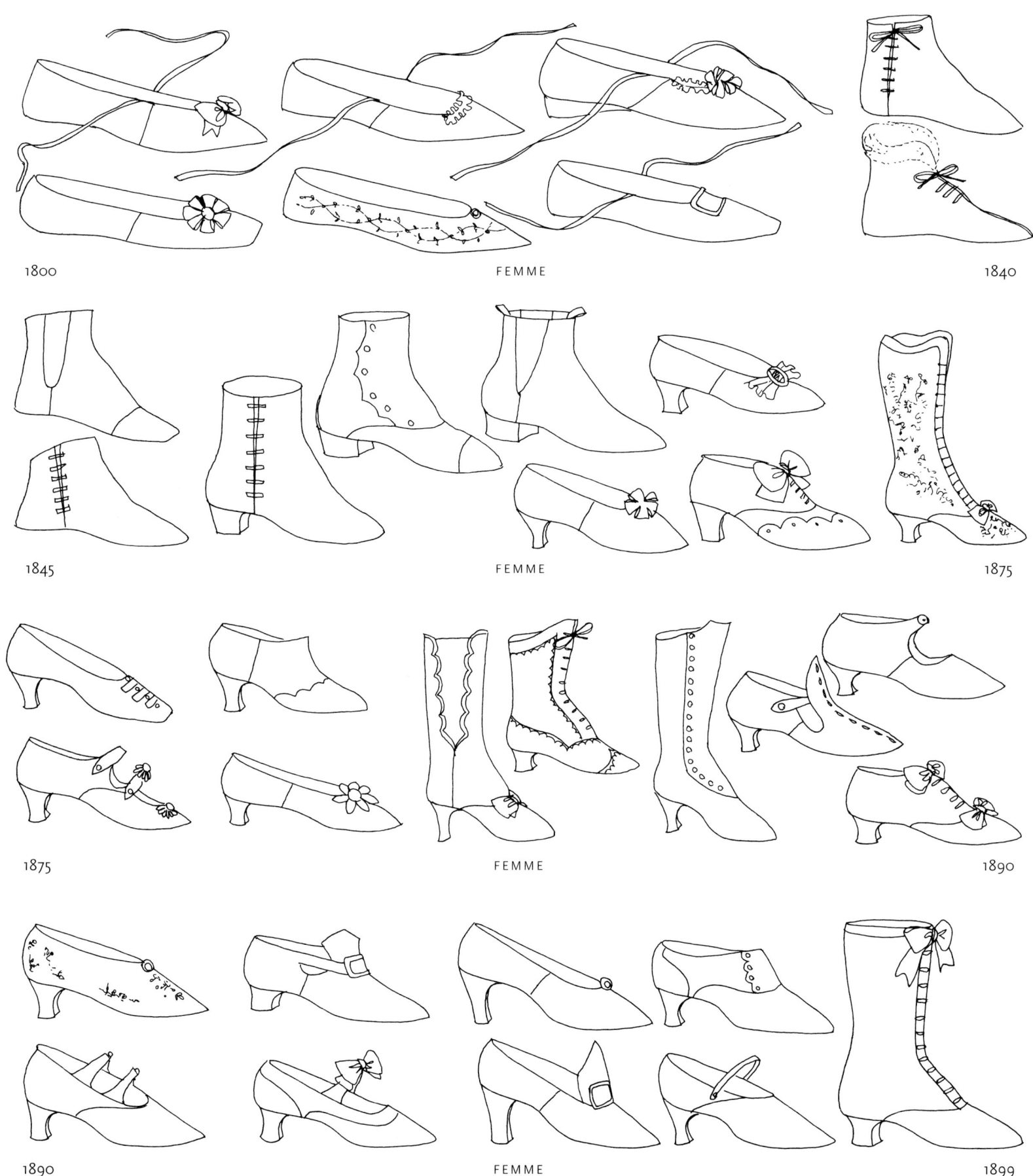

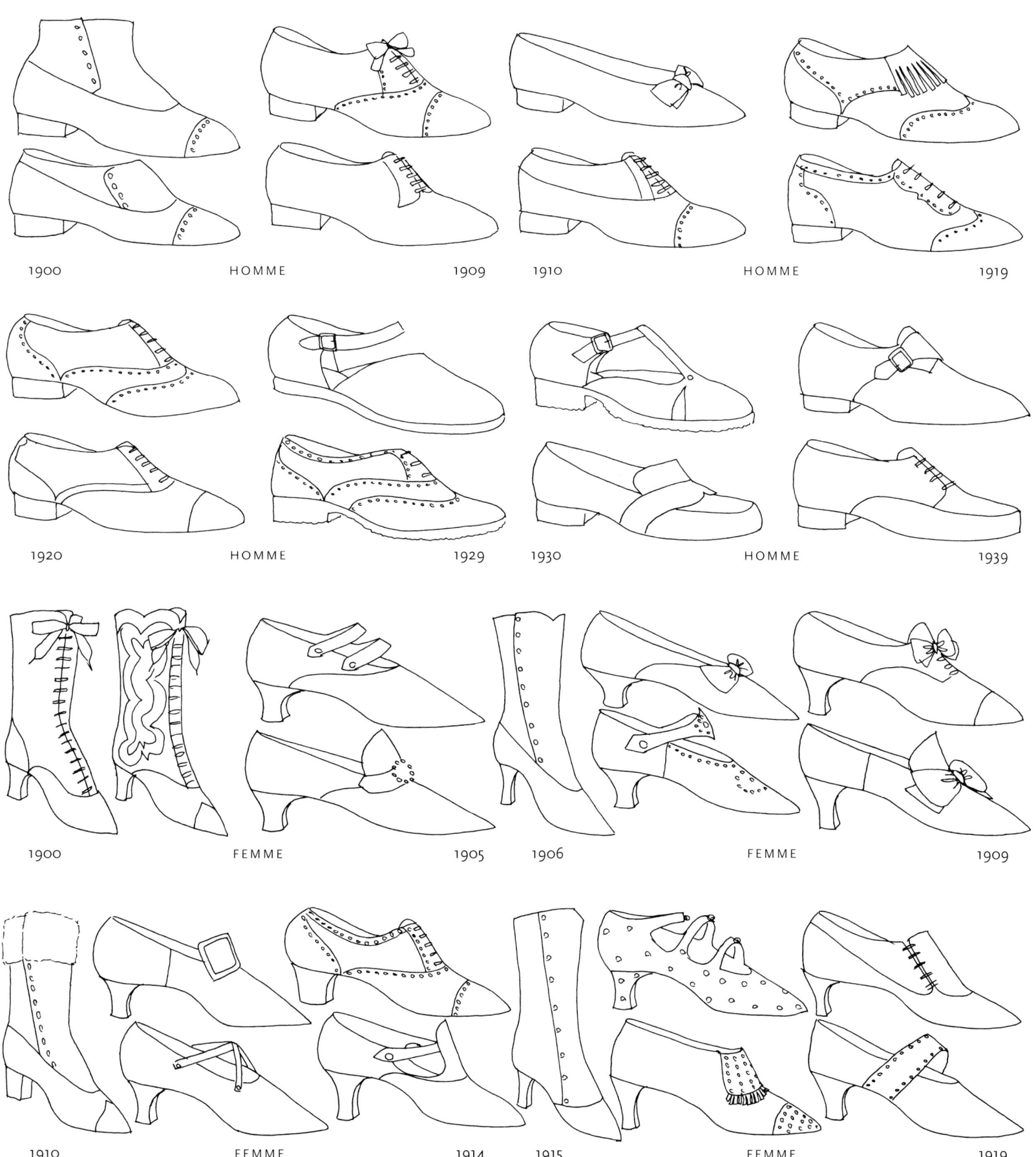

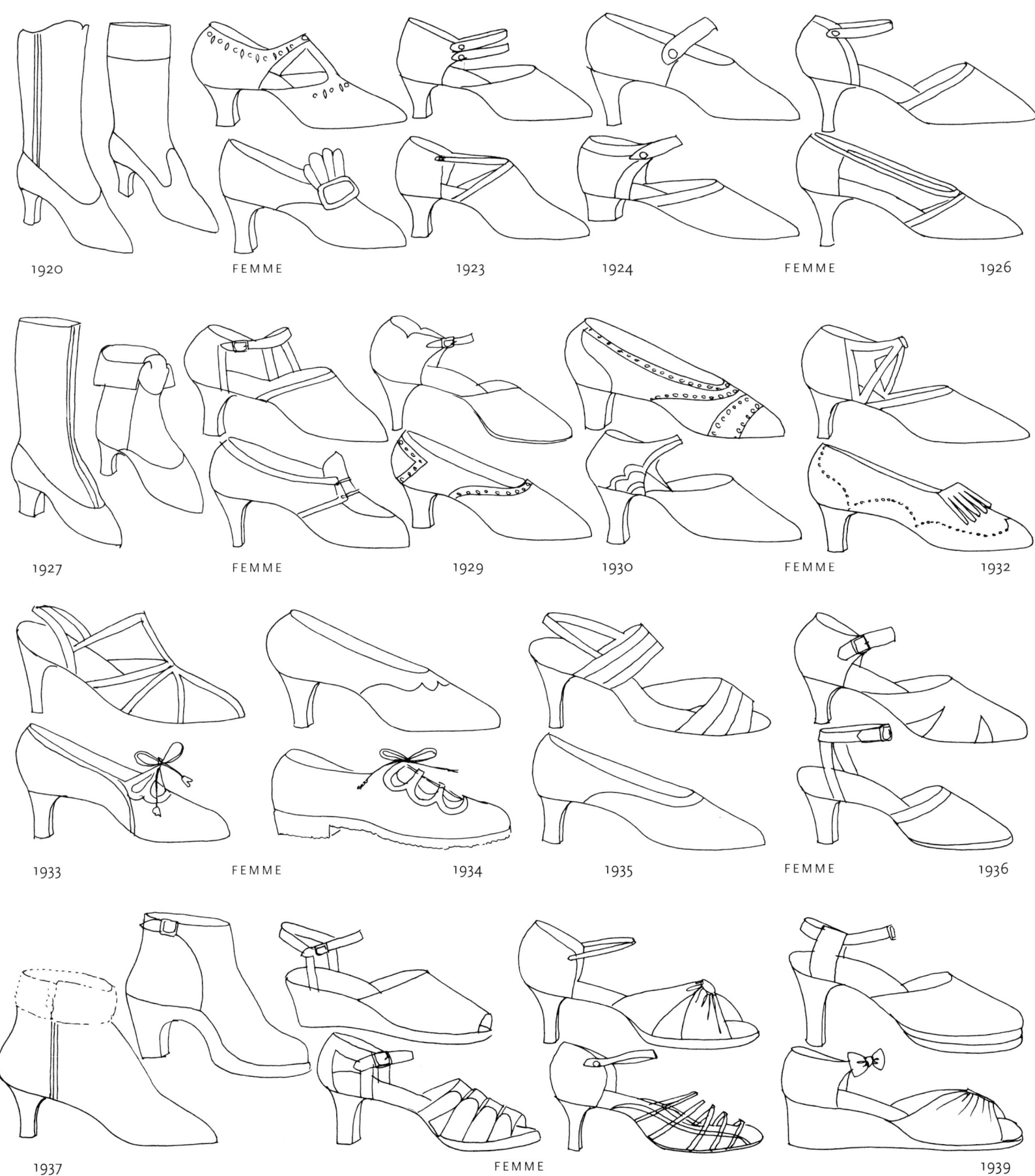

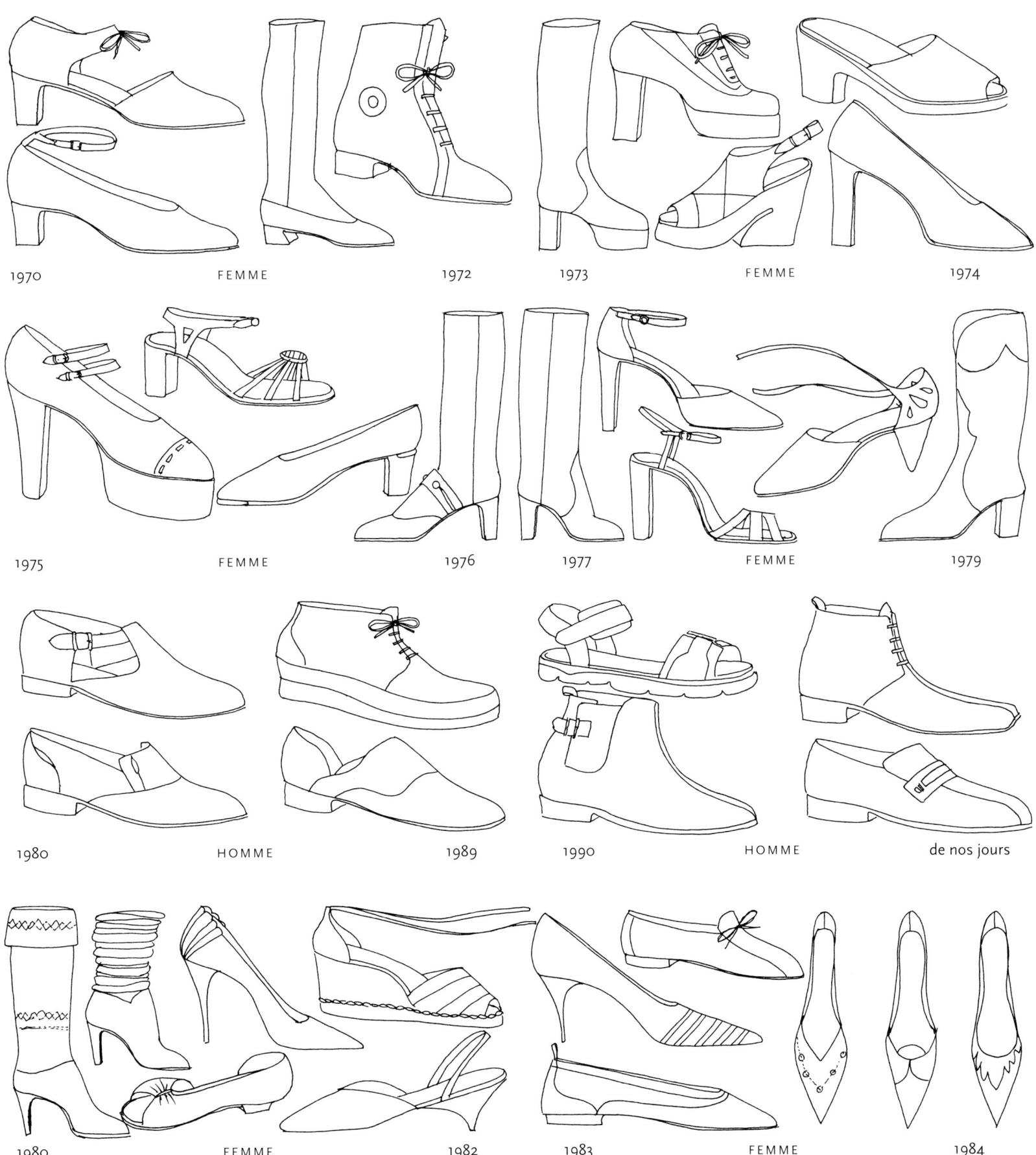

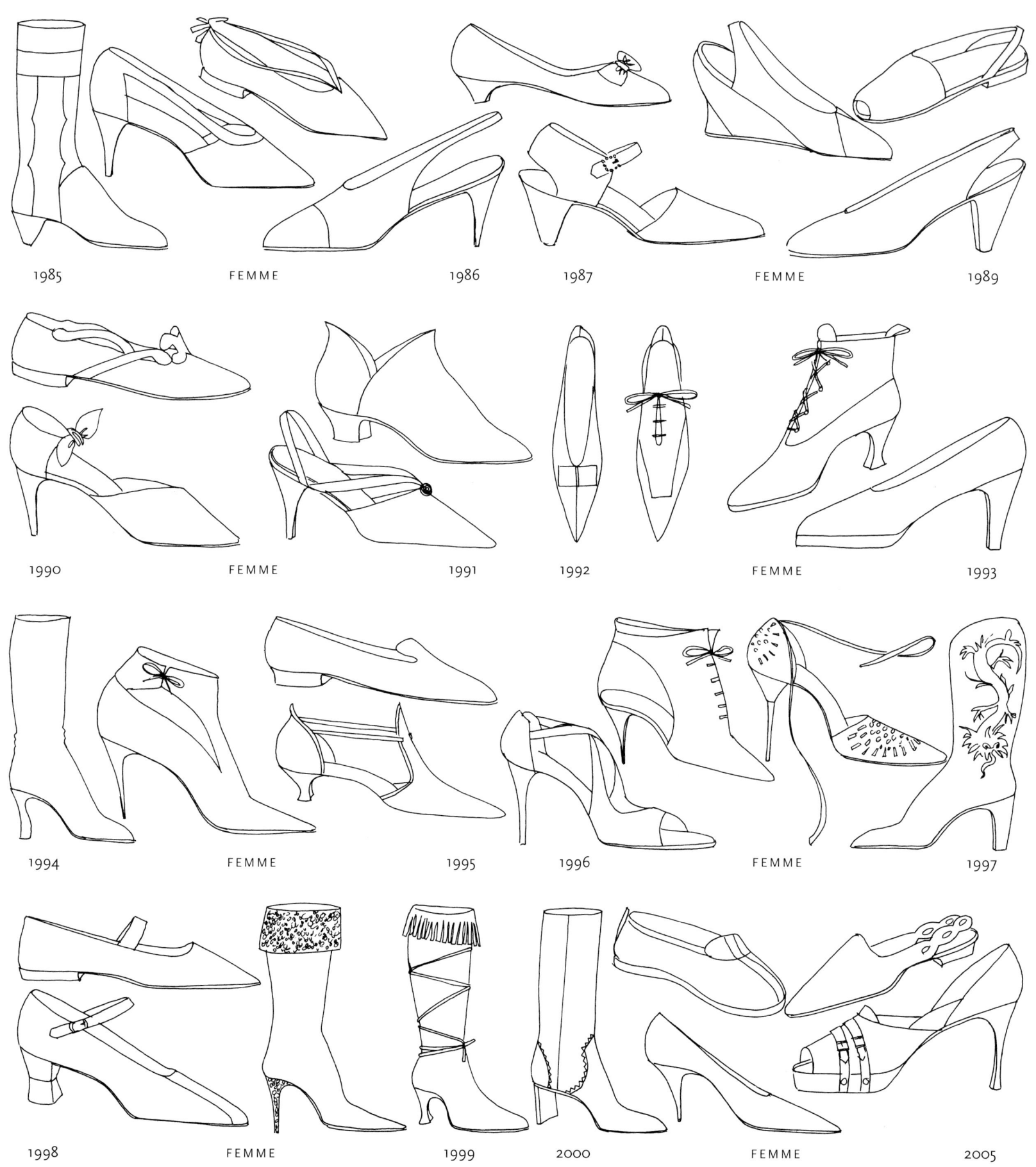

Biographies abrégées des stylistes et fabricants

adidas Maison créée en 1949 en Allemagne par Adolf Dassler, frère de Rudolf Dassler, fondateur de Puma*. Le soutien de champions tel Mohammed Ali a largement contribué à l'image de marque d'adidas sur le marché du sport. Si, tout comme les vêtements, elles portent toujours les trois bandes distinctives, les chaussures de sport ont dépassé leur vocation d'origine pour devenir des accessoires de mode à part entière, associés notamment au hip-hop.

Bally Maison fondée à Schönenwerd, en Suisse, en 1851, par Carl Franz Bally. À l'origine, la fabrication des chaussures reposait sur le partage des tâches entre des travailleurs à domicile. En 1880, la mise en place de nouvelles techniques engendra le développement de la société en Europe, au Moyen-Orient et en Amérique, la propulsant au rang des grandes marques de luxe internationales. En 1976, Bally étendit son activité aux vêtements et à la maroquinerie.

Bata Maison fondée en 1894 à Zlin, en Tchécoslovaquie, par Tomas Bata, son frère Antonin et sa sœur Anna. Le modeste atelier de fabrication recruta bientôt une équipe de spécialistes qui travaillaient pour la population locale, mais aussi pour de nombreux détaillants. À partir de 1938, les produits Bata furent commercialisés dans plus de trente pays. Vendus aujourd'hui dans le monde entier, ils sont appréciés pour leur bon rapport qualité-prix.

Susan Bennis & Warren Edwards Maison fondée à New York en 1972. Bien que n'ayant aucune formation en ce domaine, l'Américaine Susan Bennis et l'Anglais Warren Edwards entreprirent de fabriquer sur mesure des chaussures originales pour hommes et femmes. Warren Edwards dirige aujourd'hui sa propre société, travaillant avec plus de trois cents couleurs et cuirs différents.

Dirk Bikkembergs Né à Bonn, en Allemagne, en 1959, mais de nationalité belge. Après avoir obtenu en 1982 son diplôme de styliste à l'Académie royale d'Anvers, Bikkembergs intégra le groupe de créateurs dénommé les Six d'Anvers. Sa première collection pour hommes, lancée en 1985, fut suivie de lignes de chaussures pour hommes et femmes, ainsi que de prêt-à-porter. Formes simples, matériaux robustes et détails d'inspiration militaire définissent la griffe.

Birkenstock En 1897, l'Allemand Konrad Birkenstock créa une chaussure à semelle anatomique. En 1964, le petit-fils de Konrad, Karl, dessina la première sandale Birkenstock. Une styliste américaine, Margaret Fraser, l'essaya pendant un séjour en Allemagne. Convaincue de ses bienfaits pour la santé, elle commença à importer les modèles Birkenstock aux États-Unis, où ils firent fureur. Avec leur « lit de pied » unique, présent dans l'ensemble de la collection, les sandales Birkenstock offrent un confort incomparable. Les modèles pour femmes, hommes et enfants, déclinés dans toutes sortes de coloris et imprimés, sont devenus des objets de mode à part entière. Plus de trois cents points de vente existent actuellement en France, et une boutique exclusive a récemment ouvert à Paris.

Manolo Blahnik Né à Santa Cruz, aux Canaries, en 1942. Après des études à l'université de Genève, Blahnik gagna Paris, puis Londres, dans l'espoir de s'établir comme styliste. Lors d'un séjour qu'il effectua à New York en 1971, la rédactrice de mode Diana Vreeland lui conseilla de s'orienter vers la création de chaussures. Il ouvrit une boutique à Chelsea, à Londres, qui existe toujours. Fabriquées avec des matériaux de grande qualité et un remarquable savoir-faire, les créations raffinées, souvent théâtrales, de Blahnik sont très prisées dans l'univers de la mode et des loisirs.

Camper Maison fondée en 1975 à Majorque, en Espagne, par Lorenzo Flux, petit-fils d'un fabricant de chaussures. Après l'ouverture de la première boutique Camper à Barcelone en 1981, la société se fit rapidement un nom avec ses modèles unisexes à l'élégance décontractée. Reconnue aujourd'hui internationalement, Camper (qui signifie « paysan ») doit à ses origines méditerranéennes ses qualités de confort, de résistance et de simplicité.

Cat Produits fabriqués depuis 1994 par la société américaine Wolverine World Wide sous licence de l'entreprise de bâtiment Caterpillar. Les chaussures et les vêtements Cat, conçus pour le travail ou les loisirs, perpétuent les valeurs utilitaires de leur héritage industriel, associant sécurité et confort à une résistance à toute épreuve.

Jimmy Choo Né en Malaisie en 1952. Après une formation au Cordwainers College, à Londres, Choo devint consultant pour Bally*, puis lança sa propre marque avec Gee Wee Lai. En 1996, Tamara Mellon fonda la société Jimmy Choo, qui s'imposa rapidement avec ses chaussures haut de gamme, même si Choo ne crée plus lui-même les collections. Celles-ci sont commercialisées dans les grands magasins de luxe et boutiques exclusives en Grande-Bretagne, aux États-Unis et en Extrême-Orient, ainsi que dans des points de vente situés dans des lieux privilégiés comme Beverly Hills ou Las Vegas.

Church's Maison fondée en 1873 à Northampton, en Angleterre, par Alfred, Thomas et William Church. Qualité et savoir-faire ont participé à la renommée des chaussures Church's, notamment celles en cuir pour hommes. La fabrication de chaque paire nécessite huit semaines de travail impliquant deux cent cinquante tâches différentes. Les finitions, réalisées à la main, signent l'élégance britannique traditionnelle.

Clarks Maison fondée en 1825 à Street, en Angleterre, par Cyrus et James Clark, tanneurs de peaux de mouton. L'emploi de la nouvelle machine à coudre Singer et l'invention par William Clark de la chaussure fabriquée selon des principes anatomiques scellèrent la réputation de la société. Au début du XXe siècle, Clarks connut un développement rapide, offrant une large gamme de modèles classiques et confortables. Créée dans les années 1950, la Desert Boot devint bientôt le modèle culte, de même que la Wallabee, de type mocassin. Les chaussures confortables pour enfants ont également participé à la renommée de la société.

Robert Clergerie Maison fondée en 1981 à Paris, la production étant assurée à Romans-sur-Isère. Après avoir collaboré avec Charles Jourdan* et diffusé la marque Unic lancée par Joseph Fenestrier*, Robert Clergerie créa sa propre société. Plusieurs boutiques ouvrirent à Paris, mais aussi dans les grandes métropoles d'Europe, des États-Unis, et jusqu'au Japon. La griffe doit sa célébrité à ses créations simples, modernes, conjuguant avec bonheur fonctionnalité et lignes avant-gardistes.

Kenneth Cole Cette maison créée en 1982 à New York doit sa réputation à ses origines : pour démarrer son affaire, son fondateur emprunta un camion, obtint du maire une autorisation de stationner en se faisant passer pour un producteur de films, et il vendit ses chaussures dans le camion, au cœur de Manhattan, en « filmant ». Présent aujourd'hui dans le monde entier, Kenneth Cole rivalise avec les bottiers les plus en vue, proposant une large variété de modèles de luxe pour hommes et femmes.

Cole Haan Cette maison fondée en 1928 à Chicago par Trafton Cole et Eddie Haan se distingue par son mode de production : une même personne est responsable de chaque paire de chaussures du début de la fabrication jusqu'à la mise en boîte. Après avoir démarré avec des chaussures pour hommes, la société poursuivit son activité avec des modèles pour femmes ainsi que de la bonneterie, des ceintures, des sacs et d'autres articles de maroquinerie. Cole Haan doit sa renommée à la qualité artisanale de ses produits, du cuir façonné main aux coutures manuelles, ainsi qu'à son style alliant luxe et décontraction.

Converse Maison fondée en 1908 aux États-Unis par Marquis M. Converse. Cette marque fabrique des chaussures de sport à un échelon industriel pour la compétition, les loisirs et la pratique sportive – cette catégorie comprenant notamment la célèbre basket Chuck Taylor All Star. Associant design fonctionnel, technologie de pointe et style novateur, les modèles de sport de Converse affichent aussi leur élégance dans la rue.

André Courrèges Maison fondée en 1961 à Paris par le grand couturier éponyme, qui avait auparavant dirigé l'atelier de tailleur chez Balenciaga. Courrèges marqua le monde de la haute couture par son imagination créatrice, qui donna notamment naissance à la minijupe. Lors du défilé du printemps 1965, ses robes architecturées, coupées en trapèze, dialoguaient avec des bottes à mi-mollet d'un blanc étincelant – clin d'œil à l'âge nucléaire ; un modèle que Nancy Sinatra rendrait célèbre avec sa chanson « Ces bottes sont faites pour marcher ».

Patrick Cox Né en 1963 à Edmonton, au Canada. Après une formation au Cordwainers College, à Londres, Cox dessina des chaussures pour des stylistes tels Vivienne Westwood*, Body Map et John Galliano, avant de créer sa propre collection en 1987. En 1991, il ouvrit sa première boutique à Londres. Désormais implantée en France, aux États-Unis et en Extrême-Orient, la société est surtout renommée pour ses *loafers* Wannabe. En 2003, Patrick Cox est entré comme styliste chez Charles Jourdan*.

Charles David Lors de sa fondation en 1987 en Californie, aux États-Unis, la société était spécialisée dans l'importation et la distribution de chaussures européennes sur le marché américain. Cette entreprise familiale, possédant des usines en Espagne et en Italie, s'imposa rapidement comme *leader* dans l'univers de la chaussure pour femmes. Son équipe de stylistes salariés crée des modèles dernier cri.

Delman Maison fondée en 1895 en Californie, aux États-Unis, par Herman Delman. Après la Première Guerre mondiale, celui-ci ouvrit des boutiques à Hollywood et à New York, puis s'associa, à la fin des années 1930, avec Bergdorf Goodman. Fabriquant des chaussures pour des stylistes de renom, comme Roger Vivier*, Delman se spécialisa dans les lignes de luxe. Son image exubérante, due autant à l'emploi de vedettes de cinéma dans ses publicités qu'à la théâtralité de ses boutiques, en a fait l'un des créateurs de chaussures les plus en vue de son époque.

Dr Martens Maison fondée en 1945 en Allemagne par les Drs Klaus Martens et Herbert Funck. Suite à une blessure au pied due à un accident de ski, Martens eut l'idée de concevoir une chaussure avec semelle à coussin d'air, qui apporterait un confort et un soutien supplémentaires. Il s'associa avec Funck et c'est ainsi que la première semelle à coussin d'air du monde vit le jour. La société britannique R. Griggs & Co. en acquit les droits pour le monde entier et créa une ligne de chaussures. La première paire sortit le 1er avril 1960 (d'où le nom du modèle, « 1460s »). Depuis, la Doc Martens, avec ses surpiqûres jaunes, sa semelle et son style uniques, a été adoptée par de nombreux mouvements de jeunes, des skinheads aux punks, devenant l'un des emblèmes de la modernité.

Dr Scholl's Maison fondée en 1906 aux États-Unis par le Dr William Matthias Scholl. Ce petit-fils de cordonnier travailla d'abord comme apprenti, puis comme vendeur de chaussures. Convaincu de la nécessité de chaussures non seulement confortables, mais qui corrigent aussi les défauts des pieds et soulagent les douleurs, il s'inscrivit à l'Illinois Medical College, puis commença à fabriquer des chaussures orthopédiques, dont la sandale du Dr Scholl, désormais célèbre. Les produits de la société, avec leur semelle anatomique en hêtre et leurs couleurs distinctives bleue et jaune, se vendirent bientôt dans le monde entier.

Ecco Maison fondée en 1963 à Bredebro, au Danemark, par Karl Toosbuy. Forte d'une haute technologie appliquée à ses modes de production et au fonctionnement de ses tanneries, cette entreprise familiale est actuellement l'un des principaux fabricants de chaussures du monde, réputé pour ses modèles confortables adaptés à la marche et aux loisirs.

David Evins Né en Angleterre, mais émigré aux États-Unis à l'âge de treize ans. Après avoir étudié l'illustration à l'institut Pratt à New York, Evins s'associa en 1941 avec I. Miller* pour lancer sa propre collection. Ses créations mêlant raffinement et exubérance ont autant la faveur des stars de Hollywood que des aristocrates, comme en atteste la liste de ses clients – de Ava Gardner et Grace Kelly à Elizabeth Taylor ou la duchesse de Windsor. David Evins a chaussé Nancy Reagan lors des deux cérémonies d'investiture présidentielle de son mari.

Joseph Fenestrier Maison fondée en 1895 à Romans-sur-Isère. Au départ, Joseph Fenestrier fabriquait de manière artisanale des chaussures de luxe pour hommes. Inventeur du cousu Goodyear (une technique de montage), il lança en 1907 la marque Unic, qui assura le succès de son entreprise. Récompensée par de nombreux prix décernés au cours des expositions universelles, elle fut commercialisée en Europe, en Russie, en Égypte et au Moyen-Orient. Après la mort de Joseph Fenestrier en 1916, son fils reprit l'affaire.

Salvatore Ferragamo Né dans le sud de l'Italie en 1898. Apprenti d'un bottier dès l'âge de onze ans, Ferragamo émigra aux États-Unis en 1914. Il ouvrit en Californie une boutique de réparation et de fabrication de chaussures sur mesure, avant de commencer à dessiner des modèles pour l'industrie cinématographique en pleine expansion. Ses créations élégantes, non dénuées d'humour, et privilégiant les matériaux peu conventionnels, séduisirent des clients comme Mary Pickford, Rudolph Valentino ou Douglas Fairbanks, ce qui valut à Ferragamo la réputation de « bottier des stars ». Pour perfectionner son savoir-faire, il étudia l'anatomie à l'université de Los Angeles. Ayant regagné l'Italie en 1927, il recruta des ouvriers expérimentés afin de fabriquer les chaussures de qualité répondant à ses désirs, et il inventa des classiques comme la semelle compensée. Aujourd'hui, la société, établie à Florence, accueille les célébrités. À la mort de Ferragamo en 1960, sa femme et sa fille aînée ont repris l'affaire.

Maud Frizon Née à Paris en 1941. Après avoir longtemps travaillé comme mannequin, notamment pour Courrèges*, Maud Frizon lança sa première collection de chaussures en 1970, qui remporta aussitôt un vif succès. Chaque paire est coupée et finie à la main. Connue notamment pour la botte sans fermeture, la griffe associe avantageusement raffinement et matières insolites.

Kurt Geiger Maison fondée en 1963 à Londres, en Angleterre, par les Autrichiens Kurt et Irmgard Geiger. Malgré les différents changements de propriétaire, la marque a préservé son identité de fabricant de chaussures confortables et modernes pour hommes et femmes élégants.

Gucci Maison fondée en 1921 à Florence, en Italie, à l'origine en tant que fabricant de bagages et d'articles de sellerie. En 1932, Guccio Gucci dessina le *loafer* qui s'imposerait dans le monde entier. Identifiable par son mors doré, ce soulier habillé, facile à enfiler, acquit ses lettres de noblesse comme symbole du raffinement moderne.

Terry de Havilland Travaillant à partir de 1960 pour l'entreprise familiale, de Havilland se signala tout d'abord avec ses sandales à semelle compensée, prisées de clients comme Bianca Jagger, Anita Pallenberg ou David Bowie. Dans les années 1970, il prit la direction de l'entreprise et ouvrit sa première boutique. Les tendances actuelles ont réhabilité la griffe qui fait la part belle au glamour – avec des talons pointus ou à plate-forme, et des tissus dessinés par Liz Cotton, compagne et muse de Terry de Havilland.

Emma Hope S'établit à Londres en 1985. Après une formation au Cordwainers College, Emma Hope s'imposa avec sa première collection de mules en brocart. Ses créations raffinées, inspirées de sources historiques, s'enrichissent désormais d'une ligne de sacs.

Hush Puppies Chaussures créées en 1958 aux États-Unis et fabriquées par Wolverine World Wide. Baptisées d'après une spécialité du sud des États-Unis – boulettes de semoule de maïs servant à calmer les chiens en furie –, ces chaussures en veau velours souple devinrent rapidement l'emblème de l'Américain décontracté. Aujourd'hui, les Hush Puppies, avec leur logo figurant un basset hound, sont distribuées dans quatre-vingts pays.

Jan Jansen Né en 1941 aux Pays-Bas, d'un père directeur commercial dans une fabrique de chaussures. Après un apprentissage à Rome, Jansen travailla sous la marque Jeannot. Ses créations, comprenant la Woody, en forme de sabot, le *sneaker* à talon haut et le talon haut sans talon, se distinguent par leur haut degré de technologie et l'exubérance de leurs matières, comme le cuir de chèvre métallisé, le rotin ou le crêpe.

Joan & David Maison fondée en 1968 dans le Massachusetts, aux États-Unis, par Joan et David Halpern. David présidait Suburban Shoe Stores lorsqu'il rencontra Joan, qui décida d'apprendre les rudiments du métier dans une petite fabrique de chaussures à Boston. Joan & David est aujourd'hui réputée pour ses chaussures à l'élégance classique, destinées à la femme active moderne. Maintenant établie en Italie, la société s'est diversifiée dans les porte-monnaie, les accessoires et les vêtements.

Johnston & Murphy Maison fondée en 1850 dans le New Jersey, aux États-Unis, par William Dudley. En 1880, celui-ci s'associa avec James Johnston puis, à la mort de Dudley, en 1882, Johnston signa un partenariat avec William Murphy. Établie aujourd'hui à Nashville, dans le Tennessee, la société est réputée pour ses chaussures d'une élégante sobriété et de fabrication artisanale, englobant divers styles comme l'*oxford* (richelieu) ou la *captoe*. Ces modèles sont privilégiés par les présidents américains depuis les années 1850.

Charles Jourdan Né à Romans-sur-Isère en 1883. En 1919, Jourdan ouvrit un atelier de fabrication, qui prospéra rapidement, notamment avec la vente des chaussures pour femmes. Dans les années 1930, Jourdan fut le premier bottier à lancer des campagnes publicitaires dans les magazines de mode et, depuis, la réputation de ce créateur de chaussures élégantes ne s'est pas démentie. Après la Seconde Guerre mondiale, les trois fils de Jourdan rejoignirent la société, puis ouvrent en 1957 leur première boutique, à Paris ; de nombreuses autres suivirent, tant en France qu'à l'étranger. Désormais, l'un des grands noms de la chaussure française de luxe, Charles Jourdan, est associé à une image de marque chic et classique.

Stéphane Kélian Maison fondée à Romans-sur-Isère, comme Robert Clergerie* et Charles Jourdan*. Stéphane Kélian est connu pour ses créations originales, à la fois pratiques et raffinées, affichant une prédilection pour les motifs tressés à la main. La société distribue Maud Frizon*.

Beth & Herbert Levine Maison fondée en 1950 aux États-Unis. Comme David Evins*, Beth travailla chez I. Miller* dans les années 1940. Après son mariage en 1950 avec Herbert, vendeur et designer de chaussures, ils s'associèrent. Ils accédèrent à la célébrité grâce à leurs hardiesses stylistiques et à leur emploi de matières insolites, tels le bambou et l'acrylique transparent. Bien que la firme n'existe plus, son influence est encore perceptible de nos jours.

John Lobb Après la fondation de la maison mère en Angleterre en 1849, John Lobb ouvrit une filiale à Paris en 1901. Renommé pour ses chaussures de golf *(brogues)*, *oxfords* (richelieu) et mocassins *(loafers)* pour hommes, fabriqués dans plus de cinquante espèces de cuir, John Lobb possède une vaste collection de formes classées par ordre alphabétique, conçues pour de prestigieux clients comme Winston Churchill, Alfred Hitchcock ou Gregory Peck. La société, qui a reçu de nombreuses distinctions, est réputée pour son excellent savoir-faire.

Christian Louboutin Né à Paris en 1963. Après une formation auprès de Charles Jourdan*, Louboutin travailla pour Chanel et Yves Saint Laurent. Ses créations conjuguent harmonieusement esprit et inventivité, la semelle rouge étant la marque de fabrique du bottier.

Bruno Magli Maison fondée en 1936 à Bologne, en Italie. Dans les années 1970 et 1980, elle acquit une renommée internationale, notamment grâce à l'implication de ses représentants américains, Buddy et Harriet Palter. Le savoir-faire haut de gamme de Bruno Magli assura sa célébrité. Outre des chaussures pour hommes et femmes, il fabrique divers articles en cuir – vêtements, sacs à main, bagages, accessoires.

I. Miller Maison fondée en 1880 à New York. Sous la direction d'Israel Miller, la société se fit connaître comme fournisseur de chaussures pour la scène, principalement pour les productions de Broadway. Après la mort de Miller en 1929, elle se diversifia dans la fabrication et la distribution de chaussures de luxe, engageant d'éminents stylistes pour créer ses collections. La qualité de la conception et de la fabrication assit la renommée de l'entreprise dans les années 1930 et 1940.

Nike Maison fondée en 1962 dans l'Oregon, aux États-Unis, par Phil Knight et Bill Bowerman, sous la dénomination Blue Ribbon Sports. La marque de chaussures Nike fut lancée en 1972 et, en 1978, la société fut rebaptisée Nike, d'après Niké, la déesse grecque de la victoire. Les chaussures Nike sont réputées autant pour leur haute technologie que pour les pratiques de marketing innovantes mises en place par l'entreprise.

André Perugia Né à Nice en 1893, de parents italiens. À seize ans, après un apprentissage dans l'atelier de son père, Perugia poursuivit sa formation chez un bottier niçois. Très vite, il manifesta de grandes dispositions pour la création. Ses modèles attirèrent l'attention du couturier Paul Poiret, qui lui en commanda pour un défilé. Après le succès de cette présentation, Perugia s'installa en 1920 rue du Faubourg-Saint-Honoré, à Paris, chaussant désormais les célébrités de la scène, comme Joséphine Baker et Mistinguett, ainsi que les membres de l'aristocratie. Expérimentant avec les matières, les formes et les textures, Perugia a créé des modèles qui séduisent autant par leur singularité que par leur souci de l'esthétique.

Andrea Pfister Né en 1942 à Pesaro, en Italie. Après avoir travaillé pour Lanvin et Jean Patou, Pfister présenta sa première collection en 1965 et ouvrit sa première boutique à Paris en 1967. Célèbre pour ses chaussures colorées, frivoles et richement décorées – telles la Papageno, parée de plumes, ou la Martini Dry, au talon en forme de verre à cocktail –, Pfister excelle dans l'alliance de l'élégance et de la fantaisie.

François Pinet Né en France en 1817, fils d'un fabricant de chaussures. Considéré comme le premier grand bottier, Pinet créa sa société en 1855 et commença rapidement à approvisionner la haute société parisienne en chaussures et bottes sur mesure. L'entreprise dut sa renommée au talon Pinet, version raffinée du populaire talon Louis XV. Le fils reprit l'affaire lors du départ de son père à la retraite, et les chaussures Pinet restèrent en vogue jusqu'aux années 1930.

Puma Maison créée en 1948 à Herzogenaurach, en Allemagne, par Rudolf Dassler, frère d'Adolf Dassler, fondateur d'adidas*. La marque au félin bondissant rivalise avec les grands noms de la chaussure de sport au niveau mondial. Si ses modèles classiques ne passent pas de mode, la société est aussi à l'avant-garde en matière d'innovation technologique.

H & M Rayne Maison fondée en 1889 à Londres, par Henry et Mary Rayne. Ayant commencé comme costumiers de théâtre, fournissant vêtements, maquillage et chaussures pour la scène, H & M Rayne décidèrent ensuite de se spécialiser dans les chaussures. La société assit sa réputation en tant que fournisseur de la famille royale – elle chaussa la future reine Élisabeth II le jour de son mariage. Les créations Rayne se définissent par leur classicisme sobre.

Reebok Maison créée en 1895 à Bolton, en Angleterre, par Joseph William Foster, passionné de *cross-country*, qui se fabriqua une paire de *running* à pointes. Il en produisit bientôt pour les athlètes locaux et olympiques, et sa société J. W. Foster & Sons prospéra rapidement. Rebaptisée Reebok, d'après le nom d'une gazelle africaine, en 1958, elle fut la première à créer un modèle de sport, Freestyle, exclusivement réservé aux femmes. Exploitant l'engouement suscité par l'activité physique dans les années 1980, la société assure aussi la promotion de la chaussure de sport comme accessoire de mode.

Fratelli Rossetti Maison fondée en 1953 à Parabiago, en Italie, par Renzo Rossetti et son frère Renato. L'un des fabricants italiens les plus en vue, Fratelli Rossetti se fit connaître avec son *loafer* marron pour hommes. Aujourd'hui, ses élégantes chaussures pour hommes et femmes sont commercialisées dans le monde entier.

Sergio Rossi Établi dans les années 1960 à San Mauro Pascoli, en Italie. Fils d'un fabricant de chaussures, Rossi entreprit de créer des chaussures de femmes pour un marché sophistiqué. Dans les années 1980, il y ajouta des sacs et des chaussures d'hommes. Ayant assis sa réputation par ses produits alliant qualité, confort et glamour, la société s'associa en 1999 avec le groupe Gucci*. Les produits de luxe Sergio Rossi sont aujourd'hui commercialisés en Europe, aux États-Unis et en Asie.

Russell & Bromley Fabrique de chaussures et de bottes créée vers 1820 dans l'East Sussex, en Angleterre, par John Clifford Russell. En 1874, la petite-fille de Russell, Élisabeth, épousa George Frederick Bromley, et le couple reprit l'une des filiales pour fonder Russell & Bromley. Toujours familiale, cette entreprise distribue avec succès une grande variété de chaussures et de sacs pour femmes, hommes et enfants.

Walter Steiger Né en 1942 à Genève. Steiger perpétua la tradition familiale en entreprenant à l'âge de seize ans son apprentissage dans la fabrication des chaussures. Il travailla ensuite pour Bally* à Paris. Après un séjour à Londres, il ouvrit sa boutique à Paris en 1973. Privilégiant les matières luxueuses comme le crocodile, l'agneau persan et le vison, Steiger s'adresse à une clientèle aisée. Il a également créé des chaussures pour des couturiers comme Chanel, Oscar de la Renta et Nina Ricci.

Timberland Maison fondée en 1952 dans le New Hampshire, aux États-Unis, par Herman et Sidney Swartz, fils de Nathan Swartz, propriétaire de la société Abington Shoe. Dans les années 1970, les frères Swartz exploitèrent le regain d'intérêt pour les vastes espaces américains et l'environnement. Ils créèrent des modèles robustes, à semelles cloutées et lacets rayés, lançant la mode des chaussures à tige haute.

Tod's Maison établie en 1979 en Italie par Diego Della Valle, qui propulsa l'affaire familiale centenaire parmi les principaux *leaders* mondiaux des articles de luxe en cuir. Les mocassins chic furent promus chaussures de conduite par le magnat de Fiat, Gianni Agnelli. Avec leurs semelles caractéristiques à picots, ils se déclinent dans toutes sortes de matières, comme le lézard et le faux crocodile.

Ugg Maison fondée en Australie par Brian Smith, qui introduisit ses chaussures en peau de mouton en 1978 aux États-Unis. Après des débuts en tant que marque spécialisée dans le surf, Ugg est devenu l'emblème du chic hippie et le *leader* mondial dans les chaussures de luxe en peau de mouton.

Roger Vivier Né en 1913 à Paris. À l'âge de quinze ans, Roger Vivier s'initia à la fabrication des chaussures dans une usine. Il entra ensuite aux Beaux-Arts, mais abandonna ses études pour dessiner des chaussures. En 1937, il ouvrit une boutique rue Royale, à Paris. Pendant la guerre, il s'exila à New York, où il côtoyait les personnalités du monde de l'art et de la mode. De retour à Paris en 1947, il travailla pour Christian Dior et, en 1953, il chaussa la reine Élisabeth II lors de son couronnement. On doit à ce génie de la chaussure les formes de talon les plus excentriques – talon aiguille, talon choc, talon polichinelle ou talon virgule. Reconnu comme l'un des bottiers les plus inventifs du XXe siècle, Roger Vivier a puisé dans l'esprit du passé pour créer des chaussures résolument contemporaines.

Stuart Weitzman Weitzman s'initia à la fabrication des chaussures auprès de son père, Seymour Weitzman, dont la famille possédait une petite fabrique dans le Massachusetts, aux États-Unis. Ses premières créations datent de 1966. Connu pour son emploi des matières insolites, comme le liège, le vinyle, le papier peint et l'or, Stuart Weitzman conçoit chaque année plus de trois cents modèles de chaussures et de sacs pour femmes.

Vivienne Westwood Née en 1941 dans le Derbyshire, en Angleterre. Parmi les chaussures avant-gardistes de Vivienne Westwood, dans la veine de ses vêtements souvent provocateurs, figure le modèle en faux croco bleu, à plate-forme et talon vertigineux, arboré par Naomi Campbell lors du défilé automne/hiver 1993.

Pietro Yanturni Né en 1890 en Calabre, en Italie. Éminente personnalité du monde de la chaussure, Yanturni travailla en tant que conservateur de la collection de chaussures du musée Cluny à Paris. Se définissant lui-même comme le « bottier le plus cher du monde », il a créé des chaussures d'une remarquable facture pour une clientèle élégante et richissime.

Sources bibliographiques

J. Black ANDERSON et Madge GARLAND, *A History of Fashion*, Londres, 1975
Lucy BARTON, *Historic Costume for the Stage*, Londres, 1935
The BATA Shoe Organization, *All About Shoes : Footwear Through the Ages*, Toronto, 1994
Ken BAYNES et Kate BAYNES (éd.), *The Shoe Show : British Shoes Since 1790*, Rugby, 1979
Stella BLUM, *Everyday Fashions of the Twenties As Pictured in Sears and other Catalogs*, New York, 1981
— (éd.), *Victorian Fashions and Costumes from "Harper's Bazaar", 1867-1898*, Londres, 1974
Marie-Josèphe BOSSAN, *L'Art de la chaussure*, New York, 2004
François BOUCHER, *Histoire du costume en Occident, des origines à nos jours*, Paris, Flammarion, 1996
Nancy BRADFIELD, *Historical Costumes of England, from the Eleventh to the Twentieth Century*, Londres, 1958
Rudolf BROBY-JOHANSEN, *Body and Clothes : An Illustrated History of Costume*, Londres, 1968
Iris BROOKE, *English Costume in the Age of Elizabeth : The Sixteenth Century*, Londres, 1948
—, *English Costume of the Early Middle Ages : The Tenth to the Thirteenth Centuries*, Londres, 1949
—, *English Costume of the Later Middle Ages : The Fourteenth and Fifteenth Centuries*, Londres, 1948
—, *English Costume of the Seventeenth Century*, Londres, 1948
Iris BROOKE et James LAVER, *English Costume of the Eighteenth Century*, Londres, 1949
Anne M. BUCK, *Women's Costume : 1800-1835*, The Gallery of English Costume, Manchester, 1952
—, *Women's Costume : 1870-1900*, The Gallery of English Costume, Manchester, 1953
—, *Women's Costume : The 18th Century*, The Gallery of English Costume, Manchester, 1954
Penelope BYRDE, *The Male Image : Men's Fashion in England 1300-1970*, Londres, 1979
Mila CONTINI, *Fashion*, Londres, 1965
Cecil Willett CUNNINGTON, *English Women's Clothing in the Present Century*, Londres, 1957
Cecil Willett CUNNINGTON et Phillis CUNNINGTON, *Handbook of English Mediaeval Costume*, Londres, 1952
Cecil Willett CUNNINGTON, Phillis CUNNINGTON et Charles BEARD, *A Dictionary of English Costume*, Londres, 1974
Jane DORNER, *Fashion in the Forties and Fifties*, Londres, 1975
—, *Fashion in the Twenties and Thirties*, Londres, 1973
Nicholas DRAKE, *The Fifties in Vogue*, New York, 1987
Henri DRET, *La Chaussure*, Paris, O. Douin, 1927
Elizabeth EWING, *History of Twentieth Century Fashion*, Londres, 1974
Kenneth FOWLER, *The Age of Plantagenet and Valois*, Londres, 1967
William GAUNT, *Court Painting in England from Tudor to Victorian Times*, Londres, 1980
Douglas GORSLINE, *What People Wore : A Visual History of Dress from Ancient Times to the Twentieth Century*, Londres, 1978
Zillah HALLS, *Men's Costume 1580-1750*, Her Majesty's Stationary Office, Londres, 1970
—, *Women's Costume 1600-1750*, Her Majesty's Stationary Office, Londres, 1970
—, *Women's Costume 1750-1800*, Her Majesty's Stationary Office, Londres, 1972
Dorothy HARTLEY, *Mediaeval Costume and Life*, Londres, 1931
Bertrand HEYRAUD, *5 000 ans de chaussures*, Angleterre, Parkstone Press Ltd, 1994
Mary G. HOUSTON, *Ancient Greek, Roman and Byzantine Costume*, Londres, 1931
Mary G. HOUSTON et Florence S. HORNBLOWER, *Ancient Egyptian, Assyrian and Persian Costume*, Londres, 1920
Georgina HOWELL, *In Vogue : Six Decades of Fashion*, Londres, 1975
Michel JUIGNET, *La Chaussure : son histoire, ses légendes, son compagnonnage et ses cordonniers célèbres*, Paris, Michel Juignet, 1977
Carl KOHLER, *A History of Costume*, Londres, 1928
James LAVER, *Histoire de la mode et du costume*, Paris, Thames & Hudson, 1990
—, *Costume in Antiquity*, Londres, 1964
—, *Costume Through the Ages*, Londres, 1963
Charlie LEE-POTTER, *Sportswear in Vogue Since 1910*, Londres, 1984
Ruth LYNAM (éd.), *Paris Fashions : The Great Designers and Their Creations*, Londres, 1972
Samuele MAZZA, *Scarperentola*, Milan, 1993
Colin McDOWELL, *Haute pointure, une histoire de la chaussure*, Paris, Thames & Hudson, 1998
—, *Shoes : Fashion and Fantasy*, Londres, 1989
Florence MÜLLER, *Baskets*, Paris, Éditions du Regard, 1997
Jane MULVAGH, *Vogue : History of Twentieth Century Fashion*, Londres, 1988
Georgina O'HARA, *The Encyclopaedia of Fashion from 1840 to the 1980s*, Londres, 1986
Linda O'KEEFFE, *Shoes : A Celebration of Pumps, Sandals, Slippers and More*, New York, 1996
Angela PATTISON et Nigel CAWTHORNE, *Shoes : A Century of Style*, Londres, 1998
Lucy PRATT et Linda WOOLLEY, *Shoes*, Victoria and Albert Museum, Londres, 1999
Pierre PROVOYEUR, *Roger Vivier*, Paris, Éditions du Regard, 1991
Jean-Paul ROUX, *La Chaussure*, Paris, Hachette/Massin, 1980
Margaret SCOTT, *Late Gothic Europe : 1400-1500*, Londres, 1980
Desire SMITH, *Fashion Footwear 1800-1970*, Atglen, 2000
Valérie STEELE, *Chaussures, langages du style*, Paris, Éditions du Collectionneur, 1999
Pauline STEVENSON, *Edwardian Fashion*, Londres, 1980
June SWANN, *Shoes : The Costume Accessories Series*, Londres, 1982
Jean-Marc THÉVENET, *Rêves de pompes, Pompes de rêves*, Paris, First, 1988
Mary TRASKO, *Heavenly Soles : Extraordinary Twentieth-Century Shoes*, New York, 1989
Loszlo VASS et Magda MOLNAR, *La Chaussure pour hommes faite main*, Cologne, Könemann, 1999
R. Turner WILCOX, *The Dictionary of Costume*, Londres, 1969
—, *Five Centuries of American Costume*, New York, 1963
—, *The Mode in Footwear*, New York, 1948
Doreen YARWOOD, *English Costume : From the Second Century BC to 1967*, Londres, 1967

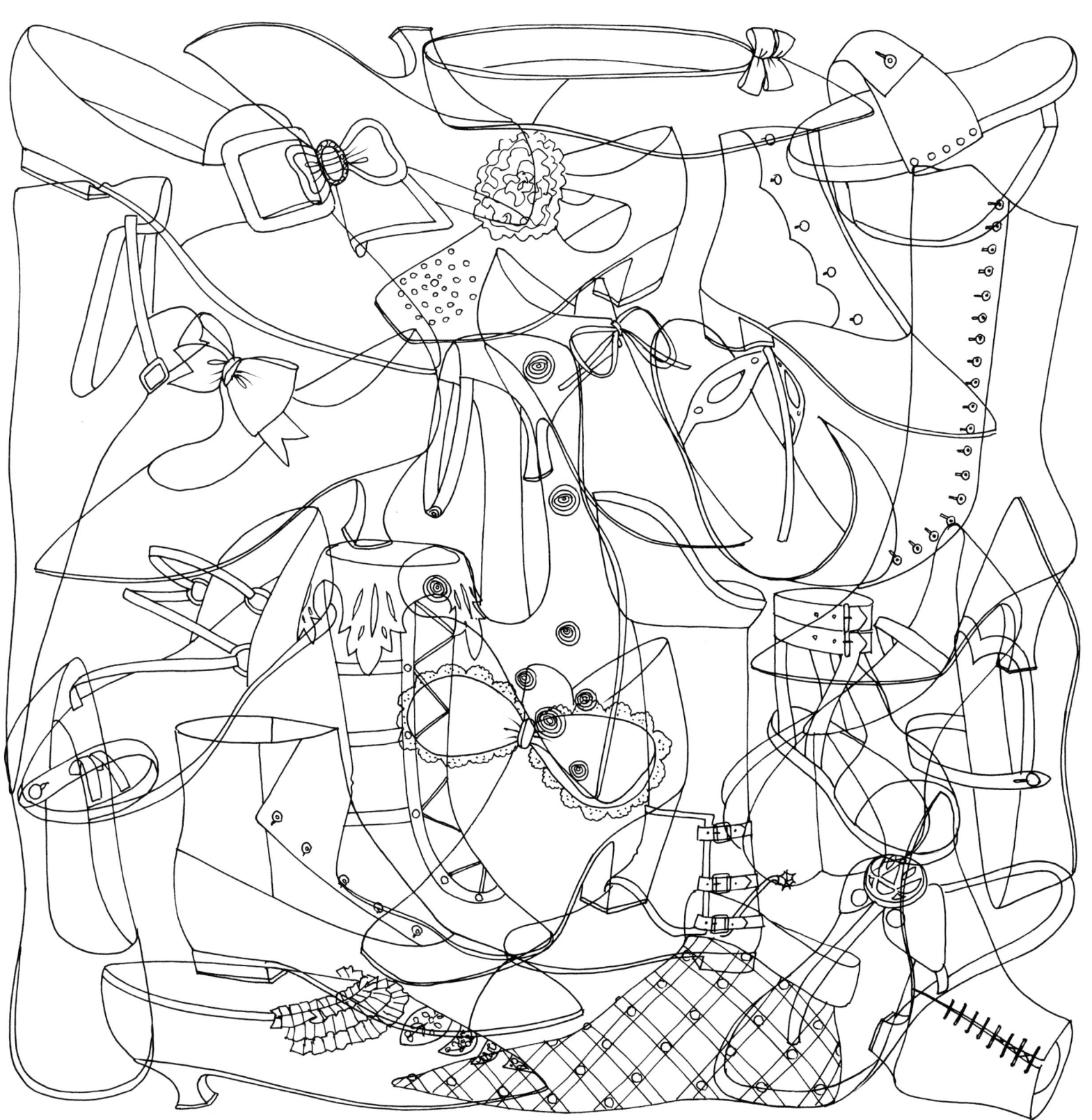

Chaussures